鹿野忠雄

縱橫台灣山林的博物學者

山崎柄根　原著

楊 南 郡　譯註

目　次

附錄

與子偕行
——鹿野忠雄與托泰布典綿延六十年的友情

一九三三年夏天，一個身材矮胖、戴著熱帶探險帽（Safari hat），穿著卡其布探險裝、身背大背包的日本年輕人，在台東渡船場入口，滿身大汗焦急地打聽前往蘭嶼的船期。

這時候，街角陰涼處有個阿美族青年，正在悠閒的享受午後薰人的海風，順便與過往的年輕姑娘隨意調笑以消磨漫漫長夏。

這個阿美青年無論穿著、氣質，都與一般「生蕃」不同，照田中薰教授後來在「台灣の山と番人」一書中所描述的，他「身穿深藍色的水兵服，下著軋比丁緊身褲、頭上斜戴著寬邊草帽，皮膚黝黑，活像個美國南方的爵士樂手。」

在調笑的空檔，他偶然瞥見那個在烈日下奔走，穿著奇怪的「非洲獵人服」的日本青年，一時好奇心發作，就上前搭訕。

原來，這個戴著眼鏡、相貌忠厚、言談誠懇的日本青年，是剛自東京帝國大學理學部畢業，專程回台灣作動物調查研究的鹿野忠雄。為什麼說「回台灣」？因為他原本就在台灣長大，當他就讀於台北高等學校時，已經在雪山

山脈、中央山脈等高山上，留下無數足跡，並曾經到蘭嶼調查珍貴的昆蟲與動物。

這回到台灣，鹿野忠雄有更大的雄心壯志，希望作一套完整的台灣動物體系，並旁及於地質的、人文的研究，因爲沒有一種學術是可以孤立的，身爲一個眞正的學者，他需要更多的相關資料來支持自己的學術研究。

因此，鹿野忠雄在台東渡船場附近奔忙，除了詢問船期，最重要的是要打聽是否能找到個通曉日語的「蕃人」，作爲他的嚮導、翻譯兼研究助手。

太巧了，這個外表浪漫又散漫的阿美青年，竟然能說一口道地的京都日語，而且出語如珠、言談不俗。這偏僻的東台灣，竟然有這樣受過高等教育的「蕃人」？兩人言語相投一見如故，立刻相約第二天一起上都巒山採集標本，四夜五天的都巒山之行，更加深彼此的好感。之後，在鹿野忠雄博士長達九年的台灣高山田野調查行動中，這個名叫「托泰‧布典」（Totai Buten）的瘦高阿美青年，一直忠心耿耿地擔任不支酬的助理，如影隨形地陪伴鹿野忠雄跋涉千山萬水，甚至包括諸多處女峰的攀登，擔負起獵捕野獸的責任，並就地剝製成標本。

鹿野忠雄能縱橫於台灣高山地帶，廣泛地進行生物地理、冰蝕地形與人類學的實地調查，並留下至今無人能超越的學術經典，托泰也應該有一分功勞吧。

被鹿野忠雄暱稱爲「阿美將」（Amijan，日語「阿美

小子」，含有親密之意）的托泰・布典，其實是阿美族與平埔族的混血兒，他的祖父是荳蘭社的阿美族，入贅於花蓮加禮宛社平埔部落，生下他父親不久，就在一次日常的巡田水工作時，慘遭鄰近的泰雅族出草馘首。

托泰四歲時，他的父親爲了逃避徵召，半夜裡把他送到祖母處寄養，從此行踪不明。祖母養了他幾年，深感年邁無力再撫養，就把他送到花蓮東大寺作小沙彌，這個小沙彌因爲聰明機靈頗受住持賞識，特別送他到日本京都佛教花園中學唸書。在那兒，托泰除了每日研習佛教教義外，也讀了英文和日文課程，在課餘，更學習京都紈袴子弟追求時髦的惡習，漸漸地變成一個浮誇青年，兩年後就輟學返台了。

回到台灣不久，找到了失散多年的父親，這時他父親已再娶了一位富有的寡婦，因此能供給托泰寬裕的生活。二十出頭的托泰就整日遊手好閒，不是與堂兄流連在Cafe（日式小酒吧）的醉夢鄉，就是在台東街頭遊蕩，憑他的時髦打扮和風趣談笑招引年輕女子，任意揮霍黃金般的歲月……

對鹿野忠雄來說，一九三三年夏天那偶然的一遇，帶給他往後的調查研究極大的幫助；而對托泰來說，那更是他一生中最重要的轉捩點——在他23歲這一年，隨著28歲如兄長般的鹿野忠雄上山，親自感受到鹿野忠雄對學術的執著與對生命認眞的態度，大大地震撼了他空虛的心靈。

他為自己的淺薄行為和浪擲生命感到羞愧，當即決心洗心革面，並且堅拒任何酬勞地追隨鹿野忠雄，協助他進行研究工作。

一個是樸實無華、木訥寡言的學者，一個是言語風趣擅唱浪漫情歌的原住民，一個矮胖、一個高瘦，這兩個外形和性情南轅北轍的年輕人，竟然互相吸引，建立了情同手足的主僕關係。

鹿野忠雄在37歲那一年，被徵召前往北婆羅洲參加太平洋戰爭，由於他當時已有相當的學術地位，駐軍司令也對他禮讓三分，任他深入叢林進行熱帶昆蟲及原始部落的研究。一年後，他在一場激烈的叢林戰中失蹤，一般相信這位正值盛年的學者，是因為長住部落潛心學術研究而對部隊調動命令無動於衷，因而被一名暴躁的日本憲兵以違抗命令槍殺了。鹿野忠雄博士留下無數未完成的研究，讓後生學者既仰慕又嗟歎。

今年春天，正在拍攝「台灣野鳥百年紀」的劉燕明，想要加入一段台灣原住民鳥占的畫面，我原本希望臉上帶有刺青的泰雅老人「哈隆‧烏來」能擔任畫面的主角，出發前卻得知他因膝蓋舊傷復發無法走動。這時，劉克襄適時寄給我另一個阿美族老人陳抵帶的信件，囑咐我們順道過去看看他是否適合擔任鳥占人？

初看陳抵帶寫給劉克襄的信時，我又驚又疑，又興奮又汗顏；身為鹿野忠雄的景仰者，三十年來我追隨他調查

的腳步，在高山冰蝕地形旁印證他的發現，在文獻中蒐集有關他的言行與研究成果，卻從來沒有想過要尋找當年與他共同登山的原住民，是的，トタイ，就是這個名字！他曾經出現在田中薰教授的書中，談到這個阿美將很會唱山地情歌，在陪伴學者們從事田野調查時，把卑南族的情歌教給泰雅族，並且將歌詞譯成日文，讓日本的登山隊帶回去廣爲流傳。

是的，托泰就是陳抵帶，這個當年瀟灑浪漫的阿美小子，如今應是83歲的老人了，他還在嗎？這封信是兩年前寄出的，無論如何，我必須到花蓮縣壽豐鄉去找他！

出乎意料的，托泰健壯得很，他換上阿美族的傳統禮服，頭戴羽飾讓劉燕明拍攝紀錄片（這一段紀錄片後來並未用上。）由於此行是以劉燕明的影片拍攝爲主，並沒有太多時間訪問有關鹿野忠雄的事蹟，但是托泰從言談中看出我對鹿野忠雄博士的景仰與瞭解，高興之餘，很大方地借給我四本研究台灣山地部族的書，這些書都是享有盛名的當代日本學者，來台探訪托泰時送給他的。

我利用一個夏天，把托泰借給我的四本書仔細看完，然後就趁著還書之便，專程前去拜訪他。托泰所住的部落，阿美名是理那凡社（Rinafum），漢名光榮社區，是鯉魚潭山南邊的一個偏僻的小村，托泰住在這裡卻一點也不寂寞，因爲每年都有來自世界各地的年輕學者，懷著孺慕的心情，遠離家鄉，寄宿到托泰的家裡，以一個月或兩

個月的時間，進行各自的語言學、民族或民俗的田野調查工作。「就像屋簷下的燕子，每年都固定會來的。」托泰笑著說：「有一回來了一大群燕子，是日本正成大學的教授帶領的二十個學生，他們知道我家不夠住，就自帶了帳篷，紮營在前院，一日三餐都在院子裡自行炊煮。」對於這些青年學人來說，這位記憶鮮明、活潑健談的阿美老人，他的離奇身世與豐富閱歷，就像一個挖掘不盡的學術寶藏。

剛與托泰寒暄完畢，他就直截了當的說：「我樓上有房間，是專門為來研究學問的年輕人準備的，現在正好有空，晚上你可以在這裡過夜，但是我不供應三餐，部落裡也沒有飲食店，牆邊那一輛腳踏車可以借你騎到壽豐街上去用餐。」

直覺的反應是這個老人未免太不近情理，我到任何村落去訪問時，不管認識與否，村人起碼都會招呼我：「吃飽沒？來跟我們一起吃飯吧！」只有這個托泰先生這樣小器，還要把話說在前頭？

除了不請吃飯這一點之外，托泰可算是一個熱情的好主人，他的記憶力尤其驚人，事件的來龍去脈講得清清楚楚條理分明，連分析能力與見解也都有獨到之處，原來他自從擔任鹿野忠雄的調查助手之後，經過鹿野的介紹，又認識了田中薰、國分直一等知名學者，因而視界大開，托泰的別名「木魚」就是當時擔任台南女子高校教師的國分

直一所取的。

「托泰是一種樹的名字，布典是一種魚的名字。國分直一就開玩笑地稱呼我為木魚，我想，我當過小沙彌，被稱木魚也挺合適的。」目前已經信奉基督教的托泰，仍能夠以日語背誦當年留日時所學的金剛經、法華經，他的記憶力真令人歎服。

「鹿野先生是我見過最善良的人，」托泰在回憶時，習慣性地閉上眼睛，甚至把兩個手掌覆在臉上，語氣緩慢而感性，與他方才的輕快談話判若兩人。「他常常說，動物的生命也是很珍貴的，我們為了要研究，不得不殺生，但是射殺前要注意，每種動物最多不要超過二隻。」

自從有了托泰以後，鹿野忠雄就不再自行捕捉動物了，托泰以原住民天生的獵人血液和敏銳眼力，獵捕的效率高多了。「通常，我用陷阱捕捉小動物，用弓箭射鳥，只有大型的哺乳動物才用獵槍射殺。」托泰得意地說：「我的技術是很好的，差不多每射必中，因此，每次在瞄準時，鹿野忠雄先生就關心地說：『阿美將，你要看清楚，這種動物的標本是不是已經有了，有的話就不要再射了。』」

一九三三年夏天，都巒山之行後，托泰正式地成為鹿野忠雄的助手，有生以來第一次登上三千六百多公尺的南湖大山，當時同行的還有神戶商科大學副教授，同時也是著名的地理學家田中薰，以及十多個原住民挑夫，照片上

的托泰布典，已經和鹿野忠雄同樣戴著「沙伐利帽」，穿著一式的「非洲獵人裝」，所不同的是托泰腰間掛著成排的子彈，並持著一把村田式步槍，與其他衣著襤褸甚至袒胸露背的挑夫們截然不同，看得出來，鹿野忠雄確實把托泰當兄弟一樣看待。

「我是讀過英文的，」這是托泰另一個足以自豪之處：「鹿野先生帶上山的書啊、藥品啊，上面都是英文字，我絕對不會搞錯，比如鹿野先生說：『阿美將，這個標本要泡在酒精裡。』我就不會拿來福馬林，他要查閱的書，跟我說書名，我就找出來給他。」

當時，不要說原住民，就是一般漢人有托泰這樣的學歷也不多，難怪他在光復後，曾經擔任台灣行政長官公署辦事員，並親眼目睹二二八事件的爆發，同時，他也是台灣實施地方自治後壽豐鄉的首任鄉長。

「鹿野先生真是好人，他在得知前去南洋之後，就安排我到台北帝國大學理學部動物系工作，專門製作動物標本。」後來，托泰還擔任台北帝大文政學部言語學研究室的蕃語研究助手，難怪現任東京大學的言語學教授土田滋博士，要特地前來向這一位阿美老人請益。

「鹿野先生完全沒有架子，他跟我們蕃人一起吃飯一起睡覺，我們喝酒唱歌的時候，他就在旁邊靜靜的聽，他很尊重每一個部族的習俗。除了蘿蔔之外，他什麼東西都吃……他對每一個人都好，但是他非常討厭日本警察的官

僚作風，他拒絕駐在所日警提供的乾淨宿舍，寧願住在蕃人的家……大家看他研究成果那麼豐富，以為他是天才，其實我感覺他是很遲鈍的，比如說，長老在對他說明某些習俗或地形時，他常常請人家暫停一下，把手按在額頭上，閉著眼睛想了好一陣子，再請人家繼續說下去。」啊，難怪托泰在回想過去時，也會有閉目扶額的動作，原來這個習慣是六十年前被鹿野忠雄傳染來的。

「鹿野先生比別人認真多了，他在高山上喜歡走別人沒走過的路線，他的膽子很大，常常走到斷崖邊緣去拍照和觀察地形，紮營後他叫大家儘早休息，自己卻在營地四周到處走動觀察，每天晚上都在帳篷裡寫筆記，一定要把這一天內所有得到的資料和想法都記下來才睡覺……鹿野先生上山很少有計劃，他最不喜歡日本警察隨行保護，因為他想到那兒就走到那兒，最長的一次，我們曾在高山上待了三個月，糧食快吃光時，就叫蕃人下山去取，一點也不擔心是否會斷糧……他的穿著非常樸素，天氣冷的時候就穿上高等學校時穿的學生外套……」托泰還在侃侃而談時，一直很少說話的太太過來叫他吃飯。

「那麼，楊先生你也先去吃飯吧！」

「不必了，時間不太夠，我在院子等你吃完午飯時再來談。」不知不覺，已經談了一天一夜再加上一整個上午，托泰果然像一個挖掘不盡的寶藏，對於六十年前鹿野忠雄的事蹟巨細靡遺地珍藏在記憶裡。我感覺有很多故事

還沒說出來，實在捨不得浪費一個多小時的寶貴時間專程去壽豐吃午餐。

我在院子裡遙望中央山脈，回想托泰所說的有關鹿野忠雄的事蹟時，一直不曾與我交談過的托泰太太，怯生生地走過來：「楊先生，不吃飯不行的，你來跟我們一起吃吧。」推辭再三還是拗不過她，只好跟隨她走進兼作餐廳的廚房。

眼光剛接觸到桌面，我立即明白了，難怪托泰一直不肯讓客人同他一道吃飯，原來他們夫婦倆吃得多麼地簡單！整個桌面上只擺著一小碟蒸瓜子肉和一碗絲瓜湯，七十幾歲瘦小的托泰太太靦腆地解釋說因為她血壓太高不能吃鹽，所以不方便招待客人。托泰似乎對太太的多事有點不以為然，輕輕地哼了一聲就自顧自地只吃那一碟瓜子肉。我儘量節制地和托泰太太分吃那一碗沒有鹹味的絲瓜湯，心中有一點撞破人家隱私的不安。

吃過飯後，可能有一種同甘共苦的親切感，托泰忽然拍拍我的肩膀說：「楊先生，你跟我到樓上去，我讓你進入我特別的房間，有一個特別的故事要告訴你。」受寵若驚的我，立即跟著他上樓，看他掏出鑰匙，打開一間霉味撲鼻的房間。

看起來已經有幾十年沒動過的房間，牆壁連灰都不曾抹，壁上、牆角到處堆著老舊的器物、藤籃、陶甕、魚網、炊釜……以及一張破舊的沙發。托泰坐在沙發上，顯

現非常安適恬和的神態。「我常常自己一個人坐在這個房間裡回想過去的種種，一些懷念的人和事，伴隨我這個八十幾歲的老人。因為和鹿野忠雄博士的結識，使我的一生比別人更值得。現在我已經很老了，楊先生，有一個六十年前的故事，是關於我年輕時荒唐的羅曼史，這件事情我從來沒有告訴過別人，連我太太也不知道，現在我要說出來，讓你知道鹿野先生是怎樣的人。

「一九三三年九月，我和鹿野先生、田中先生到南湖大山去調查圈谷地形，我們在山上停留十天，發現了十二個圈谷以及圈谷下的冰磧石堆堤，收穫非常豐盛，下山後，田中薰教授回台北，我和鹿野先生就轉往雪山山區、司界蘭溪旁的志佳陽社，鹿野先生要在這裡觀察櫻花鉤吻鮭的生態，另外，我們還由志佳陽攀登雪山和劍山，當時劍山還是處女峰呢！

「我們在志佳陽足足停留了兩個月，除了登山、採集標本、觀察地形，還作高山水池和溪流的水溫及水質測定，每天都很忙碌，但是也非常快樂。

「泰雅族跟阿美族言語是不通的，起先我跟志佳陽社的族人也不熟，我們都用日語講一些簡單的話而已，但是，因為我特殊的穿著與風趣的性格，很快的就博得泰雅少女們的好感，每天晚上她們都成群的來到我們住的地方，央求我說故事給她們聽，或教她們唱山地情歌。

「其中有一首原本是卑南族的情歌，最受大家喜愛，

我把它翻譯成日文歌詞敎她們唱，大家都百唱不厭。歌詞
是這樣的：

> 伊保樹下的女孩呀，
> 小米祭已經快要到臨了，
> 妳爲什麼還在哭泣？
> 歐嗨呀汗，歐嗨呀汗，歐嗨呀汗，
> 歐灣耐耐喲，耐耐喲！
> 不參加月下跳舞，
> 就不讓你娶這女孩，
> 也不給你吃小米糕，
> 來吧，喝小米酒，跳舞吧！
> 歐嗨呀汗、歐嗨呀汗、歐嗨呀汗，
> 歐灣耐耐喲，耐耐喲！

「鹿野先生也很喜歡這首歌，因爲這首歌讓他想起了
住在大甲溪旁久良栖社，他的泰雅族女朋友。當志佳陽的
泰雅族少女齊聲學唱的時候，鹿野先生有時會向我借『籟
勃琴』（泰雅族的口琴）爲大家伴奏。

「這些少女們之中，有一個跟我特別要好，當我們住
了兩個月，即將離去時，我爲她唱了這首別離之歌：

> 我所愛的人，我的愛，
> 我們曾經約好要一起去走那一條山路，

但是別離的日子已經到了，

不知何時能重回妳的身邊？

請妳耐心地等我，直到我回來，

啊，分手的時刻到了，

明天早晨，我們就要離開了。

「我們正在淚眼相對依依不捨的時候，突然外面人聲鼎沸，志佳陽社頭目和駐在所警察，帶著幾十個族人怒氣沖沖地走過來。原來當天傍晚，有個族裡的年輕獵人被山豬咬成重傷，經人抬回部落後，頭目立刻判斷這是部落的不祥預兆，一定要找出不祥的原因，作法消除，才不會造成更大的災禍。

「通常不祥都是來自外人的侵入，部落裡的外人就只有鹿野先生和我，可能為了要保全鹿野先生，駐在所的日警主管率先把矛頭對準我，厲聲地質問我：『是否與部落少女發生了不當的戀情？』鹿野先生立刻代替我回答說：『即使有，也是純潔的友情，絕對沒有男女之間的曖昧情事。』

「由於日警的質問，引起泰雅族人的共鳴，一時之間大家都認定了我是造成部落不祥的原因，即使平常口若懸河的我也百口莫辯。

「從前為了祓除這種不祥，部落必須出草去獵一個人頭來祭祀，但是由於日本總督府嚴厲禁止，加上駐在所主

管在場，頭目不敢提出獵首的要求，於是要求以獵殺一頭水鹿或山豬來判定我是否有罪。頭目蠻橫地下令說：『以槍定奪，女方家族明日上山，在三日內如獵不到野獸，就是有不正當的男女關係，要罰托泰交出十圓！』

「鹿野先生也大聲地說：『好，就這麼辦！如果獵不到野獸，罰金由我來負責！』

「大家散去了之後，鹿野先生悄悄地對我說：『托泰，放心好了，山上的野獸非常多，要獵一頭大型動物是很容易的，萬一沒有獵到的話，罰金我來付沒關係。』我聽了感動得眼淚快要流出來，鹿野先生平常很少說話，今天卻為了我大聲和眾人爭辯，同時，鹿野先生的收入並不多，十圓對他來說是一筆很大的數目，我跟他才結識三個多月，他大可不必為我犧牲那麼大。

「當天深夜我聽到族裡的老年人議論紛紛，認為一定要出草獵首才算數，對於頭目判定可以用罰金代替相當不以為然。

「我想起幼年時，祖母常跟我說起當年祖父被泰雅族馘首的慘狀，她描述當年她到農地去收拾無頭屍體的情景，血淋淋的場面令我做了好幾次惡夢，祖母也曾厲聲地告誡我，將來絕對不可以娶泰雅女人為妻，因為泰雅人是我們家族的仇人。

「我原本早已忘記祖母的教訓和祖父的慘死，但是這一天晚上祖父無頭的身影卻不斷出現在我眼前，我怕憤怒

的泰雅人會背著日警，趁夜來割取我的首級，整夜都驚恐不敢闔眼。

「真是可惡的傳統，部落有人受傷卻怪罪到不相干的人身上！我一方面有冤難伸，一方面又怕泰雅人故意不認真獵捕野獸，第二天早上就當著大家的面要求一起上山打獵，頭目和日警主管商議了一下就批准了。

「由於非當事人的親屬不得參與，上山打獵的只有受傷者的親屬七人，加上我的女朋友的親屬十一人，連同我共十九人，分成三路出發。鹿野先生為了讓我有必勝的把握，特別交給我一把德國製的新式散彈槍，並要我多帶一些子彈，此外，他也特別與日警主管交涉，請求借給打獵的隊伍每人一把村田式步槍和五發子彈，這是非常為難的要求，但是主管竟答應了。

「說也奇怪，前幾天登山途中經常看到的大型野獸，竟然一下子都不見蹤影了！與我同隊的泰雅獵人都很認真的搜尋動物的蹤跡，對他們來說，獵到一頭動物來祓除部落的不祥，其重要性並不下於我要證明自己的無罪，這一點使我非常安心。

「第一天，我們在司界蘭溪上游一帶搜巡終日而一無所獲，通常上游溪澗是動物最多的地方，這種不見獵物的反常現象更加深大家對我的懷疑，一個年輕的獵手就對我眨眨眼說：『托泰，披散亞克！』意思是說：托泰，有曖昧哦。我有口難言，只好笑笑說還有兩天，不用急。

「北部的泰雅族，和我們南部的蕃人不同，我們經常夜獵，因為夜晚大型的動物都會出來喝水，很容易獵捕。但是泰雅人根本沒有夜獵的習慣，也不肯聽我的話嘗試看看，我孤掌難鳴，整夜坐困愁城。

「第二天我們往雪山的方向直登，在賽蘭酒獵屋處再分為三組擴大搜索範圍，零星的捕到一些像黃鼠狼、松鼠之類的小動物，令我十分沮喪，因為只有山豬以上的大動物才算數！

「我不斷的摸著獵槍，只要一有獵物出現，我有把握在一秒間解決牠，然而像活見鬼似的，沒有獵物就是沒有！

「當天晚上非常寒冷，我們在賽蘭酒湧泉旁升起篝火驅寒，在明滅晃動的火光中，我那泰雅女友驚惶無助的表情、祖父無頭的屍身和祖母氣苦的面容，不斷交疊在我眼前……我雖然違背祖母的訓示，和泰雅女孩戀愛，但是也不該受到這樣的責罰，何況祖母一向痛恨獵首的習慣，她一定會保佑我的。

「我整夜胡思亂想不曾合睫，第三天已經憔悴不堪，卻不得不打起精神，繼續狩獵的工作。我取出自帶的白米和罐頭請隊友吃，希望大家吃飽後更加認真的打獵，無論如何，這是最後一天的機會。經過兩天的相處，大家都知道我的為人，也對我表示同情和關懷，然而打獵的事情完全要看上天的旨意，誰也愛莫能助。

「我神不守舍的跟著大家越過山稜，往七家灣溪上游的方向搜尋，一路思緒亂紛紛。沒有獵到野獸的話，不只是我個人的清白問題，也不只是讓鹿野先生無故損失十圓的問題，而是我擔心志佳陽部落的長老，不認爲罰錢就可以祛除不祥，他們很可能在我們離開部落後，埋伏在半路截殺我！今天早上吃過我的白米飯後，有個獵手就偷偷地提醒我，要我特別留心『不利』的狀況，所謂不利，就是我最耽心的事。

「我在志佳陽住了兩個月，算起來也不是陌生的外鄉人了，何況一直與他們相處融洽。到了第三天，大家都格外賣力，遠離平日的獵徑，到原始森林內搜尋，我很感激他們，但是目標仍未達到，天色漸漸暗了，終於有人開口說：『認命吧，托泰，這是天意。』我有一種破釜沈舟的悲壯，就挺直背脊說：『還沒到最後關頭，我們在歸途還可以繼續尋找！』，一位年輕人也附和說：『今天夜晚也包括在第三天之內，無論如何我們要幫托泰到底！』

「走回雪山獵徑時，初冬的太陽已經落到稜線後方了，在淒涼薄暗的山路上，我的心情也像落日一樣不斷地下沈。忽然，遠處傳來兩聲槍響，還有模糊的喊聲，意思是打到一頭大山豬了，我們大家立刻用泰雅語大聲喊叫：『凱托巴奈，瓦拉克！』（好運氣！）

「狂喜之下，我們一面嘶喊一面奔跑，很快地衝到現場，原來是一頭長著一對大白牙，重約一百十斤的大山

豬。這一頭一定算數！大家興奮地割下豬頭，放入網袋，如同出草獵人頭的作法一樣，要把豬頭帶回部落交給頭目和受傷者處置。

「我們把其餘的肉塊和內臟分割好，分別放入各人的網袋，也來不及砍油松照路，大夥就趁黑跌跌撞撞地趕回志佳陽社。頭目顯然對此次的結果感到滿意，有這麼大的一個豬頭，長老也都沒話說，當夜全部落的人就圍著營火，快樂的喝酒、吃肉、唱歌、跳舞，平日很少喝酒的鹿野先生也破例的喝了一些酒，整夜都聽到他興奮地對頭目不斷重複說：『我不是說過了嗎？托泰的戀愛是真誠的友誼，沒有曖昧！』」

說到這裡已是薄暮時分了，夕陽透過充作窗櫺的牛車輪間隙，投射在牆上陳舊的阿美族飾袋和一張張霉跡斑斑的古老照片上，風流倜儻的托泰和敦厚誠摯的鹿野忠雄，陳年往事都封存在這一間特別的密室裡，六十年開罈一聞，竟然鮮活如昔，只是平添了更多的醇美。

黃昏的陽光也照射在托泰稀疏的白髮和白眉間，他揉揉久閉的眼皮，睜開眼睛對我恬然一笑，六十年的心事一旦說出來，心情真是無法形容的輕鬆暢快。

「托泰先生，我有一個問題想問你，」我的心還記掛著志佳陽社的泰雅少女：「你和當時的女朋友究竟有沒有曖昧關係？」

托泰站起身來對我曖昧一笑，借用鹿野忠雄的話說：

「托泰的戀愛是真誠的友誼，不算曖昧。」

回到客廳，托泰坐在風琴前，為我彈奏引起戀愛友情的「伊保樹之歌」，他一面彈奏一面低聲哼唱，一遍又一遍。突然間，似乎歌聲觸動了他的思念，他纖長的手指停留在琴鍵上，閉上眼睛任思緒穿過茫茫時空。我也閉上眼睛，遙想三十年前我初登南湖大山，站在圈谷下，對照鹿野忠雄博士的手繪圈谷地形圖的情景。

良久，托泰輕聲的叫醒我，拿著一本今年二月新出版的《鹿野忠雄》一書給我看，這一本由東京都立大學教授山崎柄根博士所撰寫的鹿野忠雄傳記，甫一出版就獲得日本「非小說類文學大賞」，在日本文學界和學術界都造成轟動。

「山崎先生花很久的時間考證鹿野忠雄博士的事蹟，」托泰指著書中的圖片說：「他曾經與我通信許多回，跟我討論鹿野先生的往事，我看這本書寫得很好，如果你對鹿野先生還有什麼不瞭解的，這一本書可以借你帶回去看。」

我告訴托泰說，我已經自己買了一本，而且也全書都看過了，這本書雖然對鹿野忠雄的學術研究成果撰寫得十分詳盡，但是對於鹿野忠雄的人格風範和待人接物的體認，絕對不及托泰的描述。

「托泰先生，我真心的說，在你的訴說下，我感覺鹿野忠雄博士就像活生生地在我面前一樣。」這句話令托泰

大爲高興，他興奮地說：「楊先生，你真的覺得鹿野忠雄先生還活著嗎？告訴你，我也是這樣想！八年前，我到日本去探訪鹿野夫人靜子女士，她說她始終相信鹿野先生還在人世，他只是在叢林調查南島文化史，過度深入而忘記回來。」

回程的火車時刻已快到了，我回想這兩天豐碩的訪問成果，慶幸托泰的健在，慶幸他的記憶力與表達力，也慶幸我的日語能力能夠與他完全溝通，更慶幸因爲自己對鹿野忠雄的尊崇，感動了托泰願意滔滔說出六十年前舊事。

在他送我出門之時，我問他爲什麼要把這一段六十年前的故事告訴我？還有，我能不能把它寫出來？

托泰神秘地笑著說：「因爲你是第一個爲了多聽一點鹿野忠雄的事，寧願不吃飯的人！」「至於這個故事，我已經是83歲的老人了，寫出來應該沒有關係了，何況，這裡面有關於泰雅族出草習俗的變遷經過，應該要讓年輕的學者知道。」

走到院子，托泰忽然感慨地說：「如果鹿野先生還活著的話，我真希望他住在這裡，他也是88歲的老人了，應該也沒有辦法登山了。我們可以一起指導年輕人，賸下來的時間就一起坐在院子裡眺望中央山脈，追想我們年輕時的事……啊，楊先生，你要去搭火車了，記得，飯要吃，火車也要搭，不送你了，再見吧！」

我循著來路往壽豐火車站的方向走，不時回過頭張望

夕陽餘輝下的瘦高身影。斜陽在中央山脈稜線上，還有在托泰頭頂的白髮上，都鑲上一道金邊。托泰並沒有看我，他的眼神遠遠地投射向中央山脈的高點。我知道在黑夜來臨前，他將一直這樣凝視著⋯⋯

（楊南郡，1992年）

作者山崎柄根博士致托泰布典的信

　　聽您説，您已替我物色了翻譯拙著《鹿野忠雄》的適當人選，我很高興。您向我推薦楊南郡先生爲本書中文翻譯者，我本人也願意指名楊先生爲正式的譯者，請您向楊先生轉達我的願望。

　　……翻譯的底本，最好採用第二刷修正本，文中如果仍有錯誤，請轉告楊先生，請他不要客氣給我指正。無論如何，我和楊先生會有直接見面的機會，目前我覺得有必要多多用書信方式和楊先生連絡。（下略）

山崎柄根敬上

1992年12月16日

作者致楊南郡的信

　　（一）

　　去年接到花蓮縣壽豐鄉托泰布典先生來信，信中他提議指名楊先生爲拙著《鹿野忠雄——台灣に　魅せられたナチュラリスト》的中文翻譯者，我本人很高興能夠邀請到楊先生做這個工作。（下略）

山崎柄根敬上

1993年5月27日

（二）

「六月初的大函與惠贈的《與子偕行》都已收到了，
謝謝您。

前天，托泰布典先生的孫女陳玉娸小姐來舍下玩。幸
賴她從旁協助，我才能夠將書中那一篇〈與子偕行〉的中
文逐字閱讀、瞭解。文中的描述引人入勝，不知不覺中逐
字、逐段愉快地讀下去。難怪楊先生能夠獲得文學大獎。
我很受感動，您的確寫了一篇最好的作品。

令我遺憾的是托泰先生對楊先生講的故事內容，來不
及收錄於我的《鹿野忠雄》書中。我曾經好幾次交代托泰
先生，請他告訴我鹿野博士生前俠事，最後托泰先生還是
沒有向我透露他向楊先生講的話。

我想，像楊先生那樣鍥而不捨、熱心研究的人，才能
挖出重要的訊息。我自己需要再三反省，這是我努力不
夠。

關於中文翻譯的事，我想透過下面程序，就可以順利
達成：

我（山崎）指名、授權楊南郡先生為中文版翻譯者——
——取得平凡社同意——透過平凡社，與現在已經交涉
中的台灣出版社取得連絡。（下略）

山崎柄根敬上
1993年7月26日

譯者序

　　……我探視標本箱中新奇而艷麗的甲蟲和蝶類，不由得驚嘆南方之島台灣竟然有如此美麗而豐饒的大自然！我邊看邊聽當時是東京帝大學生江崎悌三博士談起台灣蕃地的黑暗和令人著迷的一切。那時候，我是一個愛山和愛昆蟲的中學生，因為愛得入迷，最大的難關就是高等學校的入學考試。本來我半開玩笑地說，台灣也成立一所高等學校不知道多好！想不到戲言成真，大正十四年台北高校創立了，四月就渡台入學。

　　當時的台灣蕃地呈現一片荒煙渺茫的景象，那高聳的山，蒼鬱的大森林、種類繁多的生物相，以及蕃人的山上生活所交織出的群山世界，把我迷住了。

　　這是一九四一年，鹿野忠雄博士為處女作《山、雲與蕃人》自序的一段話，充分顯示鹿野從少年時代就嚮往台灣的心境。

　　來台就讀台北高校時，鹿野就經常進入山區採集昆蟲，也偕同原住民登山、獵捕小型哺乳動物，製作標本，或進行民族調查，最長的一次山旅長達五個月。因為上課日數不到三分之一，而且每次期末考試都沒參加，鹿野差一點就被退學，幸虧當時的校長力保，才得以留校察看一年，勉強畢業。

我曾經訪問鹿野忠雄當年在台北高校的同學邱鼎宗醫師，據他追述，當年與他比鄰而坐的鹿野，是一個淳樸的好青年，只是經常去爬山而不見人影，但是鹿野的學問已超越一般高校生，經常有來自日本內地的教授，前來請教他事情。

　　邱醫師又說，不上山的日子，鹿野相當隨和而豪爽，經常與同學穿著木屐，到學生口中的「阿呆堂」（即現在的總統府，當年的台灣總督府）前廣場，高談闊論，批評官府。

　　鹿野考上東京帝國大學地理科，畢業後進入大學院當研究生，四年多的大學生活期間，繼續把足跡印在台灣，少年時期以來的狂熱，繼續燃燒於台灣大自然。

　　鹿野曾經宣稱：「學問的重要進展在於境界區域。」他以「複眼」的視野，觀看台灣的大自然與人文現象，實踐橫跨博物學、自然地理學、生物地理學、民族學及先史考古學等不同學科領域，進行大規模的綜合研究，結果，他在每一種領域都有傑出的表現。

　　對於不認識鹿野忠雄的人，我們不知道怎樣向他們介紹鹿野才對。他是博物學者、動物地理學者、地理學者、民族學者……，每一種稱呼都對，還是乾脆稱他為登山家、探險家嗎？

　　第二次世界大戰爆發以前，鹿野已經完成台灣高山地帶冰河遺跡及生物相分布的大探查；在長達十五年中，一

共近一年時間停留於蘭嶼十次，並完成動物相調查，因而把生物學上極重要的華萊士線，再向北延長到台灣本島與東側蘭嶼、綠島之間。

他同時實地踏查台灣高山原住民部落群，研究民族誌，尤其著重於台灣原住民物質文化與東南亞鄰近地域的比較研究，為台灣首次提出涉及先史學範圍的七個史前文化層序，在台灣自然史與民族考古學的研究上，建立了一個重要的里程碑。

在《東南亞細亞民族學、先史學研究》第一卷序言裡，鹿野剖析自己的心境：

筆者過去花費二十年於台灣高砂族的研究，以台灣研究為基礎來研究整個東南亞的民族，是客觀上不得已的事情。……在台灣多年來的苦心研究，結果反而有利於將來對廣大的東南亞全域的研究，欣喜之情溢於肺腑。我想，今後應該結合大陸區域與島嶼區域，考察彼此間密切的關聯，不用說，這是當前迫切需要的研究課題。台灣島座落於這兩個區域之間，將成為最佳的知識寶庫，對於立足於上述見解進行東南亞全域的研究，提供很大的助力。

太平洋戰爭爆發後，鹿野答應軍方要求前往婆羅洲日軍占領地，主要的動機就是要為台灣原住民族尋找民族文化的根！

令人萬分痛惜的是，他壯志未酬身先死，一九四五年以三十八歲英年，失踪於南十字星下的熱帶叢林裡。

自從鹿野離開台灣以後，在台灣再也看不到像他那樣，奉獻十多年青春歲月於台灣，揮灑熱血於台灣山林的人！無疑地，他是最後一個台灣綜合研究者，也是最後一個學術探險家！

　　一九九二年，我初識當年協助鹿野博士調查台灣高山的伙伴──托泰・布典，聽他口述鹿野的種種事蹟，寫成〈與子偕行〉，在中國時報刊出後，立即引起了連鎖性迴響，此文後來被譯成日文，刊載於日文雜誌《福爾摩沙》，意外地獲得日本讀者與學者的探詢與驚嘆。

　　當時，托泰・布典曾經告訴我，說：「八年前去日本探望年近七十的鹿野靜子夫人，她反覆對我說：『忠雄太熱中於研究工作，進入山區後常常忘記回來。他現在還在婆羅洲叢林中調查少數民族，這次又忘記回來，我還在等他回家呢！』」雖然聽到的是托泰的轉述，我差一點落下眼淚來。

　　其實，即使鹿野果真回來，也是九十二歲的老人了。他最後幾年在菲律賓，在婆羅洲調查的學術成果，竟然也因為他的失蹤而被埋於熱帶叢林中。

　　生前，鹿野因為身在婆羅洲而未能看到他自己的著作《台灣原住民圖譜──雅美族篇》及《東南亞細亞民族學、先史學研究》第一卷及第二卷，令人感嘆天不從人願！

　　本書作者山崎柄根博士是專攻動物學與自然史的學

者，對於鹿野忠雄的台灣博物學研究——尤其是昆蟲學、動物地理學方面的學問成果——有深入研究。山崎博士本人又是日本《文化人類學群像》系列書中，負責撰述鹿野忠雄篇的作者，可見對於鹿野博士在民族學、先史學方面的成就，也有相當深入的瞭解。

除了追述鹿野博士短短的三十八年生命旅程中，所留下珍貴而龐大的學問，對於台灣自然史與人文史的剖析、解明的貢獻外，山崎博士更把傳記的焦點凝聚到鹿野忠雄的失踪始末，用抽絲剝繭的手法追蹤研究，最後用將近四個章節的篇幅，分析戰爭中的客觀形勢與鹿野個人當時所處的狀況，為他的失踪事件提出種種線索，最後解開了生死之謎。

因此，讀本書的最後六十頁，讀者會有身入其境的感覺，步步進入推理、解謎的世界。

翻譯本書的時候，我不只一次沈醉於過去在中央、雪山、玉山各山脈的踏查行動。在山上的日子，每天穿梭於原始林中，或走在南湖圈谷、雪山圈谷中，或走上古老獵徑的時候，似乎感覺鹿野與原住民同伴急促的呼吸聲，眼前浮現出一幕一幕高山探查景象……，身旁總是感覺有鹿野博士的影子，所以，譯述時不時停筆沈入回憶中。

本譯作已將鹿野博士的主要著作及論文，作成目錄，供讀者進一步閱讀鹿野學問內涵的參考。博物學論文的部分，則獲得吳永華先生美意，將他蒐集的目錄轉錄於其

中。

　　山岳的標高，部分參考目前通行的航照圖及岳界認定的高度標示，而生物的中文譯名，是我最感棘手的部分，幸有陳建志博士（動物學）及陳益明博士（植物學）幫忙查明；在雅美族物質文化及語言方面，也承徐瀛洲先生及土田滋博士指導，在此一併表示謝意。

楊南郡

1998年於新店市

第一章

站在紅頭山頂

一個日本年輕人，帶著一個雅美人，穿過沒有路徑的熱帶叢林，奮力排開茂密的灌叢，攀向陡急的山坡。

颱風剛剛過去，天空異常晴朗，在熱帶的陽光照耀下，涼風吹過汗濕的衣襟，令人感到通體舒暢。在這個適合採集昆蟲的日子裡，年輕人是第二度攀登紅頭山的。途中，他用捕蟲網捕捉了一隻正在吸食花蜜，閃耀著金色光澤的珠光鳳蝶，帶著滿足的心情，快速地登上山頂。

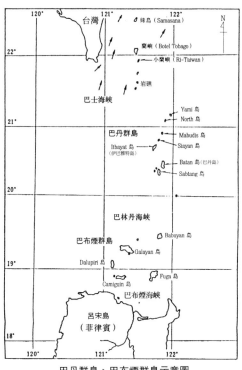

巴丹群島、巴布煙群島示意圖

這一天，涼爽的海風把雲都吹散了，站在山頂上，向西遠遠地可以眺望到台灣島南端，像海平線上一個低平的黑色輪廓，正北方則可見到火燒島。站在山上眺望，特別可以感受到這個小島和台灣本島的隔絕。腳下方，海岸邊有幾個安詳的小聚落。這個

大洋中的孤島啊，最初，人類是什麼時候到此定居的呢？這是每一個來到此島的訪客共同的感想。

把視線轉向南方，眼前除了小紅頭嶼之外，在熱帶海洋上特有的笠狀層雲之下的，是兩個隱約出現在汪洋上的島影。上次在紅頭山頂上並未看到這兩個島，這回因為前一晚的大風把海面上的霧氣都吹散了，令人難以置信的，竟然可以看到這兩個島！

在台灣與呂宋島之間，由北往南共計有三個海峽，分別是巴士海峽、巴林丹海峽、巴布煙海峽，在這些海峽之間，有成群的小島像跳石一般，散列在海面上。

往巴士海峽南方看，這些小島中較北的地方，可以看到一個比較大的島，應該是伊巴雅島（Itbayat），另一個大島，應該是巴丹島（Batan）不會錯的。

年輕人問同行的雅美青年，他們是如何稱呼這些島嶼？雅美青年立刻指著島影回答說：

「那是伊庫巴拉特島。」

「那是伊巴丹島。」

伊庫巴拉特島從音調上來判斷，應該是指伊巴雅島，伊巴丹島，就是巴丹島了。

雅美青年繼續說，由海峽往南，計有吉密沙嘎、丟馬布利斯、伊庫巴拉特、伊巴丹等島。日本年輕人把強記在腦海中的地圖，與雅美人所說的島嶼互相印證，不禁佩服原住民族對島嶼地理的正確認知。這些島就相當於地圖

上的密桑嘎、馬布利斯，還有今天所見到的伊巴雅島及巴丹島。

　　紅頭嶼的原住民出海捕魚，總是穿梭於這些島群間，絕不會超出這些島群的範圍。這個時代，雅美人與外界可以說完全沒有任何交流。

　　因為海霧瀰漫而經常看不見的島嶼，是他們想像中最遠的疆域吧？生活在無文字社會的原住民，絕不是靠地圖與書來認知這些島嶼的名稱和相關位置。然而，他們對於島名和地理位置的正確認知，想必是父而子、子而孫，代代口傳下來的。此外，紅頭嶼上還留有遠古時代與南方諸小島交流的故事。問起台灣的事，令人不可置信的是，他們對於鄰近的台灣島非常陌生，不但不知道台灣島的任何情事，也沒有與台灣牽涉的任何傳說。想必這島上原住民的祖先，是由南方島嶼，沿著散列海峽的島嶼，逐島遷移到現居地的。

　　雅美人住的島嶼紅頭嶼（現稱蘭嶼），島上最高的山就是紅頭山，原住民稱之為吉拉可巴庫。年輕人站在山頂上，第一次眺望浮現在巴士海峽上的小島群，感覺到胸中熱血奔騰。住在這熱帶小島上的雅美族，與台灣本島的原住民，在生活與習俗上都是完全隔絕的。本來自己是為了採集前人未發現的昆蟲而來到這個島上，現在因為接觸了雅美族獨特的習俗而思考起他們的來歷，實在是令人著迷呀！將來，很想研究生物地理學，對於雅美族，很想親自

加以研究……。

　一個接一個想法不斷湧現，這些思維開始互相糾結。站在當時日本領土最南端的高山上，面對著壯麗的蔚藍大海，看清了自己將要走的研究方向，不禁因為興奮而渾身一震，熱血澎湃地流竄全身。

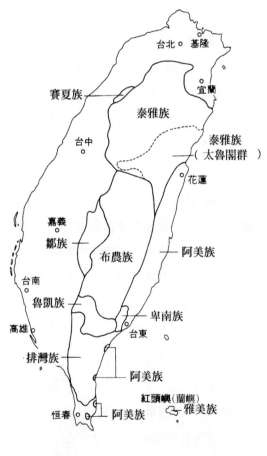

台灣原住民分布簡圖

　這個日本年輕人名叫鹿野忠雄。當時，他不過是個就讀於台灣殖民地高等學校的學生。

　台灣成為日本殖民地，是中日甲午戰爭的結果，日本與滿清的李鴻章簽訂和約而獲得這個新殖民

地。遠古時期，移民到台灣來的是屬於原馬來系的少數民族，這些先後來台的南島民族，分別定居於全島各地，成為台灣的原住民。

明朝末年，漢民族從大陸移民到台灣，部分的平地台灣原住民與他們接觸而混血同化，後來就被稱作平埔族。

另一方面，住在山地的原住民，與漢民族互相隔離且不往來，因此，始終保有獨特的原始社會形態。占居北台灣山地的是精悍的泰雅族，在中部與中南部高山領域狩獵為生的是布農族，中南部以阿里山為中心分布的是鄒族。雖然維持著原始社會形態，但在文化上有相當深度的是南部的排灣族。此外，居住於東海岸平地，有民性溫和的阿美族與尚武精神最強的卑南族。另有居住於泰雅族分布圈西北外緣的賽夏族和分布於布農族與排灣勢力圈之間的魯凱族，他們人口稀少，很早就與漢人接觸而允許漢人進入他們的地盤。卑南族和魯凱族很早就與排灣族密切往來，所以他們曾經被視為排灣族的一支。更南方的小島紅頭嶼，則有叫做雅美族的海洋民族，在島上過著與世無爭的日子。

清國政府對於不肯同化的台灣本島山地民族感到棘手，甚至當年與日本談判的李鴻章，也警告日方首席代表伊藤博文：「未來台灣的生蕃將會變成日本的沈重負擔。」當然，李鴻章的本意是想藉此希望日本考慮放棄台灣，但

是他的話也有幾分眞實性。

這些台灣原住民族在淸朝時代被蔑稱爲「生番」，平埔族因爲被漢人同化，所以稱爲「熟番」。日本治台時代，這兩個名稱被沿用，但是總督府官員把他們通稱爲「蕃人」，後來又改口稱爲「高砂族」。

因爲各族之間，平時沒有交流，彼此對立，見面的時候很容易引起爭戰。總而言之，各族在自己的地盤上，維持著固有的生活方式。除了雅美族外，台灣島上各族都擁有近代的槍枝，但是他們的生活還相當原始，可以說距離石器時代乃至於製陶時代不遠，民智不高。

其中，泰雅族臉上刺墨，傳統上盛行馘首，所以在各族之間泰雅族保持著較顯著的原始性。馘首習俗也見於阿美族（南部阿美族除外），以及排灣族等。

作爲殖民地統治者的台灣總督府，爲了讓島上原住民開化，曾經採取懷柔和威壓手段，但是，歷史上漢人頻頻侵犯原住民領域，所以彼此間的紛爭不斷，加上原住民反抗日本官方的種種干涉，或者因爲馘首習俗，常常伺機擊殺漢人和日本人，這種行爲叫做「蕃害」。根據統計，自從日本於明治二十八年（一八九五年）開始治理台灣算起，直到明治四十年（一九〇七年）底爲止，十二年間共有四千人以上受蕃害。

受害者都被割下首級，其中漢人犧牲者最多。此外，各部落之間有的是世仇關係，各部族彼此殘殺的事件也不

少，有時候引起官方出動軍隊去討伐。因為原住民依靠天險抵抗，不但誇示其英勇，而且完全不服政令，政府的教化工作很難推展。❶

原住民居住的山區樟樹繁茂，這是生產樟腦的原料，山區同時也是伐木地帶，隨著殖民地產業與林業的推展，山地治安成為不可或缺的急務。日本領台初期忙於鎮壓平地台灣人的騷亂，平定以後開始對山岳地帶的原住民採取武力推進，事實上是對山地原住民領域的侵略，原住民不得不作強硬的抵抗。因此，日政府投注鉅貲，動用強大武力圍堵，結果引起了鎮壓與反抗的拉鋸戰，激烈的行動中，雙方都發生重大傷亡。

最後，原住民不堪長期爭戰，放棄了武力抗爭，到了大正年代初期，重大的抗爭差不多都被平定了。但是，在以後的年代，原住民的反抗行動並沒有絕跡，總督府的大大小小討伐行動一直延續到大正九年（一九二〇年）。因為山地治安不好，山地被劃為危險地區，禁止一般人進出，有正當理由進入山地者，須申請特別許可，當時叫做「入蕃許可」。即使到了日本統治台灣晚期，山地繼續被

---

❶以上關於所謂蕃害、教化、討伐原因的敘述，反映日治時代官方的看法。現在時代變了，已有新的詮釋及新資料出現，請讀者注意。原住民與平地人的衝突所引起的死傷人數，沒有資料顯示原住民受害者究有多少人。據台灣總督府《蕃地調查書》，從明治二十九年至昭和四年，平地人及日本官吏死傷共一萬一千零二十一人，其中死者人數為六千九百二十四人。

台灣總督府稱爲蕃界或蕃地，採用特別行政法治理。

　　鹿野在台灣就讀於台北高等學校時期，常常單獨闖入危險的蕃界，研究昆蟲學與動物學，所以能夠親近包括雅美族的台灣原住民族，逐漸發生濃厚興趣，把他們當做研究對象。他開始在台灣研究的年代是大正末年（一九二五年左右）。雖然台灣總督府已宣稱「蕃情逐漸恢復平靜」（警務局《理蕃概況》，昭和10年），但那不過是浮面的觀察，原住民依然有排拒外人的情緒，蕃界的危險性沒有多大改變。

　　然而，台灣擁有優異的自然環境，生物學上的固有種最多，是一個蘊藏著無窮趣味的海島。相較於狹小的面積，島上少數民族種類繁多，各族各自割據一片山野。把這一個獨特的島嶼當做民族研究的舞台，可以說是最理想的安排。尤其對極端愛好生物、愛好冒險的鹿野來說，台灣是學術研究最理想的園地。

　　讀高校時期的鹿野，曾經留下一則佚事。幾個出差到山地的總督府官員，偶然在泰雅族經常出草的危險地帶，看到一個日本高校學生拿著捕蟲網行走於山路。官員急著要制止他，快速走近他面前時，卻看見學生身後站著一個魁偉的原住民青年。官員一時不知所措，因爲原住民青年目光炯炯，背著重負很柔順地跟在後面，這種光景在山地是絕對看不到的。

　　原來，總督府始終想不出管束原住民馘首習俗的好方

法，這些官員是受命到山地巡察，作為研擬新政策的參考。看到有人走近，這個學生放慢了腳步。

「各位辛苦了。我正要到山區找這裡所沒有的昆蟲。」

「但是，山區太危險了，最好不要太深入啊。」

「沒有問題啦，我有同伴。」他回頭看了一看他的泰雅朋友，笑著說。

「是這樣嗎？那麼小心去罷。」官員們只能說出這樣一句不著邊際的話。

當總督府官員完成全島巡察，最後來到台南附近的時候，又碰到了這個學生。學生帶著笑容對疑惑不解的官員，說：

「台灣山區太好了，已經捉到很多新品種的昆蟲。」

「哦，你竟然還活著！本來以為下次碰到的話，一定是一具枯骨了。」

「不會的，你看，我不是好好的？」（採自《別冊實話特報》第22集，昭和34年）

誰知道這個學生後來成為地理學者，跑遍台灣群山發展生物地理學與自然地理學，同時也成為民族學、先史學者，活躍於台灣本島及紅頭嶼的人物！鹿野闖入前人足跡未至的台灣山區研究蝴蝶、甲蟲，而且出乎意料之外地發現亞熱帶的台灣高山，遺留著冰蝕地形，也完成了台灣第二高峰雪山周邊與紅頭嶼兩個區域的生物地理學研究。

他研究生物地理學的同時，對於雅美族維持著不同於

台灣原住民習俗的特異生活方式大感興趣，徹底地調查研究其物質文化，陸續做成完整記錄發表於學界。

當時台灣在學術上尚停留於混沌未明的狀態，但是，正因為如此，才喚起人們浪漫的探索動機。鹿野真的被台灣的大自然與族群迷住了，他熱心投入於田野調查，獨力邁向學術目標的態度，已經超越了一般學者單純的作法，給眾多的原住民很強烈的印象。

太平洋戰爭末期，日本陸軍當局看中了鹿野的能力，派他到北婆羅洲（今婆羅洲沙巴）進行民族調查，很不幸的，他一去就音訊斷絕，再也沒有出現於人們眼前。他素有強韌的精神力量，從事田野工作的自然科學者是足以應付任何困難的，怎麼會失蹤呢？

凡是認識鹿野的人們都感到意外。失蹤時他才三十八歲。從他過去的學術成就來判斷，如果他活著回來，戰後一定會成為學界的領袖人物。因為對他的期望很高，我們不難想像，人們是多麼失望地發出一片痛惜的嘆息聲啊！

在朋友之間，大家都以為他過去在盛行出草獵首的台灣原住民間活躍過，轉到北婆羅洲同樣盛行獵首之地調查，應該會安然度過危機。但是，戰爭結束後又經歷了很長的歲月，他的行蹤依舊杳然。

然而，他怎麼會失蹤呢？為什麼？為什麼呢？不祇是親友，凡是認識鹿野或聽過鹿野名字的人，莫不表示最

大的關心。戰爭中，人員失蹤事件通常是被輕易忽視的，但是，到底發生了什麼事呢？他失蹤的真相非大白不可！

在台灣的時候，鹿野喜歡以田野調查的方式，獨闢他人無法跟隨的創新研究，而且勇於大膽假設，小心求證。早年，他已開始提倡橫跨學科做綜合性研究的重要性，以身作則，展示用科際研究法，對相關的學問會有多大的貢獻。因此，他的學問歷久彌新，其重要性與日俱增。

他的研究內容不一定全是成熟的階段，也許他衝刺太快，思考往往超越充分驗證的進度，這個遺憾不是沒有。他知道這種缺失將是他來日要重新檢討、修正的。很不幸，天降奇禍，使我們看不到他經過修正的學問體系。

鹿野期待有朝一日，他將向東南亞舞台邁進，用開闊的視野探索人類文化發展的軌迹，這個宏偉的研究計劃，像斷了線的風箏一般消失了。就在他研究根柢已紮實，慢慢地要逐一開花結果的關鍵時刻，忽然發出一聲晴天霹靂！想到他抱著龐大研究計劃向前衝刺，壯志未酬身先死，讓人萬分痛惜，萬分憤恨！

今天，還剩下多少人知道鹿野忠雄的名字呢？從失去行蹤到戰後漫長的歲月中，台灣已經變成一個遙遠的國度。其間，日本向美國一面倒，卻一夜之間對於曾經是日本領土的台灣全然不關心。

日本戰敗以後，在台灣的日本人撤離台灣時，昆蟲學

者應該帶走的標本都被迫留下，返回日本以後，學者只能靠記憶想起當年採集的盛況；而以台灣原住民為研究對象的人類學者，也因為環境的變化不得不改變研究主題。以鹿野另一個研究對象的台灣高山冰蝕地形來說，從戰爭期間到戰後的現在，一直是陷入低迷狀態，再也沒有人去關心鹿野所發現、所研究的成果！

在日本國內特殊的時空變化下，像鹿野以台灣為研究對象，活躍於台灣這個學術舞台上的傑出人物，已經被人們遺忘了。近代科學趨向細分化，所以，鮮少有人能夠為鹿野的學問體系，做出整體研究與評價。當然，各科都有人在研究中提及鹿野的名字，卻不知鹿野在其他方面的成就。鹿野研究計劃未達成就失蹤，使近代的研究者，只依稀記得鹿野做過別科研究，卻無法認知他的整個學問體系，結果未能抹去「傳說中人物」的粗淺印象。

在這裡，作者想要排除一切虛像，真實地追蹤大規模橫跨自然科學與民族學、先史學領域的這位學者的生平與研究足跡。追蹤鹿野一生研究的流程，同時可以使涵蓋昆蟲學、動物學、生物地理學、自然地理學的「台灣自然史」，以及原來以「高砂族」通稱台灣原住民族的民族誌學、先史學、民族學，亦即廣義的人類學，兩者同時在台灣發展的一個斷面呈現出來。唯有這樣做，才可以彌補「台灣現代科學史」所遺落的部分。

記錄鹿野忠雄的生平事蹟，不免要碰觸發生於他身上

謎樣的失蹤事件。失蹤後怎麼會沒沒無聞,而爲人們所遺忘呢?作者想盡力追尋鹿野失蹤前後的各種狀況,以及他失蹤前的行動,使眞相顯現於讀者面前。

那麼,先讓作者談談少年鹿野是怎麼樣踏進學術領域的經過罷。

第二章

希望成爲昆蟲學者

明治三十九年（一九〇六年）十月二十四日，鹿野忠雄出生於日本東京，父母的名字分別是「直司」與「欽」。那是日俄戰爭剛剛結束，日本全國民衆還沈醉於戰勝氣氛中的時代。

　　父親直司出身於福島縣安達郡，生於明治八年，畢業於早稻田大學法科以後，最初服務於大日本貿易協會，後來轉任《福島新聞》主筆。當時，大學畢業後立即就任地方報紙主筆的情形並不稀奇。鹿野出生的時候，家已搬到東京。當時直司在東京擔任東京府農工銀行祕書，後來歷任國際聯盟協會幹事、三笠炭礦株式會社會計部長，其間也被選爲東京府的區議員，晚年兼任東京民事地方裁判所人事調停委員，工作之餘享受釣魚之樂。

　　鹿野出生的時候，家在東京市郊淀橋町柏木，現在由於行政區改正，叫做新宿區北新宿，位於新宿火車站西北側，靠近大久保車站。現在這一帶有住宅和不怎麼高的樓房密集，附近即是戰後形成的歌舞伎町繁華街。隔著靑梅街道，南側原來有個廣大的淀橋淨水場，現在已成高樓櫛比的新都市中心。鹿野的故居柏木一帶，似乎快變成高樓大廈的商業區了。

　　當時，新宿火車站分成兩個進出口——屬於山手線的「甲州街道口」與屬於中央線（甲武線）的「靑梅街道口」，都很小，而且彼此之間沒有打通。從兩處進出的旅客人數，據說僅次於從東京火車站進出的人數。從西側口進入

青梅街道，載運貨物的馬車往來頻繁，直到大正末年以後，街道上才舖設電車軌道，從荻窪方面開來的市區電車（發出叮叮聲音，所以叫做叮叮電車）緩緩通過。

　　柏木一帶雖然是個新興住宅區，但是四周盡是田園，沒走多遠就看見竹林、森林和牛隻的放牧；往北走過去，有一片青青草原，叫做戶山原野，雖然被指定爲陸軍操練基地，卻是兒童玩耍的好地方。隔著山手線鐵路，東邊是陸軍靶場。中央線的西側有新建的住宅點綴著，但是密生著菅芒和胡枝子，關東平原的武藏野森林帶一直延伸到這裡。

　　從年幼的時候，鹿野就對昆蟲發生興趣，據說幼年時的玩伴就是鍬形蟲，大概是住家周圍的自然環境孕育了他對自然科學的興趣。

　　鹿野是長子，下面有兩個弟弟和兩個妹妹。母親一共生了十個小孩，其中五個夭折，可能是母親每次臨產時，患麻痺性腳氣致使生下的嬰兒一半夭折。鹿野的妹妹千惠已去世。弟弟光榮以前擔任靜岡縣一所高等女校教師，戰爭期間進入陸軍第五航空技術研究所，也出征過，戰後他從事照相工作。最小的妹妹正代已嫁到相澤家，現在還健在，而最小的弟弟名字叫覺，也曾經從事照相工作，現在也健在。

　　記載鹿野早期經歷的文書在戰後混亂中遺失了，所以連鹿野家的人都不知道鹿野讀過那一所小學。鹿野夫人靜

子還健在，她說鹿野讀柏木的小學，如果是這樣，鹿野應該就讀於淀橋尋常高等小學。大正二年入學時，柏木地方只有這所小學。

淀橋小學位於淀橋町公所的北側，大正初年的學生人數三千多名，學生人數顯示柏木、角筈一帶是一個新興住宅區，新房子如雨後春筍般暴增。因為學生人數過多，教室顯得不足，學校不得不採取四年級以下的學生兩部制上課，這樣的情形延續到大正四年增設二所新小學。鹿野進四年級以前，體驗了兩部制上課，所以比其他小學的學生，多了遊戲時間。

這時期，以歐洲為主戰場的第一次世界大戰爆發，繼而日本向德國宣戰，出兵到德國所領有的中國膠州灣青島及南洋島嶼，把這些都占領了。因為參戰的關係，這時期的日本軍需工業突飛猛進，帶動了經濟繁榮。

從鹿野留下的文章可以看出：小學四年級的時候，也就是十歲左右的時候，他似乎喜歡爬山，也喜歡做正式的昆蟲採集工作。他爬山和父親到山溪釣魚，應該有連帶關係罷。在家裡父親不太管教小孩，倒是母親早已看出鹿野的性向，為了滿足他的願望，替他製作簡單的採集工具，或為他買正式的工具。

鹿野從小學就熱中於昆蟲，要升上中學的時刻，父親看出他過度熱中而荒廢了課業，怕他考不上東京府立中學，所以讓他投考位於神田淡路町的開成中學。當時的開

成中學不像現在因為高比例升學率而有名，校方實踐「質實剛健」的校風，能夠主動地網羅有天分的學生進去。

入學考試的時候，應考的學生都嚇了一跳，因為書桌都被各年次的學生用小刀刻劃得傷痕纍纍，寫考卷的時候，非用墊板不可。鹿野跟大正初年的學生一樣，身著紫藍色和服，腳穿木屐，帶著墨水、毛筆和鉛筆應考。

大正八年（一九一九年）四月，鹿野考進開成中學。現在他穿上中學制服，戴著制帽，肩膀上斜掛著白色書包，腳穿軍靴，小腿套上海軍式白色半截腳布。他冬天穿紫藍色毛質制服，夏天則穿有白色條紋的棉質制服。服裝的特徵是胸前有整排的黑色鈕扣，上有「劍與筆」的浮雕。帽徽也是劍與筆交叉型設計，浮雕表面發亮。依照校規，入學後男生要剃光頭。

鹿野每天在大久保搭甲武線電車，頂多是二個車廂的聯結車，每隔二、三十分鐘來一班車。他在「御茶之水」站下車，沿駿河台走尼古萊天主堂旁的坡路，到淡路町的學校。當時道路狹窄，牛車、馬車、用人力拉的二輪貨車、人力車來來往往，走路時要格外小心，避免踩到牛糞和馬糞。開成中學在天主堂下方，路旁有很多草花，這裡很少看到汽車，只是偶而有人騎自行車經過。

大正年代的開成中學只有一個小小的運動場，所以放學後，學生都在「御茶之水」池畔玩玩再回家。初春，池旁有木賊（植物名）從泥土中探出頭來；初夏，蜻蜓在空

中飛舞，這是一個理想的學生活動場所。

到了大正十年（一九二一年），御茶之水文化學院成立，相較於穿著保守的女子高師附屬中學生，文化學院的女生穿著洋裝從火車站下車，走向另一個方向。時髦的洋裝制服，是在當時擔任學監的女詩人與謝野晶子指示下設計的，格外引人注目。

開成中學不採行應付升學考試的教育，所以學生都在自由的學風下學習，但是施教的內容優異，很多學生畢業後成為社會上活躍的人物。同班同學中有新劇演員瀧澤脩（藝名瀧澤修）、涉谷正智（藝名木村太郎）、金平軍之助等。中學讀了一半的時候，已休學一年的藤田圭雄降一年成為鹿野的同學。藤田後來服務於中央公論社，戰後創辦兒童文學雜誌《紅蜻蜓》，自任總編輯。他的出版社出版竹山道雄的小說《緬甸的豎琴》，以及青木茂的《三太物語》等兒童文學名著，對兒童文學界有很大貢獻。

高一年級的學生中，有後來成為經濟史學者的高村象平；另外有一個和藤田一樣因病休學一年而降一年，成為鹿野同學的佐藤勝熊，後來改名為佐藤朔。他是著名的詩人兼法國文學研究家。高村和佐藤前後擔任過慶應義塾大學的「塾長」（大學校長）。

創立「人形劇團」的川尻東次、作曲家池內友次郎、創立「香頌巴蕾舞研究社」的蘆原英了等人物，也差不多這個時期就讀於開成中學。在理科方面有成就的，是研究

地震學而知名的和達清夫、研究大腦生理學的拓植秀臣，以及著名的醫學博士武見太郎（比鹿野高二年級的武見從別校轉學過來）。比鹿野低二年級的土方正己後來成為《東京新聞》編輯局長。與鹿野交往密切的土方，將於後文登場。

因為搭電車通學的關係，鹿野和渋谷、藤田、瀧澤很要好，加上藤田的朋友佐藤，五個人是經常在一起的玩伴。渋谷是軍人的兒子，家在芝白金，鹿野等密友常常在渋谷家聚集，玩紙牌和橋牌，有時候私下跑到渋谷家附近的火藥庫舊址或跑馬場玩。火藥庫廢址有幾棵大樹，同學們受到了當時叫座的電影《羅賓漢的探險》影響，把這塊地方叫做小伍德林，裝扮羅賓漢爬樹，玩西洋劍的玩意。西洋劍是渋谷帶頭學習的。鹿野和這些搞戲劇和文學的少年交往，自然培養出文學的趣味。

當年開成中學的教師有不少是愛好鑽研學問的，早熟的學生用詭計也沒辦法難倒老師。教師之中有的是大學者，卻因為某種原因當起中學教師，例如漢學者橋健三留在中學當校長。另一方面，有的人可以在大學擔任助手，因為東京帝國大學教職還沒出缺，暫時在開成中學教書。

研究東洋史的原田淑人，不久以後任職於東大，後來成為教授。原田在開成中學的時候，經常利用課餘時間為學生講些有趣的故事而頗有親和力。當時，鹿野的興趣傾向於理科，對他來講，歷史考古學話題也許是遙遠的，另

外一個世界的故事罷了。原田在大正十四年（一九二五年）發掘朝鮮半島上漢代樂浪郡的古墓，解決了多年的爭議而知名於學界。❶

升上中學以後，鹿野對昆蟲的興趣更加旺盛，和同伴玩的時候，也在追捕甲蟲、蝴蝶、蜻蜓，升二年級以後開始到東京西郊採集標本。他最初到高円寺、阿佐谷一帶，因為甲武線電車只通到中野，下車後步行到目的地。那裡是理想的採集地，初夏有綠小灰蝶類飛舞。有時候，鹿野在中野換乘中央線的火車到三鷹和國分寺一帶採集，其中，井之頭是最好的場所，常常因為過度熱中於採集，沒搭上火車，就要再等二個鐘頭才有列車通過。這個時期鹿野每週作三次野外採集旅行。

中學二年放暑假的時候，他第一次單獨旅行到父親出生地的福島縣。七月二十日從東京出發，直到八月二十三日才回到家來，對十四歲的少年來說，是相當長的旅行。這次單獨旅行似乎顯示了他以後傾向於單獨作長期採集旅行的性格。

他穿著有白色花紋的和服和運動褲，打著綁腿，腳穿草鞋，頭戴麥稈帽，以當時的登山裝扮走遍磐梯山、安達

---

❶位於北韓平壤大同江南岸的弧型磚墓，是明治三十八年（一九〇五年）偉大的人類學家鳥居龍藏首先認定的漢墓，但當年以東京帝大關野貞為首的官僚派學者，為了配合日本占領朝鮮半島的國策，指為朝鮮高句麗國時代的古墓，引起了學界的長時期爭議，最後發掘古墓後，證實鳥居龍藏的學說才正確。請參閱《鳥居龍藏──縱橫台灣與東亞的人類學先驅》，晨星，1998年。

鹿野忠雄（左）14歲時往福島縣採集昆蟲時留影。

太良山和豬苗代湖一帶。

現在存有一張當時鹿野和一個腳伕的合照——幼稚的臉，但是全身披掛齊全，從右肩和左肩分別斜掛著採集用藥水瓶和棉布旅行袋，左手抓著草編雨具，右手握著一支捕蟲網。現在登山採集旅行的用具有很大的改進，但是藥瓶和捕蟲網的型式並沒有變。照片中的全身裝備都是在「名和昆蟲研究所」買的，屬於專家的道具。

旅行回來後，鹿野整理出六十五種不同的蝶類，作成〈福島縣產蝶類目錄〉，交給名和昆蟲研究所爲普及昆蟲知識而發行的《昆蟲世界》雜誌（10月號）發表。這是鹿野在少年時代最初發表的處女論文。

這個時候，鹿野被少壯派昆蟲學者橫山桐郎賞識，而受到極大影響。鹿野家的朋友中有一個姓坂本的人，當時服務於高圓寺蠶絲試驗所，知道鹿野從小就喜歡採集昆蟲，特別把他介紹給剛於九月來就任「囑託」（約聘技術人員）的橫山桐郎。

橫山桐郎是東京帝國大學理學部地質學教授橫山又次郎的兒子，就讀於東京帝大農學部時向三宅恆方講師（兼

橫山桐郎博士——鹿野忠雄的昆蟲學
啟蒙老師。

任大學附屬農業試驗場昆蟲部主任）學習昆蟲學。三宅是屬於正統派的知名昆蟲學者，可惜那年二月患傷寒，以四十一歲英年去世。橫山暫時在蠶絲試驗所工作，後來於大正十四年轉任東京農業大學教授，但是因為健康的關係，於次年十一月申請改為兼任教授，昭和二年回到蠶絲試驗場，五年後也英年早逝。

少年鹿野和橫山桐郎初次見面時，橫山才二十四歲，身體瘦弱，眉毛濃密而突出，顯示著將來必成大器的氣宇。看到他外貌的人，把他的名字「桐郎」（Kirio），用「漢字音讀法」唸成Toro，也就是螳螂，因為他體瘦如螳螂，又是螳螂等昆蟲的專家。

鹿野得意地將刊載於《昆蟲世界》的處女作〈福島縣產蝶類目錄〉翻給橫山看。橫山已經看過這篇論文，對於眼前這個少年居然採到這麼多蝴蝶品種，大表驚異，把他誇獎一番，而且當親弟弟一般勉勵。

從此以後，鹿野常到橫山那裡學習昆蟲分類學和閱讀歐美文獻的方法。因為橫山是正統派學者三宅的弟子，對

於熱中於研究的鹿野有很大幫助。鹿野非常熱心求知，每天放學後都抽空跑到試驗場，從昆蟲圖書室找出A.Seitz的《世界大形鱗翅類圖譜》、《昆蟲類之屬》等書閱讀，學習如何秉持追求完美的精神進入學問的堂奧。橫山允許他自由閱讀公家書架上的自然科學書。

鹿野甚至把洋文的文獻，例如J.H.Leech的《日本及朝鮮的鱗翅類》上所載有關甲蟲類新品種命名時發表的記錄，用心地抄寫於筆記本裡。橫山看在眼裡，就給他一張桌子使用。從此以後，橫山的研究室裡，多了一個光頭少年伏案研究，而研究室門口也多了一雙軍靴的怪現象。

這種情形不免讓試驗場的訪客留下奇異的印象，也許鹿野會覺得不好意思，但是橫山絲毫不介意，把這個中學生當做一個正式的昆蟲研究員看待。可能是橫山出身於學者家庭的關係，心內覺得研究者的幼苗需要栽培、照顧。他更進一步地把鹿野介紹給昆蟲學的老前輩矢野宗幹，那時候鹿野一定是興奮萬分的。

從小沒有缺過錢的橫山，經常花大錢購買歐洲出版的圖書，自然地，出入於橫山研究室的鹿野，也開始知道德國著名的舊書店名字。據說橫山買下了曾經被人珍藏的寄生性小蜂文獻。售價很高，橫山雖然用不到，卻不多加考慮就把它買下，使急欲購讀但沒有錢購買的研究者，又後悔又羨慕。

橫山每天下班後，陪鹿野一塊走到中野火車站，途中

熱心地交談，兩人都覺得一起討論昆蟲的時刻最快樂。在這個情形下，少年鹿野私下決心要終身獻身於昆蟲的研究。

次年，捕蟲的季節又到了。橫山和鹿野一起到國分寺、立川、多摩川原野、高尾山等地採集。他們採用beating法（把捕蟲網張羅於樹下，用木棒敲打樹幹使昆蟲落網）。橫山愉快地吹著口哨工作，不會吹口哨的鹿野只是默默地追捕昆蟲。橫山有時候把鹿野帶到在東京牛込區東五軒町的家，把當年就讀於第五高等學校時期採集的長崎鳳蝶和採自信州（長野縣）的枯葉紋鳳蝶標本送給鹿野。

東京帝大就學時的江崎悌三（中央）、平岩馨邦（右）及內田亨（左），1920年。

大正十年（一九二一年）暑假期間鹿野首先到秩父山地作短期採集，然後作第一次的單人北海道採集旅行，長達四十天。這時候，他逐漸把採集重心放在甲蟲類的原始品種，如虎甲蟲、擬步行蟲及步行蟲。北海道旅行，主要目的是要採集甲蟲類。

這一年秋天，橫山把鹿野介紹給著名的昆蟲研究者江崎悌三。當時江崎是東京

帝國大學理學部學生，就讀中學的時候，就開始寫幾篇論文投給昆蟲學雜誌發表，被視為未來的昆蟲學者。

江崎於八月到九月遠征台灣，帶回很多昆蟲標本，初次見面時把這些「戰果」給鹿野看。鹿野睜大眼睛仔細地看各種台灣產的蝴蝶和甲蟲，對於南方之島有如此美麗的昆蟲，受到極大震撼。江崎娓娓而談台灣島上很原始的種族過著原始生活，而且保留著奇異的習俗，用熱情的口吻提醒鹿野，說台灣是地理學上未開之地，有豐富的熱帶昆蟲，美得令人眼花撩亂，而且有獵首種族居住在那裡！少年鹿野傾聽江崎一席話的時候，心跳加速，興奮得渾身發熱起來，對於未知的世界感到非常好奇。

暑假中北海道之行有了豐收，鹿野把前人未發表過的擬步行蟲品種記錄交給《昆蟲世界》雜誌，雖然是只占一頁半的小論文，卻正式地於次年四月號刊出。他繼續寫的〈日本本地產步行蟲的一個新品種〉，也於六月號刊出。

才十六歲的鹿野也開始用英文發表甲蟲的新品種，當然英文稿先交給橫山過目。鹿野所謂新品種叫做赤銅色蝦夷步行蟲*Carabus Fureoiensis*，後來這個名稱不再使用，因為它被視為「背筋赤銅色步行蟲」的色彩變異型。

因為鹿野陸續發表論文，他不但在「昆蟲少年」之間成為鋒頭人物，而且昆蟲學者也開始注意到他，鹿野也樂得與學者們交換標本。這些學者中包括朝鮮昆蟲學的開拓者土居寬暢（他當時擔任朝鮮新義州高等普通學校教

師），以及服務於朝鮮總督府的昆蟲學者岡本半次郎。

這個時期，所謂「昆蟲少年」（後來被改稱「虫屋」的昆蟲專家）都不期然地聚集在東京郊外的高尾山。高尾山標高只有六百公尺，但是由於遍山都是原生闊葉林，是一個著名的昆蟲採集地。即使是今日，高尾山仍然有豐富的昆蟲，位置近市區，但沒有人為的破壞，因而吸引了東京的昆蟲少年，把它當做東京近郊的最佳採集地。

採集者通常搭乘電車到中央線的淺川站（今稱高尾站）下車，邊走邊採。當時還沒有纜車，也沒有茶店，人煙稀少。山頂是一大片的芒草，可以展望到丹澤及道志諸峰背後的紫紺色富士山。在這裡有很多愛好昆蟲者會面，每次碰面的時候，都互相拿出採集品，假使有人捉到珍奇的品種，大家爭著要借過來仔細觀察，很熱鬧地交換意見，互相品評。常來的昆蟲少年包括東京高等師範附中的學生磐瀨太郎（後來成為銀行家，也擔任日本鱗翅學會會長）、東京府第五中學的學生古川晴男（後來成為昆蟲學者），以及開成中學的鹿野忠雄。

東京高等師範附中的學生中，有愛好登山的中島健藏（後來成為評論家，法國文學的學者）及大塚彌之助（後來成為地質學者），都跟著磐瀨來高尾山玩。東京府第五中學的學生中，有一個叫做高島春雄（後來成為生物學者），也因為與鹿野一樣愛好生物而彼此認識。

鹿野第一次和著名的昆蟲學者松村松年見面，是在大

正十一年（一九二二年）的夏天。這一年夏天，鹿野和藤田、渋谷等玩伴到「上高地」（地名）渡假，然後和渋谷一起到北海道採集，他們再從北海道搭船到北方的南庫頁島進行長期採集旅行。他們在北海道追捕大雪高嶺蛺蝶時，因爲連日豪雨造成網走川氾濫，使採集工作倍加辛苦。所捕獲的大雪高嶺蛺蝶，是當時尚無記錄的新品種，直到大正十五年才向學界報告。

這次旅行中，鹿野順便到北海道帝國大學農學部昆蟲學教室，拜訪松村松年教授。松村引導他參觀教室內的標本。北大昆蟲教室是當時日本唯一的昆蟲學教室。見面的時候，松村已有很多本昆蟲學著作，在學界的名氣很大。鹿野所依賴的圖譜，如《日本千蟲圖解》、《續日本千蟲圖解》、《新日本千蟲圖解》共十二卷，都是松村的著作。❷

松村對於一個中學生來求見表示驚訝，但是很親切地接待他，同時把剛剛擔任研究助手的玉貫光一介紹給鹿野認識。玉貫受託於日本「北庫頁島派遣軍」，和那一年要進北海道大學就讀的河野廣道，連袂往北庫頁島各地調查昆蟲，剛於一個月前回來，所以鹿野也看到他們的採集品。

鹿野從北海道、庫頁島旅行回來，不久看到大杉榮日

---

❷日文「……教室」，指大學科系，或其研究室，例如人類學教室、昆蟲學教室等。

譯的《法布爾昆蟲記》第一卷已經由叢文閣出版了。這一本書當時給日本知識份子的影響，和丘淺次郎寫的《進化論講話》一樣深遠。橫山和鹿野立即買下《昆蟲記》，很感激大杉氏能夠把這本世界名著譯成日文，這本書尤其讓鹿野感動得大聲叫好。第一卷是法布爾（Jean Henri Fabre）花費很多年才寫成的，所以內容特別好，而大杉的譯文比後來出現的其他日譯本還要出色。橫山和鹿野迷上了法布爾，法布爾的生平強烈地刺激了橫山這一個多情善感的年輕人，使他決心從事啓蒙性質的工作；同樣地也刺激了少年鹿野，使他研究昆蟲的心意更加堅定，並立即開始作胡蜂的觀察。

第二年春天，也就是從北海道回來才幾個月，鹿野開始選擇六星鼈甲蜂作爲觀察對象。他請開成中學的好友山脇眞橘（後來成爲建築家）幫忙拍攝胡蜂的生態照片，在阿佐谷鐵路旁的護坡及玉川淨水場堤防，自己做觀察筆記，仿照法布爾的文體寫他的觀察記錄。但是，鹿野學法布爾作觀察未能持久，只觀察一段時間就草草收場。

開成中學裡有一個學生社團，叫做「有志登山會」，相當於現在的學生山岳部。登山會舉辦活動時，學生可以自由報名參名。鹿野升上最高年級後的最後一個暑假，擔任領隊去攀登日本北阿爾卑斯山系。大正十二年（一九二三年）七月，幾乎整整一個月，衆人在這山區活動，他同時每天忙於採集高山地區蝴蝶和昆蟲。

鹿野在北阿爾卑斯山系登山口「上高地」捕捉了一種蜻蜓，當時叫做北方紅蜻蜓（今稱陸奧紅蜻蜓）以及伽羅瓦氏蟋蟀（今稱姬伽羅瓦氏蟋蟀）。深山粉蝶曾經與平地的紋白蝶一樣多，現在急速減少了，少年鹿野擔心牠會全面消失，在文章裡呼籲大家加以保護，他是今日風行全日本的自然保護先驅之一。六十年後的今天，深山粉蝶的幾個亞種已完全消失了。

　　八月，富士山下有陸軍部隊在演習，鹿野只到父親出生地的福島縣旅行。

　　九月一日發生關東大震災。這一天鹿野剛好很難得地到淺草區看電影。地震的第一波造成電影院天花板裂開，瞬間又自動地接合起來。在婦女的尖叫聲中，他奔出電影院，眼前淺草區最高的十二層大樓塌下來，市區交通已全面癱瘓。

　　鹿野步行到上野，通過萬世橋往神田方面避難。他在餘震頻發當中趕到須田町，這時候，日俄戰爭的紀念人物廣瀨中佐和杉野兵曹長的銅像，仍屹立於原來位置，在各地方建築物轟然倒塌聲中，位於淡路町的開成中學木造校舍絲毫未損。因為地震發生在吃午飯的時刻，倒屋引起了火災，到處蔓延著，忽然在一陣強風吹襲中火星飛散到校舍，當夜整棟校舍被燒燬。

　　御茶之水橋也受到波及，欄干先燃燒起來，橋板也著火而燒焦。附近的尼古萊天主教堂圓頂也著火倒塌了。一

天之內所有市區的木造建築物都陷入火海中，很多人被活活燒死，第二天市區成為戰爭劫後的景象。地震餘波未曾停止，所以到了第二天，到處還在燃燒，東京市完全陷入恐慌無助的狀態。東京市受到空前大破壞，甚至東京帝國大學總圖書館那棟堅固的建築，也在一片火海中塌下來，而收藏於三樓的珍貴圖書全部燬於大火。

政府在大地震發生時，宣佈戒嚴。這時候，平時提倡無政府主義的大杉榮和他的妻子伊藤野枝，以及大杉的外甥，被平時痛恨反政府勢力的憲兵隊長甘粕正彥逮捕，不分青紅皂白加以虐殺，這個事件對社會發生了很大衝擊。橫山和鹿野受到的刺激可能比一般市民還要深刻，因為他們熟讀大杉所翻譯的《昆蟲記》，佩服大杉的文字魔力。大杉的家和鹿野一樣在淀橋町，鹿野從報紙上常常看到他的名字，而且曾經親眼看到大杉這位提倡無政府主義的名人，帶著一個幼兒散步的情景，所以鹿野的感受很深。

原來，陸軍和警察趁大震災中民心慌亂與戒嚴狀態，想一舉消滅民間反政府勢力。當時盛行所謂大正民主潮，似乎象徵著當年的時代意義，知識份子，甚至勞動大眾對民主思潮的關心高漲。大正十年（一九二一年）日本首相原敬被暗殺事件前後，由於第一次世界大戰結束後發生世界經濟恐慌，以及俄國革命成功的影響，社會主義與共產主義開始吸引一般民心。眼看民心思變的危機到來，右翼勢力突然抬頭，大杉榮慘遭虐殺的事件，正是日本右翼勢

力剪除異己，想要誘導政府進入法西斯主義灰暗道路的前奏曲。

失去校舍的開成中學，暫時借用位於牛込區原町的成城中學校舍復課，同時在廢址重建校舍。大震災當年十一月，鹿野等學生開始在臨時興建的校舍上課，還沒安定下來讀書，就已逼近畢業日子。這時候，應該開始考慮升學問題了，但是鹿野腦裡所想的，全是昆蟲的事情。

鹿野在以往的日子，勤於向北方的北阿爾卑斯山系、東北地方、北海道、庫頁島等地方跑，即使是冬天也到嚴寒的地方採集，但是愛好昆蟲的他和別人一樣，腦裡有一個夢，希望到南方採集熱帶昆蟲。

他曾經看到江崎悌三採回的台灣產昆蟲類而感嘆南方的魅力，那些熱帶小精靈是少年夢寐中也在追求的對象。此外，南方之島有原住民過著原始生活，啊，這是將來自己去活動身手的好地方。他心裡盤算著如何去台灣。對了，假如進台灣的高等學校，那麼，豈不是可以隨心所欲地展開採集與研究工作？於是，到台灣升學的念頭逐漸占滿鹿野的腦海。

當時，台灣總督府高等學校創校未久，只有尋常科，但還沒設立高等科以接納中學畢業生。怎麼不快一點增設呢？啊，燦爛的台灣陽光下飛舞的美麗昆蟲！夜幕降臨後蝟集於燭光下狂舞的美艷蛾類！少年鹿野似乎感染了熱帶病，喃喃自語，使雙親和身邊的人困惑。

鹿野進中學時，日本景氣逐漸好轉，學生的升學欲望高漲，政府在全國各地開設高等學校，為中學畢業生開闢升學途徑。不久，社會又陷入不景氣的年代，雖然如此，原敬內閣依照原先提出的「充實教育設施公約」，繼續在新潟（大正八年）、弘前（大正九年）、浦和（大正十年）等地開設高等學校。

　　鹿野曾經半開玩笑地說，希望台灣也有一所高等學校，想不到竟成為事實。

　　大正十一年（一九二二年）四月二十二日，「台灣總督府高等學校」創立於台北。當時定為七年制，先成立尋常科，相當於一般中學的程度，至於三年制的高等科，則預定於尋常科進行一段時期以後，才要增設。❸

　　當然，這是台灣最高學府。這時候台灣殖民地統治已進入安定期，台灣總督一職也由文官代替以往的武官，在行政上採取「內地、台灣一致化」。為了因應時代的要求，在台灣的官民趁內地普設高等學校的機會提出申請，獲准而新設這一所學校。

　　在東京的鹿野過著悶悶不樂的日子，他無意投考內地的高等學校，而台灣雖然有一所，但是只有中學程度的尋常科，使他無法到台灣升學。親友們各自選擇自己要走的

---

❸台灣總督府高等學校，後來改名為台北高等學校，簡稱台北高校，座落於台北市和平東路一段，今國立台灣師範大學的前身。高等學校的高等科相當於大學預科。依照第二次世界大戰以前的日本舊學制，中學畢業後學生先進入高等學校才能升上大學。

路。藤田進入早稻田高等學院；瀧澤從開成中學退學，加入剛創立的築地小劇場當研究生；澁谷也跟著中途退學，追隨瀧澤進入劇團當研究生。鹿野則向雙親說要投考弘前的高等學校，拿到旅費和投考時要預繳的錢，但根本沒有前往投考，使雙親失望。他用這筆錢再度到南庫頁島進行採集旅行。他心裡想，假如能夠到台灣升學，延後一年也沒有關係。

期待已久的高等科，終於在鹿野中學畢業後的第二年，亦即大正十四年（一九二五年），照預定時間成立了。鹿野高興得手舞足蹈。現在，他要挺起胸膛向台灣進軍了。

聽鹿野說決定於四月到台灣，橫山馬上連絡採集昆蟲的同好，如增田誠（後來當牙科醫生）等人，在東京火車站前「丸の內」大廈九樓精養軒開歡送會激勵鹿野。橫山打從心底為鹿野的台灣之行高興，期待他將來有很大成就。

第三章

前往草創期的台北高校

台灣總督府高等學校增設高等科時，爲了避免只收台灣學生造成質量不足的缺點，也向日本內地的中學畢業生開放，決定錄取台灣學生（稱爲台灣組）和內地學生（稱爲內地組）各四十名。爲了爭取這內地組配額，內地學生很踴躍投考，人數達到配額的十數倍。第一年在京都舉行內地組的入學考試，第二年在九州的福岡和東北地方的仙台兩地舉行，可見台北高校的意圖，在於廣納全國的優秀學生來台升學。

　　鹿野對英語和理科很有自信，但漢文不怎麼行。在開成中學上課時，曾經有一次在黑板上寫四個漢字「珍文漢文」（「ちんぷんかんぷん」的詼諧譯音，意思是「莫名其妙的文章」），諷刺老師所教的漢文越教越讓學生胡塗。剛寫完這四個字後，老師走進教室來，當面訓斥了他。

　　無論如何，這場入學考試非常難，但是鹿野居然突破難關被錄取了。我們不知道他是多麼地高興。第二年的入學考試改爲考理科者不必考日文和漢文，而考文科者，則不必考數學。這是新任的高等科校長特別採行的辦法。他同情理科的人才因爲漢文不好而被排拒於校門外，免試漢文則能夠吸收優秀的理科學生。

　　最早招考進來的學生升到最高年級的時候，校名更改爲台北高等學校，冠用「台北」來標榜：這是爲台灣居民所設的學校，但是實際作法是優先錄取在台的日本內地人學生，故意地對台灣籍學生提高門檻。台灣籍學生一旦考

上，就讀期間則享受和日本內地人學生同等的待遇，一樣地自由學習。鹿野入學的時候，和後來的情形不一樣，那時候從內地來升學的學生只占學生總人數的一半。

大正十四年（一九二五年）四月一日高等科成立時，第一任尋常科校長松村傳辭職，由吉川貞次暫代高等科（亦即正式的高等學校）校長職務。因為總督府聘請教授的手續延遲，學生還無法上課。五月四日由吉川主持入學典禮，五月二十六日新校長到任以前，學生在家等候校方通知上課。

這個時候，愛好昆蟲的年輕人不肯呆在家裡。鹿野立即奔向野外，揮動捕蟲網採集台灣的昆蟲。他最初往台北郊外的烏來，這裡是泰雅族的居地，溪底有溫泉，而山坡是優良的昆蟲採集地。另外，鹿野也到北投溫泉的上方，以風光明媚馳名的陽明山，發現它是非常好的採集地，從四月到五月他常到這兩個地方。當時要去烏來的遊客，都從台北搭台車到新店，從新店步行到烏來；而前往陽明山的遊客，都從台北搭公共汽車到士林，從士林步行上山，所以鹿野為了採集工作，步行很長的路段，發揮了他健腳本領。

有一天，剛從採集地回台北的鹿野聽到校長到任的消息。新校長名字叫三澤糾，來自大阪府天王寺的高津中學。他擔任這所中學校長的時候，由於率先聘請女教師並採用智商測驗而知名於教育界。他和實施新式人格教育而

知名的東京府立第五中學校長伊藤長七同樣在教育界受器重。三澤畢業於東京帝大後留學於美國多年，專攻教育學。當時他四十六歲，長臉、戴眼鏡，額頭已禿。對於他剛調升為高等學校校長，我們還看不出有什麼手腕，但從他的學歷、經歷看來，他是很好的人選。他被稱為第二任校長，但高等科剛剛設立，所以他實質上是草創期的高等學校首任校長。

新校舍正在古亭町興建中，不但校舍是新的，校長和學生也都是新來的。鹿野等十四名內地組學生和二十一名台灣組學生都從五月三日起住進學生宿舍，因為學校座落於七星山下，學生宿舍叫做七星寮。

開學以後，學校暫時設於台北州第一中學（簡稱「台北一中」，今台北市立建國中學），而學生宿舍也在校內，學生宿舍後來被拆除，改建為台北女子高等學院（今建中西側國語實驗小學）。學生宿舍面臨植物園，環境幽靜。夜晚華燈初上的時候，各種昆蟲飛進室內。鹿野狂熱地揮動捕蟲網，看到這情形，他的室友有的生氣，有的啞然失笑。白天在室內的鹿野瞥見罕見的昆蟲飛過窗外，就立即從窗子跳出去追捕，他動作的快速，又使人嘖嘖稱奇。不久他發現了一隻新品種後，大家給他一個綽號，稱他「昆蟲博士」。

新校長到任後就要開始上課了。正式上課以前，鹿野已經闖入雪山西北側Shyakaro地區（泰雅族霞喀羅社一帶）

。六月，他在新竹縣北埔鄉山區捕捉到一隻小灰蛺蝶 *Dodona eugenes Bates*，以為是「歷史上罕見的珍貴品種」，雀躍不已。小灰蛺蝶在鹿野之前只被發現過二隻，但後來有很多人捕捉到，已不再被視為珍品。

第一年放暑假後，鹿野和其他同學一樣搭船回日本省親。和別人一樣，他有義務穿戴高校的制服與雙白線制帽出現於雙親面前，使他們放心。名義上是省親，鹿野早已和橫山桐郎約好，相偕到北海道作二週的採集旅行。這次旅行中，鹿野把未曾訪問北海道帝國大學的橫山，帶進札幌市校園介紹給松村松年教授。他們兩人也和前年鹿野初次見面的玉貫光一重逢，三個人一起到圓山公園去採集，當夜宿於松村教授所推薦的定山溪旅館，受到貴賓式的服務，驚嘆帝國大學教授在當地居民心目中的聲望。

這一次採集旅行，可以說是鹿野在中學時期各梯次前往北方旅行的總結，也是最後一次的日本內地及庫頁島旅行。以後的年代，鹿野完全集中精神於台灣島的生物世界。

部分新校舍於大正十五年（一九二六年）四月落成，於是總督府高等學校遷到古亭町（今國立台灣師大現址）。

「蓋好了，蓋好了，台北高校蓋在古亭的水田泥濘中！」學生們傳誦著這首打油歌。

水田中整地興建的校舍排水不良，下雨的時候，大樓

門外經常泥濘不堪，但是，紅磚鋼筋的三層大樓宏偉大方。第二次世界大戰結束，日本人撤離台灣後，這一棟高等學校大樓變成現在的台灣師範大學面向正門的主要建築物。

上述的入學考試辦法中，規定文科學生不考數學、理科學生不考日文與漢文，特別強調要錄取的學生以特殊才能為第一優先，這種獨特的辦法是從這一年開始實施的。

幸而通過這道狹窄門檻的學生中，有三個學生出身於開成中學，他們是鹿野、他的同班同學松下憲一和前一章提到的土方正己。這三個人有緣考進台灣的高等學校，而且成為互助友愛的同學。愛吃各種台灣鄉土菜的鹿野，常常邀土方到西門町市場，一家一家光顧飲食攤，蹲下來用自己帶來的碗筷品嚐南北口味。

就讀於台北高等學校時期的鹿野忠雄（前列右）、土方正己（後列右）及松下憲一（前列左）。

這三個人後來都進東京帝國大學。土方讀心理，畢業後在「都」（Miyako）新聞社任職，戰後擔任東京新聞社編輯局長；松下讀經濟，畢業後與鹿野的妹妹千惠結婚，經營一家建設公司。鹿野的情形將於另一章敘述。

總督府高校雖然是公立

學校，但並非文部省（教育部）直轄的學校，當時置於台灣總督府文教局的監督之下。三澤校長嚴禁師生違反教育者或受教育者身分的不法行為，但是他本人卻是眾人所知的自由主義者，因此殖民地的這所學校很難得地享有自由學風，學生們都沒有受到拘束，自由地發展個人的天分。

當時，無論是老師或學生都年輕、有活力，都很熱烈地參與學習、運動、社團活動，合力建設一個理想的學園。

「敝衣破帽、披上黑色風衣、腳穿高跟木屐、成群闊步」的學生風俗已風靡於日本全國高校生與大學生之間，總督府高校也不能免俗，因為內地組的學生把這股奇風異俗帶進台灣來。

台北的七星寮幾乎每天都像颱風一般，學生們成群結隊開進市區的大街小巷，恣情地高談闊論或高歌吟嘯，有時候鬧到極點而遭受警察逮捕，但是每次總是由三澤校長出面向警方交涉，親自把學生領回學校。

大概是大正十五年（一九二六年）二月罷，借用台北一中校區的最後一年左右，總督府在台北新公園舉行第一屆台灣高等專門學校的校際陸上運動大會。參加的專科學校計有四所──總督府高等學校、高等農林學校、醫學專門學校及台北高等商業學校。鹿野參加了百米競賽，據說他身材短小精悍，體力不錯。但是，不幸他的學校和醫專的總成績雙雙敬陪末座。

總督府高校的學生不甘受此奇辱，成群結隊走上街頭大鬧一番。據說，那一次在馬路上演出的學生暴行最嚴重。第二天地方報紙刊出整版的頭條新聞，題爲「台北高校生獅子風暴」，使市民驚愕萬分。

　　三澤校長很用心地親自甄選教授，他留用部分的尋常科教師，甚至把台北一中的教師也列入甄選的對象。三澤曾經留學美國八年，已獲得哲學博士學位，平時討厭低素質的英文教師，所以對於英文教師一職，特別用心挑選。

　　他挑出林原耕三和小山捨男二人，答應他們將來給予公費留學機會等好條件，聘請到台北來授課。小山當時剛從東京帝大英文科畢業；同樣從東京帝大英文科畢業的林原，則原來在松山高等學校教英文。

　　林原最初念法文科，不久就轉到英文科，本人不但擅長英文，也是一個擅寫俳句的詩人，號耒井。他是文豪夏目漱石的門人之一，很受夏目的賞識，差一點當上夏目的女婿。文豪晚年的作品多半請林原幫忙校對文稿，林原將校稿的酬勞用於繳學費。當年屬於《新思潮》刊物旗下的作家芥川龍之介和久米正雄拜夏目爲師，成爲入室弟子，都是透過林原介紹的。

　　林原熟悉文壇動向，比別人更重視遣詞用字的方法，使他在三澤心目中成爲最佳人選。但是，站在林原的立場看，他曾經自謔調任松山高校已經是一種「下放」，那麼這次再調到更遠的台灣，簡直是更嚴重的下放了。鹿野寫

作能力不弱，是因為一方面在中學時期與愛好文藝的同學好友交遊而受到影響，另一方面，則在台灣高校時期，受到林原老師的教導而有很大的進步。

對鹿野的學問與人格的成長有關係的高校教授，有教植物學的神谷辰三郎、教地質學的齋藤齋、教繪畫的塩月善吉及軍訓教練新沼佐助。

神谷原來在尋常科授課，自從高等科開設以來兼任高等科教授，同時是鹿野所加入的旅行部（後來改稱山岳部）的社團顧問。鹿野是這個社團的部長。齋藤是七星寮的舍監之一，是最年輕的一個，學生比較親近他。塩月原來是台北一中的教師，兼任總督府高校教授，更名為台北高校後成為專任教授。

鹿野於大正十四年入學時，不但是高校，甚至中學都新設軍訓課程。原來擔任台北一中體育教師的新沼佐助（有陸軍大尉軍階）被聘請為軍訓教官。這些老師都愛好登山，所以課餘鹿野和這些愛山的老師有連絡。

鹿野升上三年級後，北海道帝大松村松年教授的助手荒川重理被調來台北高校教動物學，但是鹿野沒有特別和他保持連絡。

鹿野當時也加入繪畫部，這也是學生社團之一，從塩月學習油畫。雖然林原是繪畫部的顧問，但實際的指導教授是塩月。塩月在自己的作品上署「桃甫」。台北高校的校徽是他設計的。

從大正十年（一九二一年）起，塩月擔任台北一中的美術課教師，來台以前曾經在內地的大阪浪華小學教過書，當時兼任大阪今宮中學教師，與後來成為詩人兼民俗學者的折口信夫認識。折口常常向塩月提供畫題。來台以後，塩月繼續教美術，同時作畫，他的畫風帶有野獸派的風格，後來成為台灣美術界的重量級人物。

　　他為佐山融吉、大西吉壽合著的《台灣生蕃傳說集》（大正十二年出版）作插畫，算是他來台後的初期作品，其中作為卷頭畫的「太陽征伐」，分六彩印刷，可見他苦心作畫的風格。

　　當時，塩月的畫室設於台北火車站對面的「鐵道大飯店」背後小巷內，鹿野和其他同學常去看他。有時候，塩月只著日式便服和學生在新公園旁一家咖啡店擺龍門陣。塩月常常去山地訪問原住民部落，很多山地風光都入畫，所以鹿野和這位美術老師很投緣。塩月的主要作品現在展示於故鄉的宮崎縣總合博物館鄉土畫家部門，被稱為塩月代表作的「沙韻之鐘」（昭和十八年的作品），可惜在戰後的混亂時期遺失了。❶

　　從大正十五年（一九二六年）放春假以後，鹿野幾乎沒有時間上課，把全部精力花在山地的昆蟲採集或民族調查旅行。作為一個登山者，一旦深入台灣地理上的心臟地帶，看到群峰疊翠，不由得渾身熱血澎湃，何況在這重疊的高山峻嶺之間，原住民部落群（舊稱蕃社）分布於其

間，猶如夾織於山間的一條條彩帶。

在台北高校時期，鹿野已經對山地原住民表達強烈的關心：三月前往位於南投縣信義鄉的布農族巴庫拉斯社及位於阿里山的鄒族達邦社；四月攀登台灣最高峰玉山（標高三、九五二公尺）後，轉往位於苗栗縣三義鄉與大湖鄉交界處的關刀山（標高八八九公尺），也到泰雅族的霧社，由霧社沿合歡道路到立鷹，以及八仙山方面，都是單獨旅行。❷

鹿野第一次攀登玉山的時期，除了他以外，並沒有人去攀登。❸

五月，鹿野前往南部的恆春，訪問排灣族龜仔角社（Kualut社）。之後，他到琉球群島中的石垣島，與島上測候所長岩崎卓爾會面，從岩崎獲得蝴蝶標本。

七月，鹿野率領高等學校山岳部的學生，從宜蘭縣羅東出發，沿著蘭陽溪往上游走，越過桃山和南湖大山間的卑亞南鞍部（今思源埡口）西出大甲溪源頭，從那裡通過

---

❶日治時代的「鐵道ホテル」曾是台灣最高級的大飯店，建築宏偉，內部裝飾也富麗、典雅，可惜在第二次世界大戰中遭美軍飛機炸毀。其舊址即今台北希爾頓大飯店與附近一帶。「沙韻之鐘」指日治時代宜蘭縣南澳鄉泰雅族流興社（Lyohen社）的少女沙韻，為即將出征的日本老師背負行李過大南澳南溪獨木橋，不幸被洪水沖走的哀怨故事。當時的台灣總督長谷清為紀念這位十七歲泰雅少女的事蹟，在部落裡建立一座鐘亭和一座紀念碑，特地命人鑄了一口鐘叫「乙女サヨンの鐘」。戰後鐘亭及紀念碑遭人破壞，而這一個銅鐘也被人擅自拿走，現在已失去蹤影。至於為紀念沙韻而作的歌曲和電影都留存下來，但塩月的畫作「沙韻之鐘」則不知流落何處。

西部泰雅族拒人進出的危險地帶，在雪山東麓採集昆蟲及動物。因為當時越嶺道路還沒興建，鹿野的隊伍來以前，其他昆蟲學者都不敢前來冒險，所以鹿野這次帶回去的資料非常珍貴。

此次旅行中，鹿野第一次攀登了台灣第二高峰——雪山（標高三、八八六公尺）。他本來要回到卑亞南鞍部，從那裡攀登南湖大山（標高三、七四二公尺），但是不巧蘭陽溪上、中游的泰雅族溪頭群和大南澳南、北溪流域的南澳群，因為馘首事件而發生紛爭，山區變得危險，鹿野不得不中止行動。

在台灣山區到處奔跑後，鹿野的身材變得粗壯，胸膛寬厚，四肢肌肉發達。偶而留在台北等下梯次登山計劃的空檔，他在宿舍裡都保持上半身裸體的生活。讀文科的同學看見這個身材壯碩、半身裸體的理科學生，狂熱地獨自

---

❷鹿野各次山旅都是單人從台北出發，到了山區雇用原住民陪伴他攀登，或做動、植物採集工作。文中巴庫拉斯社（Bakurasu）位於中部濁水溪支流卡社溪畔，卡社西北側。往巴庫拉斯社，鹿野從信義鄉地利村出發，走上丹大道路，即清代集集、水尾古道的部分路段。立鷹（Tattaka）是泰雅族位於霧社支線上松崗下方的部落，今稱博望新村。舊址已成果園，倒是立鷹警官駐在所舊址還在，即今松崗派出所。從霧社可以轉往立鷹，但不能直接轉往八仙山（除非多花五天從翠峰縱走白姑大山南峰、西峰，循白姑大山主稜至八仙山），鹿野應該是從台中縣谷關向南直上八仙山林場裡的八仙山一帶採集的。

❸日本領有台灣的第二年（一八九六年）日人首登玉山後，陸續有森丑之助、鳥居龍藏等人去攀登。明治末年台灣總督府實行五年討伐原住民的計劃，至大正初年才結束，其後山地變成危險地帶，禁止一般人接近。因此，山區沈寂很久，鹿野在玉山一帶完成幾座山的首登時期，並沒有他人去冒險。請參閱鹿野忠雄《山と雲と蕃人と》，1941年。

就讀於台北高校時，鹿野忠雄瘋狂地登山，冬天時裸露上半身鍛練耐寒的體能，為的是要精神上和身體上成為泰雅族的一員。

學習希臘文和拉丁文，感到驚奇。

鹿野學習希臘文和拉丁文，為的是要瞭解並熟悉各種生物的學名。在山地旅行的時候，他會講一點泰雅語和布農語。他跋涉山野已有一段時間，因而和原住民（尤其是泰雅族）親近，能夠請他們揹著重負同行。在一般平地人都無法進去的山區，他都能夠像原住民一般自由行走於「蕃路」上。

這個時期，他愛上了一個泰雅族少女，每次山旅快結束的時候，必定到這個少女的部落看她。

盛裝的時候，這個泰雅少女穿戴傳統的泰雅服飾，無論是上衣或腰布，都是用上半部亞麻原色、下半部夾織紅色毛線的番布裁製的，上衣袖口和肩膀下兩個部位也有紅毛線的夾織，美觀大方。衣服上披著普遍於原住民間的傳統袈裟型披肩，戴著施過刺繡的頭飾、角片耳飾，以及珠串頸飾，看起來嫵媚可愛。她也喜歡吹奏羅勃口琴。❹

❹原文「她平時穿戴……」與事實有出入，改譯為「盛裝的時候，這個……」。泰雅族也好，其他各族也好，平時穿普通的傳統衣服，不會把頭飾、耳飾、頸飾全部戴上，只有祭典或其他節慶的時候，才著盛裝，配戴齊全。泰雅族男女原來戴頭環，不戴頭飾，但後來婦女也採用頭飾。

羅勃是泰雅族獨特的口琴。削薄的竹片上挖兩道淺溝，把金屬薄片嵌入，中央挖細長的孔。吹奏時左手抓緊一端，嘴巴緊貼在中央細孔上，右手指頻頻強拉繫結於一端的繩子，配合著呼吸使金屬片發出共鳴。這種原始樂器很像日本阿伊努族婦女的Mukkuli口琴。

　　讀中學的時候，鹿野似乎有過一次戀愛，母親叫他以功課為重，就乖乖地停止談戀愛，直到上高校以前再也沒有為了戀愛而煩惱過。

　　來台以後他竟然愛上泰雅少女。這個時候他已從泰雅族學習射箭方法，精神上自負已成為泰雅族的一員。他在台北的時候，即使是冬天也裸露上半身鍛鍊耐寒的體能，應該和他想成為一個泰雅人的意願有關。五年後他寫〈秀姑巒山脈之縱走〉給《山岳》雜誌刊載的時候，說：「我已經有信心成為一個原住民。」

　　下面一則佚事，顯示鹿野青春時代感情生活的一頁：鹿野在日本內地結婚以後，曾經懇求新夫人允許他張貼這個泰雅少女的照片於相簿裡。他個人的相簿上有很多張這個可愛的少女照片。婚後每年至少有一次，鹿野一定向東京銀座的著名西點麵包店訂購一盒糖果，直接從東京寄到這個少女的家。現在我們不知道這個少女的名字，但是從照片上判斷，她屬於八仙山下「南勢蕃」Kurasu社。❺

---

❺Kurasu社又叫Kurasu Watan社，日譯「久良栖社」，今台中縣和平鄉博愛村。

泰雅族的少年們。（鹿野忠雄攝於卑亞南社）

　　八月，鹿野回日本內地省親，在日本停留的時候，他和橫山桐郎奉當時尚為「攝政宮」（攝政皇太子）身分的昭和天皇御旨，為皇宮內所收藏的「台灣產甲蟲類標本」做分類學上的辨識工作。當然，這件事是透過橫山的連絡而參與的。當時鹿野的名氣在日本全國研究甲蟲的人群中很響亮，所以鹿野的名字也傳到愛好研究生物的皇太子那裡。皇太子已經在三年前的大正十二年四月到台灣訪問，對台灣島上的生物深感興趣。

　　趁返日省親之便，鹿野獲得橫山從旁協助之下，整理他對南庫頁島甲蟲類的研究成果。在暑假中，鹿野寫好了文字稿，連同照片送到日本動物學會的會報《動物學雜誌》發表。他早已是這個學會的會員，同時是這一年創刊會報《昆蟲》的東京昆蟲學會會員。在台灣，鹿野也曾經於台灣博物學會的會報發表他一連串的台灣產天牛的採集報

告。他透過台灣總督府農事試驗場研究員楚南仁博的推薦，參加台灣博物學會為會員，入會以後多次投稿於《台灣博物學會會報》。

暑假結束後，鹿野回到台北，聽說學校裡的學友會要創刊新雜誌而正在徵稿，鹿野把這年暑假遠征卑亞南越嶺道的成果，寫成一篇文章投稿。

這是以學生社團「文藝部」為主體編輯的學友會誌，創刊號發刊於大正十五年，會誌取名為「翔風」。從第二號起，林原教授當主編。原來，三澤校長看到創刊號內容不夠充實，無法和別校的刊物相比，甚至不敢將《翔風》和別校的刊物交換，特別交代林原親手指導編輯的工作。

《翔風》第二號的封面採用學生稻垣龍一所刻的版畫；但從第三號至八號，再延伸到太平洋戰爭中各期封面，則採用塩月教授的封面設計和插畫。第二號以後各期雜誌的內容非常充實，看不出這是高校的學友雜誌。林原向校內的教授及學生徵稿，只要內容很好，都一視同仁登載。鹿野的文章是屬於純科學論文，但被採用，登載於已換新封面的第二號。

《翔風》第二號也登載一篇寓意民族解放的文章，教務長谷本清心看到了以後，怒氣沖天，逼校長開除執筆者，但是負責編輯的林原教授主張他是依據公平的立場嚴選的結果，幸而校長沒有加以追究。由此可見《翔風》已具備綜合雜誌的性格，總體地說，它是採取文藝雜誌的路

台北高校對校內校外發行的校友會雜誌《翔風》，第三號封面插畫。

線編輯的，主要的原因是學生社團「文藝部」從事編輯工作。文藝部裡有土方正己、中村治兵衛（後來筆名是中村地平）、塩月赳等人。中村和塩月畢業後進入作家井伏鱒二的門下，後來成爲文藝作家。

在台灣的高校時期，鹿野已開始閱讀華萊士（Alfred R. Wallace）的英文原著，如"Island Life"（《島嶼生物》）、"Natural Selection and Tropical Nature"（《熱帶的自然》）等。《島嶼生物》提及台灣生物與喜馬拉雅生物的關聯性，鹿野讀過這些著作後，對於生物地理學這一門學科，逐漸發生濃厚的興趣。偶然有人送他在紅頭嶼發現的虎甲蟲，鹿野查閱虎甲蟲科資料以後，發現一個令人驚異的事實：紅頭嶼靠近台灣島，但是紅頭嶼的生物標本幾乎全是菲律賓系統的，因此鹿野對生物理學的興趣更加旺盛。據推測，鹿野所看到的標本不是全部產於紅頭嶼的。

原來服務於台灣總督府中央研究所的動物學部長大島正滿（後來擔任東京府立高校教授）回到日本後，寫了一篇論文〈修正後的華萊士線與其意義〉，於一九二五年刊

登於《動物學雜誌》第三十七卷一號。大島說，華萊士線於一九二三年，被長期居住於菲律賓研究植物的學者梅里爾（E.D.Merrill）修正過，梅里爾把華萊士線再向北延伸到菲律賓群島西側，因此大島博士認為從菲律賓繼續向北拉延長線的問題，已成日本研究者所關心的。大島雖然沒有舉出紅頭嶼和火燒島的島名，但慨然指出他熱切希望對動物地理有興趣的人士，查明梅里爾所修正的華萊士線北端究竟座落於何處。大島的呼籲引起了鹿野的回應，鹿野勇敢地表示他要解決這個問題。但可惜的是，那時候鹿野還沒到過紅頭嶼。❻

昭和二年（一九二七年），鹿野很勤快地跑遍台灣山岳，當然，到紅頭嶼調查的計劃也包括在內。從一月到三月，他一共十六次前往台北附近的烏來，把足跡延伸到更深入的泰雅族地界——林望眼社（福山）至拉拉山一帶。三月底，他環繞南部的大武山一周，一個接一個地訪問排灣族部落。調查旅行期間，他碰到當時的台灣總督上山滿之進也帶官員到南部視察。

五月，已升任東京農業大學教授的橫山桐郎來台灣探

❻英國博物學家華萊士於一八七六年撰寫《動物的地理學上分布》，書中他首先發表世界六大動物地理區。其中，東洋區與澳洲區的境界線，從印尼群島中的峇里島與龍目島之間向北北東延伸，經過婆羅洲和西里伯斯間的望加錫海峽北伸，一般學者把它稱為華萊士線。梅里爾根據他的研究再將華萊士線延長至菲律賓西側，叫做梅里爾修正線。最後，鹿野往紅頭嶼等地實地調查後，把華萊士線與梅里爾修正線延長到台灣本島與紅頭、火燒島之間，這是非常重要的學術發現。

集昆蟲。從三月底起一直在山區跑的鹿野，聽到消息後轉往嘉義，準備和橫山會合。

鹿野調查大武山一帶的部落後往東部下山，也在海岸山脈採集旅行。他當時想從花蓮縣新城的立霧溪口，沿著合歡越嶺道，穿越自從大正三年（一九一四年），「太魯閣討伐戰」以來尚無別人進出的「蕃界」，越過中央山脈到西部下山，但是因為警方鑑於合歡山一帶「蕃情不穩」，不給他入山許可。鹿野不得已改變路線，從花蓮縣銅門走上能高越嶺道，翻越中央山脈到霧社，再從霧社往松嶺（梨山背後，今福壽農場），由此走上理蕃道路之一的大甲溪越嶺道路，從撒拉矛（梨山）沿大甲溪下至明治溫泉（谷關），搭汽車下山。他從台中南下到嘉義和橫山會合。

橫山教授來嘉義以前，已經和學生神谷一男（後來成為東京農大教授）及明石哲三（後來成為畫家），一起訪問過台灣南端的鵝鑾鼻和龜仔角社。鹿野和他們三人異地重逢，感覺很愉快，見面以後，把他們帶到阿里山、玉山和霧社。

這個時期的鹿野特別熱中於天牛。一行人來到霧社背後的Hogo社（春陽），在警官駐在所庭院散步的時候，偶然在一棵台灣山櫻樹根部，發現了以前沒看過的天牛新品種，體型很大，全身呈金褐色，有一對很長的金褐色觸角。雖然已看慣了台灣昆蟲，鹿野意外地有重大收穫，不

禁大聲喊叫，引起橫山不甘示弱，仔細找一遍後，沒多久就找到第二隻，很高興地捉入網裡。橫山大概是興奮過度罷，一不小心從邊坡滾下去，痛得皺眉頭，仍不忘翻看手裡的網，看到那隻蟲還在網裡，突然發出既不像痛苦，又不像欣喜的怪聲，顯示他當時複雜的心情。沒多久，鹿野也在同一個地方又捉到一對。這四隻天牛屬於霧社深山天牛*Hemadius oenochrous* Fairmaire。這是最初發現者用以命名的標本以外，第二次被發現的珍品。

從三月底出發以來，鹿野已經在山區奔波七十五天了，六月初旬才回台北一趟，但七月他又整裝出發了。他先到易於接近的玉山地區，再度攀登玉山。他發現經由八通關的玉山登山步道已於大正十年（一九二一年）整修完畢，這一帶的原住民已恢復平靜的生活，從東埔沿著陳有蘭溪上至八通關的道路沒有像以前那樣困難，而且戒備森嚴的八通關警官駐在所也開始允許登山隊借宿，所以最近有更多的人去登玉山。

鹿野利用放暑假前的淡季完成了玉山地區採集旅行，重新回到霧社，在那一帶訪問了幾個部落，最後於八月前往紅頭嶼。

從台東出航的船，晚上停泊於火燒島一夜，次日清晨船在紅頭嶼八代灣投錨。鹿野跳進一隻來迎接的雅美漁舟，船體輕巧、色彩鮮艷的漁舟滑過海面，朝向紅頭嶼的沙濱。沙灘上蹲著一群手裡拿著長矛、幾乎裸體的雅美

人，他們似乎聽到外船要到來的消息，都聚集在那裡看熱鬧。鹿野沒有料到世上還有這一群表情純樸、生活原始的人種，突然被眼前的異樣光景嚇到了。❼

在紅頭嶼，鹿野巡訪紅頭社、椰油社和朗島社，直接和雅美人交談，而且住在他們的家。他雖然已有粗淺的知識，想不到雅美人的風俗習慣和台灣原住民族大不相同。台灣島上的種族從海外不為人所知的地方漂海而至，他們已失去用於渡海來台的船隻，也失去了曾經乘船來台的記憶。但是，雅美族現在還在使用漁舟謀生，把漁舟當寶貝似地使用。

依照一般人的概念，原始的船通常是獨木舟，但是雅美人使用有龍骨的剖板構造船，民智雖然不高，但是造船技術卻很高，這一點使鹿野十分驚奇。於是鹿野開始研究雅美漁舟的種種，知道得越多，越發被它吸引，在紅頭嶼停留時間熱中於漁舟到忘我的境地。幸而他在漁人社碰上社眾舉行新漁舟下水的祭典，作了觀察記錄。

停留期間，曾經有三次颱風橫掃過紅頭嶼，但鹿野的民族學調查還算順利。颱風吹襲中不得不留在屋子裡，但他依然繼續他的民族訪談工作。

這一次紅頭嶼處女行，鹿野順便攀登最高峰「紅頭山」的情形，已經在本書開頭描述過。在採集方面，由於颱風

---

❼雅美人出門時攜帶長矛，目的是防備惡靈的侵襲，並無攻擊他人的意思。

來襲，沒有達到預期的採集量。他因為捉到虎甲蟲科及其他各科的紅頭嶼產甲蟲，也捉到幾隻屬於菲律賓系統、很美的球背象鼻蟲，覺得已採到能夠證明紅頭嶼動物相與菲律賓關係的好材料，而高興得手舞足蹈。大島正滿所鼓動的研究目標，後來成為鹿野的研究主題之一，終於首次在紅頭嶼的動物地理學研究材料方面，有重大的突破。❽

　　到紅頭嶼以前，鹿野和東京帝大人類學研究室的松村瞭助教授連絡過。松村在那一年渡台調查台灣原住民的體質，聽說紅頭嶼雅美族中有鬆髮人，他回日本後交代鹿野向這個雅美人取幾根毛髮寄給他鑑定。鹿野本來對於台灣原住民間流傳的小矮人傳說表示強烈的興趣，鬆髮使人想起和菲律賓的小矮人Negritos的關聯性，但是鹿野在島上尋找這個人的時候，人已去世了。

　　從紅頭嶼返航途中，鹿野到火燒島看了一下，回到台灣後調查東海岸，然後轉往霧社方面。

　　十一月以前，鹿野幾乎都在野外，勤奮地調查動物、昆蟲、地質，以及民族。其間，九月的某一天，原來蟠踞於大雪山南麓，拒人入侵的泰雅族撒拉矛群Sirakku社（位於志樂溪下游，臨中橫公路）和Ulai-ruma社（中橫青

---

❽大島正滿博士希望有人研究華萊士線的修正線能否再向北方延伸的可能性。鹿野得到了這個啟示，在蘭嶼找到菲律賓系統（亦即華萊士線東區）的熱帶甲蟲，顯示蘭嶼生物相有別於台灣本島，因此鹿野的新華萊士線，被稱為Kano's Line（鹿野線）。請參照鹿野的論文〈紅頭嶼生物地理と新ワーレス線北端の改定〉、〈紅頭嶼の動物地理學的研究〉等。

山附近）的族人到撒拉矛警官駐在所（今梨山），交械表示要歸順。十二月，日本警方同時舉行泰雅族撒拉矛群的最後一次歸順儀式和世仇部落之間的和解儀式。

從夏天到秋天一直在野外的鹿野，好不容易回到台北，這時候，學校裡發生了一件住校學生拒受舍監管理的騷動事件。回校後鹿野無視於已震搖全校的騷動，很平靜地在自己的住處整理前後共三次在玉山調查動物相所帶回的龐大資料，另一方面也忙於撰寫論文，準備發表於「台灣博物學會」會誌。

鹿野已經在台北市佐久間町（原古亭區龍津里）租一間房間居住。來訪的人看到室內有學者專用的桌椅，也有一個大書架，上面擺放著很多研究書刊，都感到驚奇。據說鹿野跟平常人不同，自己需要用的書、桌子或其他用具，不管多麼昂貴，都叫人送過來，身上沒有錢付款，還裝著一副泰然自若的樣子。

以前他在兒玉町（原古亭區內）的房間更小，室內有堆積如山的昆蟲箱，只剩一點空間，他卻整天在翻查洋文書刊研究，而不以為苦。他大概是需要更大空間，才搬到佐久間町的。

上課的日數明顯地大幅減少，算起來在台北高校三年期間，真正上課的日子還不到三分之一（未滿一年），而且他沒有參加每次的期末考試。有人說，鹿野未能參加考試的原因，是在某一個山地部落停留的時候，頭目用盡各

式各樣的方法，要求鹿野娶他的女兒，所以鹿野被事情耽誤，無法及時趕回學校。

台北高校第一屆學生要畢業的那一年，鹿野無法跟其他同學一樣大搖大擺走出校門。平時給鹿野這個理科學生很高評價的三澤校長，鑑於這個學生甚至每次考試都沒有參加，實在愛莫能助。校方對於准不准他畢業作成決議，結果是決定讓他留級。

曾經在台北帝大擔任昆蟲學教授的素木得一，回憶說：「鹿野忠雄君就讀於台北高等學校期間，常常到蕃地去採集昆蟲，所以下山後常來我的研究室。他是熟悉蕃界的人，不管到那一個蕃社，他都受到照顧，很隨便地在蕃社過夜。他很少回到高等學校上課，因爲曠課太久，校方準備要開除他。幸虧在這個關頭，校長說：『這個學生將成大器，不可以開除。』結果，因爲校長的緩頰，取消了校務會議的開除令。」（《思い出すままに》，1969年）

臨危時刻，校長拋下了救生圈，使鹿野躲過一次被開除的災難。

於是，眾多同學唱驪歌畢業的時候，唯獨鹿野被判留校察看，成爲台北高校開校以來的第一號留級生！

那年四月，跟三澤校長一樣，暗中肯定鹿野狂放作爲的植物學老師神谷辰三郎退休了。鹿野留級後成爲好友土方正己的同班同學。根據土方的回憶，神谷老師很欣賞鹿野，極爲關心鹿野的成長過程，甚至私下尊敬鹿野這個學

生。

　台北帝國大學於昭和三年（一九二八年）三月正式創立，創立後的大學剛好能接納台北高校的第一屆畢業生，而鹿野本來應包括在內，可惜他這一年無法進大學。

　台灣總督府當初設置高等學校的時候，已經意圖將在總督府下設置一所帝國大學。但是，當時的台灣人口還不到能夠設置帝國大學的基準，人口不多的情況下，根本無法設一所大學。總督府當局太熱中於擁有一所帝國大學了，為了這個目的，先設立一所總督府高等學校作為權宜之計，希望將來以高校畢業生升學為藉口，在台灣設立大學。

　這一個計劃，實際上與下列理由有關聯：當時，台灣的產業如製糖、製茶、稻作等蓬勃發展，吸引了日本內地的資本大量流入，而台灣總督府也因為樟腦、煙草等官辦專營事業不但已上軌道，而且因為急速成長而豐富了財政收入，也因為產業急速發展而導致人口急速增加。當局有鑑於此，像口頭禪一般齊口說：「香港那個蕞爾小島也有一所大學，台灣怎麼可以沒有大學呢？」

　台北帝國大學創立伊始，設置理農學部和文政學部。當時在理農學部下開設昆蟲學、養蠶學教室，原來在台北農事試驗場服務的昆蟲學者素木得一剛從外國遊學回國，被任命為教授。四月三十日開校，北海道帝大的松村松年教授（素木教授的老師）也渡台參加開校儀式，鹿野為了

要和睽違數年的松村教授見面，也去參加儀式。

來到台北帝大的時候，鹿野看見總督府中央研究所的一色周知（後來返回內地擔任大阪府立大學教授）也在場。原來，一色是松村的入門弟子，當時在中央研究所應用動物科研究益蟲和害蟲。來台灣的松村看到鹿野已長大了，高興得眯著眼睛激勵他努力於研究，同時對鹿野說，他和橫山桐郎準備要聯合發表有關鰹節蟲科新品種的論文。

昭和三年（一九二八年）春季有很多人來台灣訪問。除了松村教授以外，日本山岳會的槙有恆也應邀來台。他從二月到四月在台灣停留期間為台灣岳界人士演講，當然，鹿野出席於每一場演講會。槙先生有輝煌的登山經歷，曾經以隊長身分率隊遠征加拿大，完成艾伯塔山（Mt. Alberta）的首登而知名。

三月，日本山岳會創會者之一的高頭仁兵衛和他的晚輩大平晟來台灣登山。從三月下旬至四月，北海道帝大昆蟲學教室的三輪勇四郎停留在台灣採集昆蟲。三輪從這一年十一月起擔任台北帝大素木教授的助手，和鹿野一樣專心於甲蟲的分類研究。鹿野到基隆港迎接高頭與大平，向他們傳達台灣山岳的最新資料。當時，鹿野給大平的印象是這樣的：

鹿野氏現在還是高等學校的學生，經常一個人飄然離開台北，跋涉於蕃地山岳，不顧一切出入於生死之境，探

蕃情、調查、動植物，是一個精進於學問研究的奇士。他那種沈毅、精悍的特異風格，可以從他炯炯目光和深鎖於眉宇間的氣勢感知出來。（大平晟〈台灣の山旅〉，原載《山岳》，昭和23年3號）

五月，鹿野計劃要祕密地潛入阿里山以南山區。那裡是布農族「最後未歸順蕃」潛伏之地，其首領拉荷阿雷和他的弟弟阿里曼西肯仍然神出鬼沒地抵抗官方的圍捕，所以被日警宣佈為禁止出入的地帶。但是，就在祕密出發的前夕，鹿野卻患了一場熱病，被醫生診斷為登革熱而入院治療。他沒想到入院五十天才治癒，對於好動的鹿野來說，這是一次極為痛苦的經驗。

他在醫院治療期間，先前已寄出的，有關紅頭嶼雅美

「最後未歸順蕃」的首領──塔馬荷社頭目拉荷阿雷。他死守山上多年，因而患甲狀腺腫。（楊南郡提供）

族大型漁舟Cinedkeran的調查報告，已經刊載於民俗學家柳田國男所主持的《民族》雜誌。通常這份嚴謹的雜誌所登的文章，限於柳田、南方熊楠、清野謙次、折口信夫等優秀學者的作品，而僅僅是高校學生身分的鹿野，居然名列其中。這個現象充分地顯示鹿野在學問上屹立不搖的地位。關於民族學方面的文章，他曾經寫了一些，交給台北高校校友會誌《翔風》刊載，但是，這是他平生第一次向學會的專門雜誌提出民族學論文。由此可見，鹿野現在除了自然科學外，開始向人文科學之一的民族學堂堂進軍了。

住醫院接受治療期間，也就是六月間，濁水溪中游郡大溪畔的郡大社布農族受到煽動，有一支氏族名爲Takeshitaran的壯丁四十八名，突破日警嚴密的監視網，潛入「最後未歸順蕃」拉荷阿雷、阿里曼西肯兄弟的根據地——塔馬荷社，和抗日的布農族會合，世稱「郡大社蕃集團脫出事件」。❾

因爲這個原因，往郡大社一帶的道路系統受到日警嚴密管制，到處呈現風聲鶴唳的局面。實際上，配置於道路系統的各警官駐在所都受到襲擊，甚至來回於理蕃道路上的警備員和腳夫也被割去首級。昭和三年夏天起，玉山地區也被宣佈爲禁區，登山者被禁止入山。

鹿野在醫院躺了五十天，精神上已到了無法忍受禁足令的地步，痊癒後也沒有多靜養幾天，立即奔向山區了。

七月初旬，他陪塩月老師從台北出發，兩人在阿里山一個禮拜，鹿野在阿里山靜待病體復元。然後，他一邊鞭策病後仍虛弱的身體，一邊瘋狂地連續攀登卓社大山、能高主山、奇萊主山等三千公尺級高山。

　　其中，卓社大山的攀登，由於「郡大蕃脫出事件」後仍餘波盪漾，日警當局最初以「蕃情危險」為理由，拒絕鹿野的入山申請。平時不太愛講話的鹿野，為了要說服警方發給他「入蕃許可」，滔滔不絕地辯說本次卓社大山方面調查的重要性，甚至和「新高郡守」（新高郡，亦即南投縣仁愛鄉與信義鄉的行政首長）及警察課長作長時間談判，好不容易獲得首長的許可。

　　鹿野本來想只帶一、兩個原住民朋友，輕鬆地登山，但是警方只管搖頭，不准他這麼做。於是，為了一個高校學生，警方特別指派巡查部長佐藤仟侍率領卓社頭目Palan Palinchinnan及部下，共十五名持槍的護衛隊陪鹿野

---

❾大正三年（一九一四年）底以前，日警全面沒收南部各族所持有的槍枝，八通關道路兩旁不肯屈服的布農族，於次年春天相繼襲擊拉庫拉庫溪畔的大分及喀西帕那兩處駐在所，殺害全部日警與家族後，集體遷到老濃溪上游玉穗山南麓塔馬荷社死守，當時共有三十二戶，二百九十二人。到了昭和三年（一九二八年），又有郡大社的布農族五戶四十八名，集體遷入，造成總督府極大緊張。他們在祕密基地抗日到昭和八年（一九三三年），被稱為「全島最後未歸順蕃」。譯者曾經調查大分及喀西帕那兩處遺址、祕密撤退路線及塔馬荷社遺址，發現其根據地已成一片廢墟，也訪談首領拉荷阿雷的媳婦及長孫，發現現在只留下拉荷阿雷當年抗日時所用過的一支步槍。關於Tamaho社的抗日，原文前一段及本段，分別寫「アリマンシケン一派」及「ラホアレ一派」，內容不夠翔實，翻譯時已作局部修改與補充。

爬山。鹿野沒有料到事情會演成大型探險隊的出動，心裡很沮喪，不由得嘀咕著：「蕃人出草馘首，根本不值得大驚小怪啊！」

從這次卓社大山的攀登，鹿野開始戴熱帶探險家專用的探險帽，這頂探險帽後來成為鹿野的「招牌」，也是世界上探險隊共同的標記。

八月，他深入昆蟲學者足跡未至的立霧溪，沿溪調查昆蟲，然後回到台北加入台北一中的中央尖山攻峰隊，完成這座處女峰的攀登。

台北一中登山隊由十一名學生組成，領隊是體育老師新沼佐助。除了隊員以外，警方指派幾名巡查，加上泰雅族東賽德克群的「太魯閣蕃人」協助揹負裝備，成為一支超過三十名的大隊伍。

迎接朝陽的中央尖山（右）與南湖大山（左）。（山崎柄根攝於合歡山，1989年）

台灣的群山中，中央尖山（標高三、七○三公尺）和大霸尖山（標高三、五○五公尺）原是前人未踏的尖峰，山容崢嶸競秀，多年來一直是岳界競作首登的對象。其一的大霸尖山，已於前年落入台灣山岳會的手裡，台北一中受到了刺激，出動了這一支堅強隊伍去攀登中央尖山，想要一舉成功。中央尖山的峰頂呈銳利的三角錐形，山形急峻，比日本北阿爾卑斯山系的名山「槍ヶ岳」有過而無不及，彷彿是歐洲阿爾卑斯山脈的名峰「馬特峰」移位到台灣來了。

　　隊伍採取小瓦黑爾溪路線。鹿野等人從立霧溪回頭灣轉入小瓦黑爾溪溯行，至溪源急登峰頭。根據這支隊伍的觀察，這條攻峰路線沒有想像中那樣陡急，可以不用繩索確保就可以攀登，只是岩石脆弱，容易剝落而擊傷隊員，還是不能大意。因為擔任嚮導的「太魯閣蕃人」熟悉登山路徑，所以嚴格地講，台灣原住民古來縱橫於台灣大小山岳的情形下，連中央尖山也不算處女峰，所以本次台北一中全體隊員登頂，可謂台灣原住民以外人士的首登，締造了多數人同時登頂的紀錄。❿

---

❿作者對處女峰的看法很正確。台灣登山史上所謂首登的記錄，應改寫為「原住民獵人或林業人員以外的登山隊首登」。鹿野忠雄與台北一中學生首登中央尖山以後，此小瓦黑爾溪路線沈寂約四十多年，才由譯者重新開拓，第一次從中央尖山直下小瓦黑爾溪至天祥，另一次從中央尖山東南稜上至小瓦黑爾溪源頭攻頂，發現沿途獵徑仍明顯，可見鹿野等人的初登隊伍沿著西拉庫社和瓦黑爾社的社路，然後改走獵路去攀登中央尖山的。

此行鹿野還是熱心地採集小型哺乳類動物，鳥類、兩棲、爬蟲類動物、昆蟲等很多標本，帶回研究。

中央尖山的攀登與動物相調查以後，鹿野接受台灣山岳會的委託，席不暇暖地帶領來自京都帝大山岳部的酒戶彌二郎及岩田權兵衛；東京帝大划雪部的出口一重及山岳部一批人，分為不同梯次，去攀登南湖大山（標高三、七四○公尺）與雪山（標高三、八八四公尺）。南湖大山的攀登路線較長，需要很大體力，鹿野第一次來攀登。他驅使病後仍虛弱的身體，連登中央山脈與雪山山脈的幾座高峰，雖然辛苦，但享受到與愛山的人一起登山的快樂。

之後，鹿野單獨進入霧社山區，也到埔里、霧社間的原住民部落調查，再從埔里轉往過坑（今南投縣仁愛鄉中正村，埔里之南），訪查屬於布農族卓社群的Kato社習俗，直到九月下旬才回到台北來。

秋天的時候，鹿野留在台北整理調查資料。年底到第二年正月放寒假，剛好總督府殖產局山林課有山林調查隊要從霧社登合歡山、東峰、北峰，然後縱走至畢祿山，鹿野聽到這消息後，立即請求加入活動。

合歡越嶺道現在被整修得好走，但是當時尚停留於原始狀態。以中央山脈為界，山脈兩邊的原住民同屬泰雅族，分為西邊的「霧社蕃」（西賽德克群）與東邊的「太魯閣蕃」（東賽德克群）。族人過去因為獵場紛爭，形成敵對狀態，兩者萬一在狩獵之地不幸碰上，總是會引起流

血的結果，所以要雇用當地原住民搬運裝備都煞費周章。

這合歡山至關原北邊的畢祿山一帶，是大正三年（一九一四年）總督府發動陸軍與武裝警察隊大規模討伐「太魯閣蕃」以來，一直是危險地帶，從來沒有任何人大膽闖入。

當初，鹿野計劃走進這個地區，每次申請入山都被警方禁止。現在聽到官方的調查計劃，立即響應要加入。更正確地說，這是山林課調查隊和台灣山岳會的聯合登山計劃，彼此借重對方的優點而進行的。

總督府對於這個調查計劃，作了詳盡的指示。首先，動員各州、廳的蕃務課，下令這一支登山調查隊入山期間，不准原住民上山狩獵，以免因誤會而擦槍走火；其次，指令登山調查隊在中央山脈東、西兩側所雇用的原住民腳伕，不可以有彼此碰面的機會。換句話說，從西部往山脈分水嶺所用的腳伕，抵達分水嶺後下山，之後由東部警察帶上來的東部腳伕接替工作。

隊長由山林課的小林勇夫擔任，隊員包括二名山林課職員、台灣山岳會的老手沼井鐵太郎（當時服務於專賣局製造課）、台北廳農務課主任技師平澤龜一郎，以及已加入台灣山岳會的高校生鹿野忠雄，一共六名，而隨行者包括巡查及原住民腳伕多名，所以是一支大隊伍。

當登山調查隊抵達預定讓腳伕交接的地點時，卻發生了一件微妙的事態：「霧社蕃」在山上搭好獵屋給隊員和

原住民自己過夜。隊伍要從這個地點移動以前，隨行的「霧社蕃」要先下山。這個時候，他們卻把辛辛苦苦搭好的獵屋拆下來，原來是不讓來接替的東部「太魯閣蕃」使用。

「霧社蕃」開始下山了，不久數十名「太魯閣蕃」上山來，偏巧和慢走的「霧社蕃」碰面了。鹿野等人屏息靜觀事情的變化，緊張得喘不過氣來。大概是因為雙方人數差不多，在對峙中忽然部分原住民開始交談，大家才放下心中一塊大石。鹿野心裡想，他們雙方都有血緣關係，所以事情的結局是極自然的現象。

隊伍從畢祿山南鞍沿著魯翁溪（今慈恩溪）向立霧溪主流下降，從此走上沿立霧溪岸所開的「理蕃道路」，安全抵達花蓮。過去鹿野都採取單人和原住民一起登山的方式，這是他第一次和山岳會會長沼井、登山老手平澤一起行動。❶

大正三年（一九一四年）太魯閣討伐戰中，畢祿山（標高三、三七○公尺）可能已有討伐隊登頂過，但是討伐戰誌沒有記載，加上曾經熟悉這一場戰役者所提供的證言，鹿野和山林課的隊伍，在記錄上被列為首登者。❷

現在，鹿野已經在台北高校唸了四年。昭和四年（一九二九年）高校高等科第二屆畢業生中，要不要准許鹿野畢業，又成學校當局的頭疼問題。已留校察看一年，他本

---

❶本段原文多出一句「採取與討伐隊相反的方向……下溪」，與事實正好相反，所以刪除。沼井鐵太郎是台灣山岳會的幹事，不是會長。

人應該在這一年中儘量維持更多的上課日數，但是，據學校統計，這一年出席日數也沒有達到所訂的標準。於是，教授會中贊同者與不贊同者二派針鋒相對，不分上下，最後決定讓校長裁決。當時另有一個名字叫河村愼一的應屆畢業生，因爲留長髮犯規，成爲教授會議中的爭論點，結果多數決議，早早把他掃出校門。鹿野的情形則比較嚴重。

三澤校長知道鹿野在校期間，出席日數全部加起來也不到二年，但是這個學生已經向學界提出多篇論文，而且自習過希臘文和拉丁文。照三澤的看法，栽培這樣的學生才是眞正的教育，三澤允許學生自由奔跑於山野，將野外興趣轉變爲學問。他已有腹案，終於揮揮手，爲特立獨行、不理世俗事務的鹿野打開一扇門，讓他迎向光明的將來。

這一年秋天，三澤校長個人也因爲教育理念和總督府所訂的教育方針對立，而自動請辭，離開台灣。導火點是軍國主義風潮來勢洶洶，校內軍事教練大展威風，三澤看不慣軍國主義的教育法橫行，與文教局發生正面衝突。從另一個角度看來，他來台專任台灣總督府高等學校校長，

⓬一九一四年五月，已來到「合歡山指揮部」的台灣總督兼討伐軍司令佐久間左馬太大將，下令陸軍從合歡山向東採三條路線進軍，其中的一支大隊越過畢祿山東進。畢祿山線隊擁有野砲和重機槍，也許通過畢祿山鞍部，在忙於作戰情形下，沒有登越畢祿山頂。

似乎是爲庇護鹿野、栽培鹿野而存在，可以說，沒有三澤校長，就沒有這一個人生階段的鹿野忠雄！

聽說校方決定讓他畢業，鹿野立即於三月帶領學校山岳部同學，在新任的植物學老師河南宏（剛從第六高等學校調來接替退休的神谷老師）陪同之下，到台灣南部的獨立峰──北大武山（標高三、○九○公尺）攀登，登頂後隊伍由河南老師帶回台北，剩下鹿野一個人去屏東縣屬於魯凱族的阿禮社（Adel，舊稱Shyadel）調查，結束了台北高校在學期間的山區調查工作。❸

昭和四年（一九二九年）四月，鹿野終於畢業了。同一屆畢業者有土方正己、細川隆英（後來擔任九州大學教授）等好友。後來成爲台灣考古學、民族學者，現任梅光女學院大學教授的國分直一，和著名的理論物理學者，現任立教大學教授的武谷三男，當時分別比鹿野低一年級及兩年級，都還沒畢業。

---

❸原文「排灣族」有誤，已改譯爲魯凱族。隘寮北溪南、北岸的部落都屬於魯凱族。阿禮社位於南岸。

第四章

台灣高山動、植物大探查

「鹿野先生，鹿野先生！」

天未亮就有人在獵寮外面喊。這裡位於卓社大山的山腹，海拔三千公尺處，獵寮用玉山箭竹編成圍籬，立樹幹為柱，屋頂用台灣鐵杉的樹皮修葺，寮內地面鋪以箭竹為床，雖然很粗糙，鹿野卻說很不錯。從急速的叫聲判斷，夜裡放下的圈套已逮到小動物了罷。

鹿野揉一揉沒有睡足的眼睛走出獵寮，看見年輕的布農人雙手抓著田鼠站在門外。田鼠是一種美味，卓社的人都喜歡吃，所以平時打獵的時候，可以順手捉一些佐餐。他們是設置圈套的好手。晨霧未散，陸續有幾個布農獵手帶回成串的田鼠。

被捉到的鼠類共五種十七隻。這些和平地髒兮兮的老鼠不一樣。山上的鼠類因為在高塞地帶活動，毛皮厚而柔軟，而且有光澤。其中，像高山白腹鼠（布農語叫Zapakkal）及台灣高山田鼠（布農語叫Tabaloku）都是只生活於玉山地區，別地方所看不到的。此外，還有一種山地語叫做Habektsuntson的食蟲獸，它是分布於中國雲南、喜馬拉雅山脈東部的高山，學名叫做*Anurosorex Squamipes*，在台灣第一次被發現到它的亞種，叫做山階氏鼩鼱。（〈卓社大山登行〉，收錄於《山と雲と蕃人と》，1941年）

高山白腹鼠*Rattus culturatus* Thomas是台灣高山特有種，只限於玉山、阿里山一帶才看得到；而台灣高山田鼠*Microtus kikuchii* Kuroda也是台灣高山特有種，過去只被

捉到一隻，做成唯一的珍貴標本。這次光是台灣高山田鼠就捉到六隻雄的，一隻雌的，所以鹿野高興得跳起來。其他的鼠類也和平地所見的完全不同，鹿野心裡想可能包括新種。在〈卓社大山登行〉文中鹿野沒有提起，但他在卓社大山的山頂捉到台灣鼴鼠的一種，所以此行有了大豐收。

當地的布農族已經為每一種小動物取一個固有名稱，在山上生活時，甚至和這些微不足道的小動物維持著密切關係，這一點引起了鹿野的興趣。

在昆蟲方面，卓社大山之行順便採集到差強人意的份量，凡是分布在高處的都不遺漏地捕獲到。過去只在玉山地區高處有採集記錄的麻斑粉蝶*Delias lativitata formosana* Matsumura，鹿野在卓社大山方面目擊到二、三隻。此外，他也捕獲了鶯科的一種小鳥，還有一些蟾蜍、蜥蜴、蛇等。

鹿野在台北高校的時期，台灣偏僻地方（應該稱為山地）的動物相尚未為世人所知，所以他儘量利用入山機會，廣泛地採集昆蟲以外的鳥類和小型動物，帶回做成標本研究。部分的採集品在記錄上是當地第一次的採集，可能是新種，很多是珍貴品種，所以鹿野每次作山地旅行都很興奮。

在這個時期，鹿野把天牛等甲蟲的採集記錄、地方性的蝶相，或者是哺乳類的分布記錄等，根據他的採集品加

以分析，頻頻向相關的學會會誌發表，甚至登山的紀行文章也附上當地山區特殊動、植物的目錄。他的記錄已為台灣昆蟲相和動物相的解明，提供有力的線索。

台灣島呈紡錘型，雖然南北縱距不長，但是棲息於北部和南部的動物有異，我們一旦踏入山岳地帶，會發現高山的動物和平地或低山地帶的動物又截然不同。認清地方性動物相，對於把握全島動物相的真相是極重要的，所以鹿野不只自己多方採集，還親自請求各地的警察及原住民協助，好在各山區原住民都有獨自的捕獵方法，儘量幫他搜集不同種類的動物。

後來，鹿野得到日警當局的許可，在山區使用獵槍。以前他都依賴有槍的原住民採集，現在他可以自己用槍打獵了。

總督府警察課和理蕃課禁止原住民隨便持有槍械，對於槍械的使用有一套管理辦法。當局已經沒收了全島原住民世世代代所擁有的槍械（雖然部分原住民還偷偷地藏匿槍枝），為了遂行「理蕃」政策，將槍械列為管制品，所沒收的原住民槍械保管於各地警局及警官駐在所。但是，住在山岳地帶的原住民古來喜愛狩獵，一槍在手就高興得不得了，而且狩獵是他們維持山上生計所不可缺，所以每當原住民申請上山打獵的時候，警方都貸放槍枝，每人可以借用一支槍和五顆子彈，規定狩獵回來即交還槍枝。❶

因為所領到的子彈很有限，鹿野讓隨行的原住民用槍

獵捕哺乳動物，但是鳥類及其他小型動物，則叫原住民用弓箭捕獲。大型哺乳類或是蛇類，每獵到一隻都給五十錢，但是容易捕獲的小動物則給十錢。原住民很高興能以如此高價成交。對鹿野來講，短暫的登山期間內，要有效率地採集動物標本，不得不依賴用金錢收購的方式。

昭和三年（一九二八年）八月與台北一中學生攀登中

泰雅族與獵獲的水鹿。（鹿野忠雄攝）

---

❶原文中，作者對「理蕃」作了夾註：「對原住民施與撫育、授產、醫療，以提高他們的生活水準，叫做『理蕃』。」按「理蕃」的原義是山地原住民的治理，重點政策是圍堵與討伐。自從山地警備線（即理蕃道路）猶如蜘蛛網一般伸入山地後，治安已有大幅度改善，總督府當局才開始於昭和年代推行山地部落集體遷村至山麓地帶。其著眼點也是山地治安的改善，另一方面，想藉著山地部落平地化，讓原住民改變原來的傳統生活，獎勵水田耕作與養蠶，並重建有衛生設施的部落等以改善生活，所以「授產」、「醫療」、「撫育」是比較晚期才大力推行的「理蕃」政策。

央尖山之際，鹿野充分利用難得的機會，調查這個山區的動物相。對原住民來講，與登山隊同行是狩獵的絕佳機會。但是，他們沒有料到當局會禁止隨行的原住民攜帶獵槍，因為中央尖山的東、西兩側，仍有原住民間的紛爭沒有解決。很不得已地，鹿野請太魯閣那邊的泰雅族改用傳統的弓箭。他們辛辛苦苦地張弓獵射鳥類及其他小型動物，被射中的小動物身體會有很大創傷，但是他們別無選擇。鹿野寫〈中央尖山の登攀〉（原載《山岳》，昭和25年3號），文中有一段精彩的描述：

與蕃人一起穿越美麗的原生林。在眾多勇敢的蕃人中，我選擇了驍勇無雙的太魯閣蕃人與我一起行動，不多時，獵獲的鳥類越來越多。我不會忘記他們張弓射鳥的樣子。射出的箭強力地飛到鳥類或松鼠那邊，瞬間，獵物訇然急落地上。因為箭鏃是分叉的，有時候卡在很高的樹枝上，蕃人是不會隨便放棄那一支箭的。無論是多麼危險和困難，他毫不猶豫地攀越惡地形、爬上樹取回這一支箭，如果箭卡住於小枝梢，則拔出番刀砍斷樹枝取回。蕃人不是珍惜這一支箭的意思，在沒有收回獵物的情形下，要是白白地丟去一支箭，是一件可恥的事。我遇到這種古武士一般的膽識，心中非常高興。

鹿野自己捉到很多種小動物，高高興興地回到獵寮的時候，看見太魯閣原住民已在那裡等候多時，個個手裡抓著可能是新種的鼯鼠、羽翼閃亮著紫藍色、腹部呈褐色的

美麗的森林之鳥——黃腹瑠璃鳥，以及藪鳥、紋翼畫眉、冠羽畫眉、鵪鶉等，這些都是玉山、阿里山地區以外，還沒有採集記錄的珍貴鳥類。長久以來被神祕面紗覆蓋的中央尖山「亞高山帶動物相」，終於被揭開而露出一端了。

差不多這個時期，鹿野在台灣山岳會會誌《台灣山岳》發表了一篇論文，題爲〈新高山彙の動物學的研究（預報）〉，這是他把歷次山旅中所採集的資料加以整理出來的報告。從這篇報告來瞭解玉山山脈動物相的概況，實在具有重大意義，這一篇論文的問世，也成爲鹿野揭開全台灣高山動物相的重要起點。

在這兒，作者想簡單地說明台灣的大自然，以及鹿野忠雄出現以前的動、植物研究史。

也許在很多人的印象中，台灣只是一個蕞爾小島，但事實上台灣島面積有三五、八二三平方公里，略小於日本九州。細看台灣，人人會驚異地發現島上高度超過三千公尺以上的高山簇擁連立。地圖上所標示的台灣，形如一片樹葉，或一個蕃薯，形體單純，但是台灣島大自然的繁複多樣性，是九州島所無法比擬的。

台灣島上沿著南北方向的長軸縱列，但稍微向東偏倚的脊梁山脈，叫做中央山脈，其南北縱長二七○公里；其西北側有雪山山脈，西南側有玉山山脈平行縱列，各山脈共擁有海拔超過三千公尺的高山六十五座，極爲壯觀。❷

島上最高峰是玉山，標高三、九五二公尺，位於玉山

山脈中央。其西側平行走向的山脈叫做阿里山山脈；中央山脈東側，則另有一支南北走向的海岸山脈。海岸山脈所占的地塊和島上大部分面積的地塊，是完全不同的，前者叫做菲律賓海板塊（日本伊豆半島也屬於這個板塊），而後者叫做歐亞大陸板塊。台灣島是由於歐亞大陸板塊部分陷落所造成的。從另一個角度看，台灣島的造山運動非常激烈，與喜馬拉雅山區的造山運動不相上下，經由緊密的皺褶而隆起。中央山脈等主要山脈以西，高度逐漸下降，成為低山地帶或台地，平原沿著海岸伸展。

北回歸線通過台灣中部稍微偏南處，所以本島中、北部屬於亞熱帶圈，南部則屬於熱帶圈。不過，平面上如此劃分為這兩種氣候帶，只適用於平原地帶，卻不適用於高山地帶。

高峻的山岳地帶約占總面積的四分之三，呈多樣性的垂直氣候帶，即使是台灣南部，山下是熱帶，但超過海拔三千公尺以上的山頂則進入亞寒帶。台灣北部海拔二千五百公尺以上的山區，也屬於亞寒帶。冬季山頂覆雪，其植被相當於日本亞高山帶的情形。這麼小的海島有熱帶至亞寒帶不同層次的氣候帶，我想這是世界上罕見的例子。

---

❷所稱的六十五座海拔超過三千公尺以上，而且有名稱的高山，是日治時代早期的記錄。戰後經過台灣百岳健將努力下，所有三千公尺級的台灣高山已全部被登越，估算有二百六十多座（正確的數字從缺，原因是幾座肩狀稜上的山峰是否可以判定為獨立峰，尚無定論）。世界上除了喜馬拉雅山區外，沒有一個地區或一個島，像台灣有如此多高山簇擁競秀的立體景觀。

台灣島位於東南亞季風帶上，降雨量特別多，因此植物繁茂，不同層次的植被垂直分布，從熱帶降雨林帶至海拔最高部分的亞高山草本帶，所以台灣是一個到處是濃綠的海島。

　　根據一九七九年發行的《台灣植物誌》第六卷的描述，台灣全島自生的高等植物共有三、○一二種，而日本列島北起北海道，南至屋久島，自生的高等植物有三、六九四種（參照大井次三郎《日本植物誌》，1953年）。從面積的比例看來，台灣這一個小海島竟然有如此豐富的植物種類，實在太驚人了。

　　地理環境的多樣性造成植物相的多樣性，也引起動物相和昆蟲相趨於多樣性。例如，根據近年來的統計資料，日本本土（不含八重山群島、小笠原群島等離島）的蝴蝶共有一八三種；相較於日本，台灣（含澎湖群島等離島）的蝴蝶共約四一○種之多；如果以單位面積來估算，台灣的蝴蝶種類大約日本的二十二倍，其中大約百分之十是台灣固有的。台灣蝴蝶種類與數量之多，比起其他產蝴蝶最豐盛的地域，毫不遜色。

　　就固有種來說，不只台灣蝴蝶的情形是這樣驚人，就鹿野所調查過的哺乳類動物中，固有種的比率更高，所查出的台灣本土產三十八種哺乳類中，二十九種是固有種或固有亞種。其他不同的動物群也有類似的情形，可見台灣是昆蟲學上及動物學上最獨特的一個島。

依照動物地理學上的分類，台灣屬於東洋區的中南半島亞區。從鹿野在稍晚時期所提出的《次高山彙の動物地理學的研究》，可以看到他的結論：台灣島從區域地質史觀之，直到更新世末期以前是歐亞大陸的一部分，所以多少帶有「舊北區要素」，在高山地帶勿寧說是「中國大陸西部·喜馬拉雅山系要素」更為顯著。因為地理上靠近菲律賓群島，過去允許「馬來·菲律賓要素」從南方侵入，另外也可以看到少數的「玻里尼西亞系要素」，台灣呈現以上所舉的要素並存的樣本。

直到鹿野來台就讀於台北高校，自行調查台灣生物地理以前，台灣的動物相調查已閱歷大約七十年的歲月。

第一個來台敲開探查的大門者是Robert Swinhoe（郇和），這是日本紀年還沒進入明治年代以前的事。郇和是生於印度加爾各答的英國人，曾經在中國廈門、上海的英國總領事館當過書記官。一八五六年，他乘中國戎克船到素來堅拒歐洲人勢力再入侵的台灣。他來台的目的不明。他在新竹市香山停留二週，其間採集動物標本，開啟了解明台灣自然史的門扉。當時他才滿十九歲，和鹿野來台的年齡差不多。第二年郇和再度來台，尋找據說被高山族逮捕而失去行蹤的英國人。

從西元一八五六年起，英國軍艦「亞羅號」（Arrow）事件引起了英法聯軍和清軍戰爭，結果，清國於一八五八年被迫與歐美列強簽訂天津條約，台灣府（**台南**）和淡水

兩處開港。一八六○年英國在這兩個港口設領事館。郇和在那年十二月二十二日被派駐台灣府當副領事，所以他也是台灣開埠後，第一個駐台的外國外交官。第二年的年底，郇和乘砲艇「探險號」移駐淡水，因為害怕原住民的襲擊，砲艇停泊於淡水河上，而本人也在艇上辦公，好像將領事館移設於砲艇上一般。從台灣開埠、民情不穩的時期就來台灣長住的郇和，直到一八六六年五月離開台灣以前，有五年半時間在台，其間或因病到廈門治療、靜養，或因返回英國休養，所以實際在台時間不過四年，但是他利用公餘時間，從事台灣動物相的調查。

那是交通非常不方便的年代。郇和徒步走遍台灣東、西兩岸，採集各種哺乳動物及棲息於海岸磯石下的海洋生物，雖然原住民所居的山地不容易進入，他甚至深入玉山的山麓地帶調查。

郇和忙於採集標本，大部分寄給英國大英博物館，自己也做部分哺乳類和鳥類的研究，例如刺鼠*Rattus coxinga*(Swinhoe)、白胸鼯鼠*Petaurista Pectoralis* (Swinhoe)、藪鳥*Liocichla Steerii* Swinhoe等都是他自己作記錄發表的；此外，他交給英國國內專家，經他們鑑定為新種定學名，很多都是以他的姓氏命名。例如台灣長鬃山羊*Capricornis crispus swinhoei* Gray、藍腹鷴*Hierophasis swinhoii*（Gould）、斯文豪氏攀蜥*Japalura swinhonis* Günther等，都是台灣特有種。

鳥類研究是郇和最擅長的。他注意到台灣鳥類和日本、菲律賓較少關聯，反而與喜馬拉雅山系鳥類有更大關聯，這個卓越見解曾經被A.R.Wallace（華萊士）引用於他的著作《島嶼生物》，而華萊士這本英文原著，是鹿野忠雄當年熱心研讀的書。

　　郇和最大的特色，是除了動物以外，還勤於採集植物，也曾經作過地質報告。他努力於全盤把握台灣島的自然而且成果輝煌，把他尊稱為台灣自然史學的開山鼻祖也不為過。

　　他於一八七五年回英國，次年被選為皇家學會（Royal Society）的會員，但是不幸得到癌症，一八七九年以四十一歲英年去世。

　　郇和離開以後至一八九五年日本領有台灣之日止，這二十年間曾經有英國海關稅吏H.E.Hobson（赫布遜）和John D. de La Touche（拉圖雪）先後來台採集旅行，並向大英博物館提供台灣鳥類、昆蟲類標本。拉圖雪是海關稅吏，但是精於鳥類研究，雖然在台灣僅作短期居留，也進行台灣鳥類的研究。差不多同一時期，還有大英博物館專任鳥類學者Henry Seebohm（西伯姆）所委託的標本採集人P.A.Holst（霍斯特）也來台灣作短期的採集旅行。根據他採集而由Seebohm鑑定記錄的有台灣黃山雀*Parus holsti* Seebohm、台灣蜩蟬*Formotosena seebohmi*（Distant）、台灣熊蟬*Cryptotympana holsti* Distant等。

一八九五年（明治二十八年），馬關條約把台灣割讓給日本，於是台灣歸屬日本統治下。次年，東京帝國大學內的理科大學很快地獲得經費，派員往台灣調查。動物學方面，動物科助手多田綱輔被派到台灣來，他在惡疫仍在流行中的台灣停留約一年，巡迴調查台北、宜蘭、花蓮、台東、紅頭嶼、高雄及澎湖。他所帶回的動物標本不多，部分交給理科大學飯島魁教授，部分轉寄到美國L. Stejneger及D.S. Jordan兩位教授複查，採集到的魚類標本中有不少是新種。

從一八九六年多田渡台至一九二五年鹿野渡台求學止，大約二十年期間有很多日本和外國博物學者渡台研究，例如德國人Hans Sauter（紹達）、英國人Alfred E. Wileman（韋爾曼）、日人菊地米太郎、素木得一等人非常活躍。其中，紹達對台灣動物相、昆蟲相的解明與研究，扮演了極為重要的角色。

紹達（1871～1942）生於德國拜恩州的奧格斯堡，先在慕尼黑大學向動物學家Richart Hertwig學習，然後進入Tübingen大學動物學家T.Eimer門下研究。他三十一歲的時候來台，據他自己說，台灣在動物學上屬於「黑暗地帶」，所以他決心渡台，靠自費的方式蒐集動物資料，並獻身於台灣的研究。

他於一九〇二年抵達台灣，但年底的時候轉往日本東京，暫時寄身於橫濱一個蒐集鳥類標本者A. Owston家，

Hans Sauter（紹達），攝於台灣，1908年。

次年就任第六高等學校（今稱岡山大學）德語教師。他在岡山和一位日本女性結婚。

一九○五年，紹達再度來台灣，一直到他於一九四二年（昭和十七年）在台北去世以前，本人一直在台灣。回到台灣以後，他在台南市安平受雇於一家經營茶業出口生意的英國人商行，在工作之餘，跋涉於台灣西南部及恆春半島全域，也到台北附近旅行，到處採集各種昆蟲和小動物。他工作很熱心，採集最盛的時候，雇用著大約二十名採集人。近年來南投縣埔里一躍成為昆蟲標本的集散中心，真正的開拓者是紹達本人。

紹達的標本涵蓋鳥類、兩棲類、爬蟲類、魚類以及昆蟲類，部分出售，部分提供歐洲各博物館及專家，因而有很多關於台灣動物的報導文章出現。他對台灣昆蟲學的貢獻是相當耀眼的。

他所發現的新種很多，為紀念他的業績，新發表的學名都附上他的姓氏，例如梭德氏遊蛇 *Natrix sauteri*（Boulenger）、梭德氏蛙 *Rana sauteri* Boulenger、梭德氏薄

翅天牛*Megopis sauteri* Lameree、梭德氏熊蜂*Xylocopa sauteri* Friese、梭德氏鞭蠍*Schizomus sauteri* Kraepelin等。

　　第一次世界大戰爆發以後，紹達因爲是德國人，被視爲敵國國民，在台的英國商行把他解雇了，而且因爲受到日本政府的嚴密監視，生活上困頓不堪，喪失了採集標本的意願。大戰結束後，他一方面擔任鋼琴家庭教師，另一方面在台北醫學專門學校（今台大醫學院）兼任德語講師，其間視力減退到無法採集的程度，但似乎繼續採集蛙類及蛇類動物。

　　從昭和二年（一九二七年）起，台灣總督府高等學校聘他爲兼任講師教德文，當時他已經五十六歲。那時候鹿野忠雄還是在學中，據他的好友土方正己說，鹿野在學期間幾乎沒有和紹達接觸過。只有昆蟲學者素木得一常常和紹達接觸，素木寫的德語論文，都拿過來請紹達修飾。

　　英國人韋爾曼（1860～1929）在明治十五年（一八八二年）以東洋語言譯員研修生的身分到日本，當時才二十二歲。一九〇三年五月，他已升任英國領事，被派到台南市安平（他差不多和紹達同時來台）。從此以後他一面工作，一面採集蝶、蛾類標本，直到一九〇九年十一月離台以前的六年半時間，將很多標本寄到大英博物館。他自己也進行研究工作，所寫的三篇有關台灣產蝶類的論文，對於台灣蝶相的解明，有很大貢獻。他也寫了六十三篇蛾類論文，記錄了許多新種，對於台灣昆蟲學的研究留下重要

的足跡。韋氏麻斑粉蝶*Delias Wilemani* Jordan的學名是為了紀念他而命名的。

日人菊池米太郎（1869～1921）是動物採集家，尤其善於剝製動物標本。他於明治三十九年（一九〇六年）來台灣，比紹達及韋爾曼稍晚，當時三十七歲。菊池任職於台灣總督府殖產局，第一年就在阿里山捕獲了二十多隻帝雉（即黑長尾雉）而聲名大噪。帝雉的英文名是Mikado pheasant，學名*Colophasis mikado*（Ogilvie-Grant），學名現在改為*Syrmaticus mikado*。

菊池抵台前一年，英國採集家W. Goodfellow（古費洛）來台灣阿里山，他無意間看到鄒族皮帽上插著世人從未見過的兩支尾羽當羽飾，取得後將這兩支寄給英國鳥類學者W.R. Ogilvie-Grant（格蘭特）鑑定，結果發現是新種，向學會提出報告。

僅從兩支尾羽判定、記錄為新種的做法，太武斷了。實際上，這兩支尾羽具備新種的特徵，所以算是好標本。這一件事傳出去以後，鳥類學者競相尋找帝雉，而最早捕獲很多包括雌性帝雉與雄性帝雉者，正是菊池本人。他把帝雉標本寄給世界著名的標本蒐集家W. Rothschild，因而帝雉的存在廣為世人所知。

菊池專心採集鳥類、哺乳類，或兩棲爬蟲類，但對昆蟲較少注意。鹿野忠雄進入高山地區以前，菊池已多次進入。明治四十一年（一九〇八年）「台灣總督府博物館」

成立，當時博物館附屬於民政部殖產局，菊池受命爲殖產局囑託，專爲這個博物館採集脊椎動物標本，本人也親手剝製動物標本。

年輕的時候，菊池曾經向東京帝國大學理學部的動物學教授飯島魁學過剝製技術，而來台前夕也在海南島，向德國採集家學習採集鳥獸的方法及標本製作法，所以本人已具備一流的技術。

他的足跡遍及澎湖群島、紅頭嶼，以及台灣島全域，採集到爲數可觀的動物標本，部分寄到東京，部分提供給海外學者。爲了紀念他的貢獻，部分新種的學名含有他的姓氏，例如菊池氏田鼠，即台灣高山田鼠 *Microtus Kikuchii* Kuroda、菊池氏龜殼花 *Trimeresurus gracilis* Kuroda，都是高山地帶的珍貴動物。

除了菊池以外，還有不少日本人抱著同樣的熱情來南方之島探查動物相和昆蟲相。例如，調查貝類的平瀨與一郎及服務於山區駐在所的巡查渡邊龜作。渡邊四十歲的時候，不幸遇到「蕃害」殉職，他採集的一種鳳蝶被松村松年記錄爲 *Papilio watanabei*，但後來被判定與 *Papilio thaiwanus* Rothschild（台灣鳳蝶）同種，今通用後者學名。此外，還有發現永澤氏蛇目蝶 *Minois nagasawae*（Matsumura）的國語學校教師永澤定一、研究台灣蝶類的松村松年教授、在菊池協助下實地調查台灣鳥類的黑田長禮、調查白蟻、淡水魚類、蛇類的大島正滿、喚起鹿野忠

昆蟲學者素木得一，攝於1921年。

雄對台灣發生興趣的江崎悌三（江崎教授本人調查台灣昆蟲的全部，尤其致力於蝶類與半翅類昆蟲的調查），以及鹿野就讀於台北高校時期，熱中於研究台灣蟬類的加藤正世。

其中，部分的人在台灣長住，其他部分是從日本內地出差來台的。日本治台時代真正繼承Sauter（紹達）為台灣昆蟲相的解明而努力並有輝煌成果者，是服務於台灣總督府農事試驗場昆蟲部的一群學者。

素木得一（1882～1970）擔任台北帝大教授以前，有很長的時間擔任試驗場昆蟲部的主管。從日本領有台灣初期至太平洋戰爭結束後，他一直在台灣，跨越這試驗場及台北帝大兩個不同時期，致力於解明台灣昆蟲相。他來台灣以前曾經在北海道的札幌農學校接受松村松年的指導，畢業後留下來擔任昆蟲學助教授，但明治四十年（一九○七年）放棄教職，到台灣就任農事試驗場昆蟲部部長，這是菊池來台後第二年的事，當時素木二十五歲。當初在札幌農學校時，學校只叫他講授與昆蟲學無關的課程，如礦物結晶學、農產製造等，剛好台灣總督府正在物色昆蟲學

者，所以趁機「逃到」台灣來就新職。

當時的總督府農事試驗場位於台北市富田町（原古亭區農場里，今台灣大學南側農試場），臨時搭建的木造平房非常簡陋，也沒有什麼設備，所以不像是試驗場的一個研究機構。素木就任後一切從頭做起。到了試驗場的正常業務上軌道以後，素木偕同比他早兩年開始工作的新渡戶稻雄及新渡戶遽逝以後被雇用來接替的楚南仁博，到處採集昆蟲標本。

他們研究稻作的大害蟲——三化稻螟蛾告一段落後，從大正七年（一九一八年）起，偕同新雇用的昆蟲部研究員大國督，一起到花蓮、台東、恆春、阿里山、霧社及新竹等地採集，深山內的採集旅行都受到警察隊的保護。大正九年昆蟲部又增雇一名（從東京林業試驗場調來的高橋良一），共有三個研究員在素木領導之下分攤研究。素木部長研究直翅目及台灣產虻、花虻，楚南研究姬蜂和蝶類，高橋研究貝殼蟲。

研究員每天在堆積如山的熱帶害蟲和益蟲的標本間，忙於整理資料，這些是總督交代要優先處理的應用方面研究資料，因而無法集中精神從基礎上調查台灣昆蟲相，但是二年半期間努力採集的結果，保存於試驗場的標本種類很充足，對於以後從事昆蟲相的研究工作有很大幫助。素木公務上同時與總督府中央研究所有所連繫，後來轉任台北帝大教授後，以大學為中心，親手推動台灣昆蟲學的發

展。

在台灣，植物相的調查比起動物相的調查更加集中，更有組織。一八五四年Swinhoe（郇和）到新竹香山調查以前，英國愛丁堡皇家園藝協會曾經派遣R. Fortune到中國大陸、日本及台灣調查植物。Fortune到過台灣北部淡水附近採集植物標本。從那時候起，至日本開始領有台灣以前，台灣植物相的調查完全是由英國人來台進行的，採集到的標本都交給俄國人K.J. Maximowicz（他與日本的關係也頗深）研究。這是台灣植物研究的第一期。

台灣割讓給日本以後，東京帝大立即派遣牧野富太郎、大渡忠太郎及內山富次郎到台灣調查植物。❸

植物調查的期間不長，他們採集到的標本及後來大渡、三宅驥一兩人先後再度渡台採集到的標本，都交給當時任職於東大植物科助手、講師的早田文藏研究、整理。明治四十一年（一九○八年），早田發表於東京帝大《理科大學紀要》的〈台灣高地植物誌〉，就是當時的成果。

兒玉源太郎擔任台灣總督的時期（1898～1906），東

❸一八九五年台灣割讓，同一年東京帝國大學理學部（當時稱為理科大學）教授會開會，決議人類學、地質、動物及植物四個科系，各派教授前往台灣調查。當時教授們都懼怕台灣平地流行的風土病（瘧疾）、戰爭、土匪橫行，以及山地原住民的獵首習俗而不敢前往。除了地質科正式派出教授小藤文一郎博士及山崎直方助手外，其他各科只派非教授的年輕人，如人類學教室雇員鳥居龍藏、動物科助手多田綱輔各一名，以及植物科三人：牧野富太郎（助手）、大渡忠太郎（學生）、內山富次郎（東大小石川植物園職員）。他們是日治時代最早來台作理科方面探險式調查的人物，經費由日本國會撥出。

京帝大因為調查經費短缺，而中止派員往台灣進行各科調查，於是早田文藏向台灣總督府建議繼續進行台灣的植物調查。當時擔任民政長官的後藤新平也認為這個建議很重要，特別在殖產局內新設「有用植物」調查部門，重新開始台灣植物調查事業。

調查事業於明治三十八年（一九○五年）四月開始展開，殖產局技師川上瀧彌擔任主任，調查人員為中原源治、森丑之助、佐佐木舜一、藤井清太郎、伊藤武夫、島田彌市等局員，在日本的早田文藏也以台灣總督府囑託身分加入這個團體。川上、森、佐佐木等人冒險採集植物標本的活動令人驚嘆，而早田也多次來台調查，並於日本從事資料鑑定的工作。

植物學名冠上川上姓氏的有四十種，可以想見川上努力調查的一斑。森氏屢次深入「蕃界」調查。鹿野忠雄就讀於台北高校的時候，佐佐木已多年出入於平原未開發之地和「蕃界」調查植物，而且曾經攀登玉山三次調查，前往阿里山八次、紅頭嶼七次作採集旅行。他們努力的成果都交給早田整理，分別於明治四十四年（一九一一年）發表《台灣植物誌資料》，同年起至大正十年（一九二一年）止，以英文與拉丁文陸續發表《台灣植物圖譜》十卷，終於揭開了台灣高等植物的大部分真相。❹

鹿野忠雄在台灣野外活躍的時期，中井猛之進、佐佐木舜一等人，接著朝向植物分類學方面研究。

從上面所叙述的情形，可以瞭解：台灣植物相的調查，差不多都在有組織的架構下進行的，但是，由於交通不便，脊梁山脈東側的花東方面植物相尚未開拓，而高山領域的植物相也尚未進行精細調查，這兩個地區的調查研究顯得比西部緩慢多了。

鹿野開始調查昆蟲與動物的時候，似乎片刻也沒有忘記植物的採集和觀察。下面引用他文章的一段，來顯示實況：

這塊砂地充滿著溫煦的陽光，連板岩的細片也映出白燦燦耀眼的光芒。在平地所看不到的高山植物又出現了。花朵很像瑪格麗特菊的玉山飛蓬，躲在岩角開著一朵朵小花，而盛開著像貝殼一般小花朵的玉山籟簫，群生如一張毛氈。玉山薄雪草的花朵像蠶絲球一般。這裡最重要的發現是南湖柳葉菜，從砂地伸出低矮的身軀，葉子艷麗，花朵很像日本內地的皋月杜鵑，呈粉紅色、腋生，仔細看才知道原來是南湖大山特有的珍貴高山植物；處處可以看到南湖杜鵑，它們的產地原來就是南湖大山、中央尖山這一帶。（〈中央尖山の登攀〉，原載《山岳》，昭和25年3號）

鹿野所採的植物標本，下山後都交給殖產局的中井猛之進和佐佐木舜一處理。

---

❹佐佐木於一九一八年來台，任職於殖產局，而鹿野於一九二五年來台讀高校。原文寫「鹿野就讀於高校時佐佐木已二十年出入於……」有誤，他比鹿野早七年來台。

素木得一渡台後不久，曾經和川上瀧彌共同提議仿照札幌的「博物學會」，在台灣成立一個學會，讓動物、植物、地質、礦物等自然學科研究者互相交流，終於在明治四十三年底（一九一○年底）「台灣博物學會」成立了，川上被推舉爲首任會長，次年起定期出版《台灣博物學會會報》，而且有固定的活動，對於台灣博物學界發生了激勵作用。大正九年（一九二○年）起五年時間，素木擔任會長，後來從昭和七年到昭和十九年學會結束前的十二年間，素木再度擔任會長。

鹿野來台以前以及他在台北高校期間，台灣博物學會是當時唯一定期舉辦大活動的學會，也因此這個學會對「台灣自然史學」的發展有很大貢獻。

由於上述人員同心協力開拓的結果，生物學上一直是黑暗狀態的台灣，終於被照進一縷陽光。翻開台灣動、植物探查史，可知這個時候植物相的輪廓才浮現出來，但動物相的調查比植物相的調查稍晚一、兩步。

尤其是昆蟲調查方面，由於種類繁多，已經被採集、鑑定過的昆蟲只占一小部分。鹿野擅長的甲蟲，情形也是一樣。台灣山地的生物調查，始終要靠持槍的警察隨行保護，所以行動上是極爲不自由的。除了極少數山區比較爲人熟悉外，大部分的山岳地帶都是人跡未至、一片空白的地帶。舉例來說，立霧溪「太魯閣蕃」的地界在當時是除了鹿野進去調查過以外，一直都沒有印上其他昆蟲學者的

足跡。

　　鹿野原本熱中於登高山，登山的過程中逐漸被台灣高山地帶的昆蟲乃至於一般動物所迷住，因而山越爬越高，一次又一次的高山行，使他有機會解明台灣高山地帶動物相的祕密。只有像他那樣愛山，喜歡全盤探查動物，尤其對昆蟲特別關心者，才有解開祕密的機會罷。

　　就讀於台北高校期間走向高山地帶探查的衝勁，可以說是先天的。當然，他一開始就發現台灣的高山動物和昆蟲，很多是台灣固有種。他一方面熟讀A. Wallace（華萊士）的著作得到啓示，自己也發覺台灣山區的動物與喜馬拉雅山脈及中國西部山岳地帶的動物，有密切關聯。台灣的高山引起他熱血奔騰，於是台灣山區動物學的研究，變成鹿野一個人擅場的分野。他在校時擅自離開課堂，奔跑於山岳地帶，其意義在於率先研究別人所沒有染指的，未爲人所知的調查領域，尤其是高山地帶。

　　鹿野加入台灣博物學會後，努力打開尚處於混沌狀態的昆蟲學研究。當他陸續發表有關昆蟲的報導文章於會報時，突然使《會報》熱鬧滾滾，不但激勵了學會，使學會出現欣欣向榮的狀態，也直接影響到東京的昆蟲學會。

　　雖然部分的昆蟲不是高山種，但這時期鹿野所發現的新種很多，例如粗鬚步行蟲*Paussus elongatus*、台灣細小翅天牛*Necydalis formosana* Kano等很多甲蟲。根據鹿野的採集品鑑定後冠以鹿野姓氏的新種也不少，如鹿野黑蔭蝶Lethe siderea Kanoi Esaki et Nomura、鹿野波紋蛇目蝶

Ypthima praenubilia kanonis Matsumura、草蟬*Mogannia Kanoi* Kato等。在植物方面，鹿野在雪山頂發現雙黃花薰菜*Viola kanoi* Sasaki，這個後來被認為與日本高山常見的*Viola biflora*（黃花の駒爪）同種。

第五章

挑戰地理學上的空白

昭和四年（一九二九年）三月獲准從台北高校畢業的鹿野，暫時不考慮進大學的事情，立即準備入山，四月起展開了長達一五○天的野外調查。他心裡想，假如馬上回內地升學，那麼他不得不向台灣的大自然告別。台灣島雖然小，但包容著無限生機，需要他繼續深入完成全面調查。以地理學為例，台灣仍有前人足跡未至的空白地帶，他想趕快去踏查、研究。

　　鹿野曾經去過紅頭嶼，雖然是他最感興趣的一個小島，但受制於惡劣氣候，那一次無法充分調查。他現在正在打如意算盤：假如暫時不去參加大學入學考試，那麼輕鬆多了，可以盡情地投入於台灣和離島的大自然。自由是平時所期盼的，不但感覺魅力十足而且自由的氣氛真好！

　　於是，他首先計劃作第二次的紅頭嶼之行，然後把卑南主山以南的排灣族做為調查重點，大膽地演出一五○天無休止的野外活動。這是一次大規模的調查行動。三月攀登北大武山，順訪排灣族阿禮社，可以說是這一五○天大探查的前哨戰而已。❶

　　他寫信給雙親，信中特別強調查的重要性，片面地決

---

❶高雄縣與台東縣縣界的南部名峰——卑南主山以南的族群，位於西側的有魯凱族與排灣族。原文寫排灣族，照舊時期的台灣原住民「六分法」是對的，但昭和十年移川子之藏在《台灣高砂族系統所屬の研究》，提出「九分法」，魯凱族與卑南族從排灣族獨立出來，所以「卑南主山以南的排灣族調查」，應改為「卑南主山以南的魯凱族與排灣族調查」。阿禮社位於隘寮北溪南岸，是屬於魯凱族的部落。

定留在台灣，請求母親「趕快把資金寄過來」。人已經從高等學校畢業了，還敢向雙親要求非分的，過多的資金支援爬山！母親沒有讓他失望，照他所要求的金額把錢匯寄到台灣來。老實說，上次卓社大山之行，他一次付出四十日圓，相當於初任教師的月薪，所以他已經沒有盤纏了。

爲了準備到紅頭嶼，他從南部回台北，依照上次的經驗，收集玻璃質的白色鈕扣，同時向台灣銀行交涉，請銀行從金庫中拿出很多已停止流通的十分錢銀幣給他交換，然後又要求銀行拿出一些「貿易銀」（一個一日圓的龍銀）。此外，他採購了捕蟲網、獵槍及採集用具，把這些笨重的東西裝進背包出發了。

他從高雄搭定期班輪航向紅頭嶼。紅頭嶼孤懸於太平洋上，終年被洋流沖刷，風浪很大，但每年四月是一年之中海面最平靜的日子，所以他選定這個風平浪靜的季節前往這個孤島。上次是利用暑假中去的，八月中遇到三個颱風吹襲，飽嚐了痛苦。

在台北費盡功夫獲得的銀幣，是在紅頭嶼支付費用，或與住民交易時絕對要用到的。紅頭嶼的住民，也就是雅美族，把銀幣以外的銅幣、鎳幣當做沒有用的東西，也把面值很高的紙幣看成廢紙一般。他們只認銀幣才有價值，因爲銀幣可以打成薄片，製造銀飾或他們獨特的銀盔。白色鈕扣是雅美人所喜愛的裝飾品，鹿野把它當成禮物，分贈給雅美人。他在紅頭嶼的動、植物調查，也旁及雅美族

的調查，民族調查算是重要課題之一。

　　當鹿野來到高雄候船的時候，不期然地碰到台北帝國大學文政學部土俗人種學教室的移川子之藏教授、他的助手宮本延人、學生馬淵東一（馬淵後來當東京都立大學教授），以及民俗學、考古學的民間學者小此木忠七郎一行人。據說他們也是專程要去調查雅美族的，鹿野很高興加入移川教授的行列，決定一起行動。

　　移川教授和鹿野本來就認識。移川還沒來台以前擔任慶應義塾大學史學科講師及東京商科大學附屬專門部教授。昭和三年（一九二八年）四月台北帝國大學創立之際，總督府爲了使這個大學具備與眾不同的特色，特別在文政學部下設置「土俗人種學教室」，同時聘請移川來台主持。

　　因爲台北帝大還沒正式開課，移川暫時以外調台北高校教授名義領薪，大學開課後才回去主持土俗人種學教室。宮本是移川在慶應大學最後一年所教的學生，大學畢業後被移川老師拉到台灣來的。移川是土俗人類學教室的首任教授，也是最後一任的教授。他曾經留學於美國，在台北任教時，採用美式教學法講授文化人類學。而馬淵是這個教室的唯一學生，也是最早和最後的一個學生。❷

---

❷「土俗人種學教室」是台北帝大第一任校長幣原垣所擬的名稱，據說總督府對於「民族學」的名稱相當忌諱，因而創造這一個怪名。土俗人種學教室相當於民族學系或文化人類學系，今台灣大學人類學系前身。

開校第一年，移川忙於整備研究室，放暑假後偕同宮本助手前往立霧溪泰雅族太魯閣群的托博闊社（Toboko）等部落訪問，一下子問出族人的系譜與來歷，這一次訪問成為他後來撰寫大作《台灣高砂族系統所屬の研究》的最初機緣。後來參與調查系統所屬研究計劃有優異表現的馬淵，卻因為頭一年只熱心於社會科學理論方面，不肯到野外，因而沒有參加立霧溪之行，第二年四月才跟老師移川到紅頭嶼。這次紅頭嶼之行，是移川來台灣後第二次的野外調查。

　　他們搭乘定期班輪「撫順丸」，這艘汽船曾經在日本、滿州（遠東半島大連）間行駛，最近才調來台灣作環島航行兼連絡離島。當時連絡台東與高雄間的定期輪船都經由火燒島與紅頭嶼，每月一日從台東出航，第二天抵達紅頭嶼，繼續航向高雄。回航是每月六日從高雄出航，第二天（七日）抵達紅頭嶼，讓船客上下及貨物裝卸完畢，然後航向台東，所以短期旅行者可以利用這艘船來回，但是如果超過一星期的旅行，就要乖乖地停留於島上一個月。

　　清晨，一行人所搭的船停泊於Imorod灣（八代灣）的時候，和鹿野上次來時所看到的情形一樣，一艘塗漆著鮮艷色彩的Cinedkeran漁舟，衝破巨浪駛近大船迎接客人，也跟上次一樣，一群雅美人聚集在沙灘觀看中，大家換乘漁舟上岸，這裡是紅頭嶼的行政中心Imorod社（紅頭

雅美族駕Cinedkeran漁舟來迎接船客。
（鹿野忠雄攝）

社）。❸

紅頭社沒有宿泊設施，所以他們來時已有野營的準備，但是幸而警察駐在所的田中長兵衛巡查，特別空出警員宿舍給眾人暫宿。移川一行人和鹿野就利用紅頭社做為調查據點。處於日本文化人類學的黎明期，這次紅頭嶼調查，可以說是他們最初攜手進行的一次。

大部分的調查工作是共同參與的，但是移川把擔任蕃童教育所教師的卑南族巡查Simakayo（日本名後藤武雄）拉去當他的雅美語譯員，馬淵變成臨時代用教員，每天和雅美兒童一起留在教室內。宮本專做民族誌學資料的採集。鹿野有時候單獨走入田野，採集島上的昆蟲和小動物，晚上則利用電石燈光採集蛾類和夜間出現的昆蟲，他在島上剝製了很多鳥類標本。

紅頭嶼住民被稱為雅美族，由於這個南海孤島與外界

---

❸船停泊處原文寫Ivarinu灣（東清灣）有誤，改譯為近紅頭社的八代灣。有紅頭社的八代灣在西岸，大船不會駛到東岸。但是，海上颳強勁的南風時，大船改駛東岸的東清灣避風。

隔絕，沒有台灣本島原住民間盛行的獵首習俗，住民和睦相處，與世無爭，生活極為悠閒，所以外界的人一旦踏上這個小島，立即發現這是南海的樂園。

鹿野等人每天吃所帶來的罐頭食品，已感到受不了，這時候老天爺幫忙，他們盡情地享受用雞蛋和鰻魚所做的菜。原來，雅美人不吃雞蛋（Icchoy）和河鰻（Tona）。他們養雞，但絕對不吃雞蛋，所以多餘的蛋都隨便放著，變臭了就把它丟棄。鹿野和其他人用新鮮的雞蛋做法式煎蛋捲或油炸圈餅，每天肚子裡塞滿雞蛋料理。

紅頭嶼產河鰻（大鱸鰻），但雅美人把鰻魚視為蛇的一種，非常討厭那種又粘又滑的動物，所以絕對不吃。鹿野捉到河鰻，就交給小此木弄成美味的烤鰻。此外，雅美人也不吃河蝦（Ipon），所以鹿野等人能夠常常吃蝦。

幾乎是裸體狀態的雅美人，每天圍觀著這五個人隊伍，對於外來者的日常動作都觀察得入迷，隊員一舉手一投足稍有失誤，則好像發現了新奇事物似地哄笑。因為雅美人緊跟著他們，每天為了找一個地方蹲下來方便都感覺困難。

除了民俗學者小此木是老頭外，其他人都還年輕：移川教授三十四歲，宮本二十八歲，鹿野二十二歲，馬淵二十歲。其中，只有鹿野不刮鬍子，留著山羊鬍鬚，所以雅美姑娘都愛嘲弄他，把他叫做山羊。馬淵最年輕，所以在雅美姑娘間最有人緣，和鹿野在台灣山地原住民間得寵的

情形，有些不同。

　　鹿野和移川一行人抵達紅頭嶼的時候，有人正要搭船離去。這個人是來自東京農業大學，在紅頭嶼從事植物調查的學生瀨川孝吉。他聽說台東廳長要到紅頭嶼巡視，立即跟著官員們走，比鹿野們早五天抵達的。瀨川上船前，在警察駐在所和鹿野、馬淵們初次見面，只交談二、三句話而已，但是，這是命運之神特別安排的一個重要時刻，以後鹿野及瀨川、馬淵及瀨川間的學術友誼，是從這裡點燃的。

　　瀨川和鹿野差不多是同年。瀨川來紅頭嶼的目的是採集活的蘭科植物，第二年又來過一次，回東京後將攝影與文字資料整理出來，交給「生物趣味之會」出版《日本南端－－紅頭嶼》，這是與友人稻葉直通合著的方式，於昭和八年出版，書中他將雅美族頗有原始風味的生活和小島上的自然美景，用照片和簡潔的文字說明呈現出來。

　　一個月後，鹿野本人有了豐富的收穫，和移川等人一起搭船離開。船要開的時候，雅美人聚集在岸邊歡送他們。鹿野抵達台東後，揮別相處一個月的學術伙伴，照自己的原定計劃，先調查海岸山脈，然後從脊梁山脈東側進入卑南主山一帶山區。

　　在台東，他為了取得入山許可，搬出一大堆理由說服台東廳警務課長植田末熊，終於獲准「在沒有生命安全保證的情況下」，可以越過警備線鐵刺網上山調查。

五月二十八日，他從台東廳里壠支廳管轄區的北絲鬮溪（鹿野溪）溪口入山，沿內本鹿越嶺道迂迴上至卑南主山南鞍，跨過中央山脈至高雄縣境，經由溪南山下降，一個星期後下至六龜北方的荖濃溪畔寶來。他再從寶來沿著荖濃溪向上游走，經由Gani（桃源）、Bibiyu（復興）、Raboran（梅蘭）、Rakkus（樟山）、Masuhowal（梅山），深入「最後未歸順蕃」拉荷阿雷領導的反抗軍死守地附近。通過的時候，豪膽逞強的鹿野也始終捏著一把冷汗。他很高興地發現當地所產的蝴蝶品種很多，是別處所比不上的。❹

　　玉山南峰以南，更精確地說，中央山脈秀姑巒山塊達芬尖山以南，延伸到卑南主山一帶的廣大山域，仍然是頑強地抗日的拉荷阿雷抗軍勢力範圍內，位於Rakkus社北方（應該是天池北方），拉庫音溪上游的Tamaho社（塔馬荷社）是他們的根據地。那裡山高谷深，周圍地形富有密

---

❹大正十四年（一九二五年）才開鑿完工的內本鹿越嶺道，東起台東縣延平鄉北絲鬮社（桃源），沿著鹿野溪的溪岸西伸，通過山脈東側的布農族內本鹿十四社，從卑南主山南鞍（又叫沙克沙克鞍部）越過中央山脈主脊，西邊沿著荖濃溪上游，往下游方向伸展，經過以古戰場著名的溪南山、石山，迂迴下降至六龜。西部所通過的部落都屬於布農族施武郡群。鹿野走通內本鹿理蕃道路後，再從寶來向東沿南橫貫公路前身的關山越嶺路入山。所謂抗日的布農族首領拉荷阿雷及布農族抗軍，集結於此理蕃道路北側，亦即拉庫音溪畔的塔馬荷社，實際上距離道路有一段路程，但是抗軍出沒無常，此越嶺道仍屬高度警戒區。按拉荷阿雷這一支台灣「最後未歸順蕃」，直到昭和八年（一九三三年）四月二十二日才棄械「歸順」，所以鹿野走這兩條理蕃道路時，路況大概不錯，但隨時隨地有被割首的危險。

林、斷崖，宛如一個天然要塞，拒人侵入。

濁水溪中游郡大溪支流一帶，布農族「郡大蕃」的部分族人，最近祕密地離開日警監視網，遷到拉庫音溪塔馬荷社，投入拉荷阿雷的旗下，關山越嶺道一帶突然變成硝煙彈雨之地，被宣佈爲最危險地區。這一帶是日本領有台灣以來，布農族傳統上抗拒日警勢力入侵的地方，因而這一帶山區都沒有作過地形測量，在地圖上是一片空白，現有的地形圖只標示概略的地勢而已。❺

從拉荷阿雷勢力範圍沿著荖濃溪下降，鹿野回到平地，再從屏東縣來義鄉入山，去訪查來義社和大武山下的各蕃社，然後繞至東海岸，調查太麻里溪下游的排灣族「太麻里蕃」（東海岸群），也調查屬於卑南族的知本社，轉至台東。他健壯的身影再出現於台東廳警務課時，植田課長著實嚇了一跳。

七月，台北高校的學生放暑假。鹿野聽說高校山岳部學生決定在老師齋藤齋及船曳實雄帶領下去縱走雪山至小

---

❺明治、大正年代的高山地形測量，未及中央山脈卑南主山南北主稜東側部分，因而鹿野於昭和四年來時，地形圖上仍是一片空白，甚至塔馬荷社的正確位置都沒有標示。沒有精確地形圖指引之下翻山越嶺，猶如失去羅盤的船在海上漂流，不免讓人恐慌。至於郡大溪布農族潛入塔馬荷社事件，指昭和三年（一九二八年）郡大溪的布農族五戶、四十八名壯丁遷入抗日的塔馬荷社，曾引起日警緊張，當時塔馬荷社及附屬小社人口是三十二戶、二九二人。鹿野行走於尚未正式開工興建的關山越嶺道，沿途沒有警官駐在所，所以他在昭和四年進入本區的活動，顯示他不顧危險作學術探查的熱忱。鹿野走通內本鹿越嶺道全段及關山越嶺道的部分路段，可以媲美二十九年前，亦即一九〇〇年，鳥居龍藏走通八通關古道的壯舉。

雪山的長稜，就加入這支隊伍。當時屬於泰雅族的山區情勢還不穩，出發前不久才開放負有公務的人員進出志佳陽社（環山）的許可。

這支隊伍從志佳陽社上山，登上雪山主峰後，沿著西稜登越火石山（標高三、三七七公尺）、大南山（標高三、二三六公尺）、弓水山（標高三、四〇〇公尺）、大雪山（標高三、六〇〇公尺）、湖畔山（標高三、二〇八公尺）、小雪山（標高三、〇四三公尺）後，下降到大甲溪畔的烏來社（今中橫青山）。八月，鹿野去走芃芃越嶺道（今北橫前身），走通這一條越嶺道後結束了畢業後第一年的長期調查旅行。

鹿野在台灣花費半年連續往山中調查的昭和四年及前一年，亦即一九二八年下半年至一九二九年，在某種意義上是日本動物學界最重要的一年。

從一九二八年下半年起，陸續有「日本貝類學會」、「福岡虫の會」、「日本生物地理學會」創立。次年一月，「生き物趣味の會」創立後，學界及非學界人物紛紛各自成立研究動物的同好會或學會，呈現異常的盛況。這些新成立的還包括「東京虫乃會」、「蝶類同好會」、「應用動物學會」、「日本寄生虫學會」，以及岸田久吉個人創立的「蘭山會」等。

各學界人士、地方的私人研究者及愛好自然者人數暴增，幾乎在全國各地形成研究集團，可以說研究動物的風

氣突然開始普及的時代罷。其中，「東京虫乃會」是以橫山桐郎和他在東京農大所教過的學生爲中心成立的會。「生き物趣味の會」則是學者和同好人士聯合創立的，當時還是學生的瀨川孝吉擔任幹事，發行會報《阿米巴》。鹿野可能應瀨川催稿，寫了幾篇在台灣採集旅行的短訊，交給《阿米巴》刊載，回到東京後有時候參加他們的聚會。

鹿野聽到「生物地理學會」和「蝶類同好會」已成立的消息後，立即加入，同時也加入有悠久傳統的「東京人類學會」。「蝶類同好會」是以江崎悌三爲中心組成的一個會，發行會誌《Zephyrus》，鹿野爲這份會誌寫了有關台灣產高山蝶及紀行文章。

鹿野終於回東京參加東京帝國大學的入學考試，考上理學部地理學科，於昭和五年（一九三〇年）四月入學。一個熱中於追捕昆蟲，同時對台灣原住民民族調查下過功夫的人，怎麼會選上地理學呢？

這奇妙的選擇是有緣由的：自從大島正滿掀起華萊士線北伸的可能性問題以來，鹿野經過實地調查後發現紅頭嶼動物相與華萊士線有關，爲了進一步研究這個問題，他認爲從自然地理學的角度切入是必要的。另一方面，台灣的山和日本列島的山不一樣，日本的山屬於「傾動地塊」（一面是斷崖連綿，另一面呈緩坡面的山塊），而台灣的山則屬於喜馬拉山系及歐洲阿爾卑斯山系那種「褶曲性山

塊」。也許這令人驚異的台灣大自然，誘導這個愛好自然的年輕人，朝向地形學方面研究。

　　當時的東京帝大是標榜唯一設有地理學科的大學。鹿野尊重父母的希望回東京升大學，那麼地理學可能是他最佳的選擇。他選擇東京帝大，可能是台北高校老師們所屬意的。三澤校長曾經表示，他不希望台北高校畢業生考台北帝大，希望畢業生回到內地考東京帝大或京都帝大。他相信畢業生考上這兩所大學的比例高或低，會直接反映在台灣新設的高校評價。實際上，三澤校長的意見和台灣總督府的教育方針有所牴觸，成為他和當局對立的重要原因。

　　鹿野雖然熱中於研究昆蟲而常常出入於素木得一的研究室，但沒有選擇台北帝大理農學部新設的「素木の教室」（昆蟲學、養蠶學講座）；雖然已深入研究台灣原住民，但也沒有選擇台北帝大文政學部新設的「移川の教室」（土俗人種學講座）。在地理學、地質學方面，台北帝大當年已有相關的講座，那是早坂一郎教授所主持的「古生物學講座」，但是還沒設立自然地理學講座。

　　當各大學入學考試的日子快到的時候，鹿野的母親曾經寫了一封信給素木教授，希望他說服她的兒子趕快回東京。她的口氣幾乎是懇切的求助，她的兒子自從高校畢業後，像野馬一般到處奔跑，無人能加以制止。素木既然接到這一封信，自然無法橫著心勸鹿野留在台灣，在他的研

究室學習。

　　我們不能忽視台北高校植物學及地質學老師對鹿野的薰陶和影響。神谷教授和三澤校長一樣，曾給鹿野高度評價，他是東京帝大知名的植物學教授三好學（人名）的高足，來台北高校授課時，已經開始撰寫《植物地理學》（此書於昭和八年出版），從區域地質史的觀點，研究高山植物相的由來。他看到鹿野也有同樣的研究趨向，給予肯定和勉勵。

　　另一方面，鹿野最早從齋藤教授學習自然地理學與地質學，也透過齋藤教授的協助，面對著台灣大自然，實地學習台灣島的地質發育史和地形學等。齋藤教授早年在東北帝大就讀的時候，曾經向當時任教於東北帝大的早坂一郎教授學過地史學和古生物學。鹿野住在台北高校的學生宿舍時期，剛好齋藤擔任舍監之一，也擔任旅行部（即山岳部，鹿野擔任部長）的指導老師，同時是鹿野在高校最後一年的導師，自然鹿野受了這位老師的薰陶，決定了他未來要學習的方向。

　　東京帝大理學部地理學科，是大正八年（一九一九年）七月才創設的科系。首任的山崎直方教授已經在昭和四年（一九二九年）去世。鹿野入學時系務已由助教授辻村太郎接替。與鹿野同時選入地理學科者，是淡路正三、遠藤忠次、佐佐倉航三、仁木盛雄等人。高一年級的學生有村田貞藏（後來擔任東京都立大學教授）、竹內常行（後來

的金澤大學、早稻田大學教授）。大學院的研究生中有專攻山岳地形的岡山俊雄（後來擔任明治大學教授）、研究湖沼學（水文學）的吉村信吉等人。

吉村在大學院時期，沒有向辻村教授學習，反而投入於開拓日本湖沼學的田中阿歌磨門下受教。吉村教鹿野水質測定的基本知識，也委託他測定台灣高山水池的水質。吉村在研究室作水質實驗的時候，很隨和地和其他學生聊天，有時候忽然對大家說：「昨天寫論文，寫著寫著，竟然完成了五篇！」他不斷地提出論文。

鹿野已經在各學界刊物上發表過很多論文，所以，雖然是一個大學生，卻是卓然自立的研究者。他在地理學方面，則是剛剛起步的階段。

鹿野進大學的那一年（昭和五年），台灣發生了近代史上最不祥的霧社事件。十月二十六日，霧社尋常小學校（日人子弟學校）、霧社公學校（台灣漢人子弟學校）和分屬馬海僕社（Mahebo）、博阿倫社（Boarun）的蕃童教育所，在霧社公學校操場舉行聯合運動會。突然霧社一帶的泰雅族原住民蜂起，殺進運動場，把在場的日本郡守、警察、學校教職員、農事指導員及他們的家族全部殘殺，世稱霧社事件。

這一件不幸事件發生後，日本陸軍和警察隊隨即出動，與起義的原住民交戰。當時遠在日本的鹿野非常憂慮，因為在報刊上看到頭目莫那魯道的名字及他所認識的

泰雅朋友名字，使他感到一陣預感成爲事實的恐怖，他直覺地知道這是平時受欺壓的族人，把抑壓於心內的憤懣一齊宣洩出來的。

過去在山區奔跑的鹿野，每次在部落目睹殖民政策，尤其對山地所實施的強硬理蕃政策，提出批評。他想起當時老是有一句話要說出，但總是悶在肚子裡：「在山地光是用飼養貓的方法，教化原住民爲順民，是絕對行不通的。」

事件發生後的第八天，鹿野寫了一篇短評，投給東京的《朝日新聞》刊載：

這次泰雅族霧社群的蜂起是我心中的痛。過去我在霧社一帶受到事件中遭難的警察很多照顧，我爲他們的不幸遭遇和蕃地失去安寧而悲哀。事件的發生一定有原因，我過去和他們相處，一直在擔心有骨氣的族人會起來反抗。就本人能憶起的，事件背後的原因不只一個。（《東京朝日新聞》，昭和5年11月3日）

當時，外界猜測日本人首次被集體割首，是出之於蕃人傳統的迷信，或群眾心理所引起。鹿野率先在報紙上暗示事件的起因，是官方對原住民的壓制。

他知道馬海僕社（Mahebo）頭目，同時是霧社群領袖的莫那魯道，其處境和明治初年西鄉隆盛一樣，對於莫那和長子塔達歐・莫那，以及赫哥社（Hogo）頭目塔達歐・諾干（都是鹿野的朋友）的安危，感到焦慮不堪。❻

次年四月，繼而發生「第二次霧社事件」。第一次事件中被捕的「反抗蕃」被集體收容在西寶社（Sipao）和霧社支線上羅多夫社（Rodofu），但是第一次事件中支援日軍作戰的「味方蕃」（友方，塔烏查群）在日警教唆下暗中襲擊收容所，造成全面殺戮事件，再度在台灣理蕃史上留下污點。❼

　　這一年，日本生物地理學會發行紅頭嶼動物相專輯，厚達二三七頁，其中大部分是鹿野的論文，幾乎成為鹿野忠雄專輯。他將前一年開始撰寫的幾篇論文交出，附上自己在紅頭嶼發現的三種象鼻蟲及其他三種(印成原色圖版)，首次向學界提出，為紅頭嶼動物地理學升起了一面旗幟，宣示他在這方面的研究進展。

　　日本生物地理學會是一個很特殊的學會。除了日本以外，只有法國有一個冠上「生物地理」名稱的學會。生物地理學會創立伊始，由鳥類學者蜂須賀正氏擔任會長，評議員之中有黑田長禮、鷹司信輔、內田清之助、山階芳麿等鳥類學者。

　　昭和六年（一九三一年）的暑假，鹿野急忙地再度向

---

❻西鄉隆盛在日本人心目中是一個悲劇英雄。這位對明治維新有功的政治人物，於明治十年發動「西南戰爭」與政府軍對抗，戰敗而自殺。此處鹿野將馬海僕社（今蘆山溫泉）頭目兼霧社事件總指揮的莫那魯道，比擬為西鄉隆盛那樣的悲劇人物。

❼塔烏查群指聚居於蘆山北方屯原、平靜、平和的泰雅族，原本與霧社群為世仇，在霧社事件中站在日本軍警這邊，與起義者作戰。

台灣山岳進軍。這次目標是雪山山脈和玉山山脈的山岳地形調查，做爲即將全面展開的「台灣生物地理學調查」和「台灣原住民調查」的預查。這一年暑假中的各梯次山旅都留下記錄，後來結集爲一本書：《山と雲と蕃人と》（昭和16年出版）。

《東京人類學會雜誌》曾經刊載他在台灣的行蹤如下：

> 七月七日，我從神戶搭船出航，前往離別二年的台灣，預定在台灣停留二個月。首先我將在台北調查，然後南下到中部玉山一帶調查一個月，最後回到北部的新竹，再向東部宜蘭方面的南澳調查。（《東京人類學會雜誌》，第46卷7號）

因爲霧社事件發生後的次年，總督府全面禁止一般人及負有公務的官員進入高山地區，除了像玉山的一條大眾化路線及北部淺山地區仍開放外，高山全域變成禁區。

但是，鹿野卻能夠單獨地從七月中旬起，縱走雪山山脈各峰，回到台北後，又整裝出發，於下旬前往布農族的地界——玉山山脈，也順便攀登玉山隔鄰的中央山脈幾座高峰。爲了取得入山許可，他用強硬的說服力，獲得日警的准許，但是部分的縱走路線卻是在許可範圍外。他爲了擺脫日警的隨行保護，偷偷地單獨進入山區，無視於警方的緊張與掛念。他在很自由，但心中感到緊張的情形下，完成了充滿活力的攀登，在短期間內打破了驚人的，連登

最多高峰的紀錄。❽

　　發韌於西歐的Alpinism（歐洲阿爾卑斯登山運動）傳播到台灣，大致上是在昭和年代。大正末年沼井鐵太郎等人手創「台灣山岳會」，而眞正在台灣生根、茁壯的登山運動是昭和二年（一九二七年）沼井與伙伴首登大霸尖山以後的年代。

　　但是，當時一般登山者所能攀登的目標不滿十指，「蕃地」依然拒人於千里之外。況且，即使得到入山許可，想要在山區活動，處處都要依賴進出當地狩獵區的原住民幫忙揹裝備，所以登山費用頗高，不是一般人所能輕易進行的。

　　當時登山隊要雇用原住民的理由，是除了他們熟悉地形，有賴於他們嚮導外，平地人不得不遵守原住民間千百年來所嚴密制定的入山限制──祖先所遺留的土地，只准許獲得當地狩獵權的族人進出，沒有他們同意或陪伴，任何外人不得擅自進入山區。假如有人違背當地的禁忌，會招來極麻煩的後果，也就是成爲獵首的對象，所以登山隊要由占據當地的原住民帶路隨行才可以。

---

❽依照鹿野忠雄《山、雲與蕃人》，他在昭和六年（一九三一年）夏季，所向披靡似地逐段完成(1)玉山南峰與南玉山縱走、(2)玉山東峰東北路線的處女攀登、(3)秀姑巒山脈縱走、(4)達芬尖山的單獨攀登、(5)東郡大山支脈的縱走及(6)馬利加南山、馬博拉斯山縱走。他記錄玉山山塊與秀姑巒山塊密集踏查的文章結集後，於昭和十六年（一九四一年）出版，書名《山と雲と蕃人と》是鹿野靜子夫人親自爲他題署的，富有紀念價值。

而行使狩獵權的地區，其設定的方式又因地區不同、族群不同而有所差異，最理想的辦法是聽從他們的決定。

　　就泰雅族來說，各部落都有各自的獵區。但是，布農族卻不一樣，一個部落由數個不同氏族的族人構成，而各氏族也有各自的獵區。所以，某氏族自古以來領有的獵區不准別氏族的人進入，而且因爲一個氏族常常分居於兩個以上不同的部落，所以獵區與部落的關係複雜，並非單純的一對一的關係。

　　台灣山岳與日本不同，這裡山體魁偉，擁有險絕的斷崖、深邃的溪谷，而且自從太古時代以來原始林密布於此，拒人闖入。壯麗的山岳激起青年鹿野無休止的鬥志。

　　就山岳等高線圖來說，日本內地的測量完成得早，除了一部分的離島以外，日本列島的測量已於大正十四年（一九二五年）完成，由陸地測量部繪製的全國五萬分之地形圖，也於昭和五年（一九三〇年）完成，並開始對外發行。

　　台灣由於大自然峻嚴，高山原住民排拒外人入侵，到了鹿野縱橫於高山地帶的年代，台灣的山岳測量尚未完成，相關的地形圖也沒有整理完畢。高山原住民居住的地區，有挺拔的高峰連立，這是測量隊所無法輕易進入的危險地帶。陸地測量部所繪製的「台灣五萬分之一地形圖」，從昭和初年起陸續刊行，直到昭和十九年（一九三四年）

才完成測繪。❾

　　前述的玉山山塊至南方的中央山脈卑南主山一帶山區，到了昭和五、六年的時候，山脈西部已有五萬分之一地形圖的標示，但是屬於中央山脈南段的卑南主山東側部分，則在地形圖上是一片空白，雖然不能說是「未爲世人所知的大地」，但是相差不遠。

　　日治時代，台灣日日新報社陸續發行的多枚「五萬分之一蕃地地形圖」，部分是根據明治年代測量，加上「觀望資料」，由台灣總督府民政部警察本署繪製而成的。鹿野走過的卑南主山以東「內本鹿越嶺道」東段部分，則只有粗略的等高線標示，大斷崖等細密地形都沒有標示於圖上，除了主要的高峰附有山名外，大部分的山是未經命名的無名峰。雖然如此，這些由警察本署繪製的蕃地地形圖，標示著山稜、溪流與「蕃社」的相對位置，所以被學術調查隊及登山界所珍惜、利用。

　　台灣的高山溪流迴繞於前人足跡未至的原始群峰之間，沿溪分布著很多原住民部落，當年入山活動都伴隨無數困難與危險，所以活動本身充滿著浪漫的氣氛。

---

❾原文與事實有出入，改述如下：台灣五萬分之一地形圖，早於明治四十年（一九○七年）起至大正五年（一九一六年）由台灣總督府警察本署及改正後的蕃務本署著手測繪，完成六十八枚，叫做「台灣蕃地地形圖」，以後由大日本帝國陸地測量部接辦，繼續測繪五萬分之一地形圖，至昭和十三年（一九三八年）完成一百十七枚，但因爲中日戰爭及太平洋戰爭爆發，玉山南峰以南東側中央山脈心臟地區的測繪未能完成。戰後，由聯勤測量署完成全島的五萬分之一航照地形圖。

鹿野於七月間花三個星期溯行大甲溪至源頭，從志佳陽社登雪山主峰，作雪山東稜的精密調查，也從佳陽社攀上油婆蘭山（標高三、三一一公尺）縱走大劍山（標高三、六一三公尺）至雪山，這是台灣登山界大劍山支脈的首次縱走，實踐地理學學生應作的地形觀察。❿

　　次高山（雪山）的登頂已有三次，以前兩次攀登的時候，只注意到地形特殊，與眾不同，未料第三次探查時，發現雪山地壘有很多冰蝕地形特徵之一的Kar（圈谷、冰斗），鹿野成為台灣冰河地形的第一個發現者。鹿野在台灣從事博物學研究中，多次發現新品種，至於冰蝕地形的發現，則是地形學上的一次重大發現。

　　雪山的活動結束後，他先回台北。七月二十七日再出發，前往玉山方面。三十日，他從東埔社（南投縣信義鄉東埔一鄰）出發，偕同兩名布農族嚮導去攀登郡大山（標高三、二九二公尺）。這次登頂，是繼吉井隆成於大正十五年首次完成探險和登頂後的第二次登頂。

　　鹿野登高山的時候，因為進入獵區的關係，都有原住民隨行。他有布農族相伴的時候最得意而且最有活力，因為所有台灣原住民中，布農族的高山嚮導具備古武士般高

---

❿實際上，東京帝大地理學科學生的鹿野忠雄不只觀察地形，也採集標本，全面清查雪山地壘的生物分布，因為生物地理學是他專攻的科目。昭和十六年（一九四一年）他向京都帝國大學提出的博士學位論文，題目是「次高山彙の動物地理學の研究」。

雅的氣宇與重視情義、負責到底的作風。

　　時序進入八月後，已經有颱風來襲。八月四日鹿野帶著四名在無雙警官駐在所管區內哈伊拉羅社（Hairaro）所雇用的布農族嚮導，他們是Wanlik Takeshigianan、Haisulu Takeshitahayan、 Atol Takeshimolan，以及Aslan Takeshitahayan，從無雙沿著Sasarube稜線，迂迴到駒盆山（處女峰，標高三、一二六公尺），繼續沿著馬博拉斯山的西北稜上到馬博拉斯山（標高三、八〇六公尺），然後朝南縱走秀姑巒山至大水窟山，從大水窟循八通關古道向西到「南」（Minami）駐在所。這次縱走行動中，駒盆山是首登，而從西北側攀登馬博拉斯山的路線，也是他開拓的處女路線。鹿野也從這次活動中，發現地形圖所標示的馬博拉斯山，布農族把它叫做烏拉孟山，而所謂秀姑巒山，應該叫做馬霍拉斯山。

　　八月八日，鹿野單人去攀登達芬尖山。這一座山的攀登路線和抗日的布農族首領拉荷阿雷所控制的獵路交叉，被視為台灣最危險的山區，過去還沒印上登山者的足跡。因為哈伊拉羅社的族人不願意接近那個地方，在無法說服之下，鹿野單獨去攀登。

　　面臨危險，鹿野的冒險精神反而高昂。他身懷一把護身用的短刀，從「南」駐在所出發，行行復行行，不知不覺中已陷入拉荷阿雷的獵區，衝破危險登頂了。他以為是

---

❶鹿野忠雄身懷短刀登山，這是一種刀身厚重，可以刺穿甲冑的短劍，日文叫做「兼光の鎧通し」。

首登，想不到山頂已有Cairn（堆石），所以他是原住民及首登者以外的第二登，或第三登，在山頂不覺憮然嘆息著。❶

大正年代以前的台灣山岳活動，從最早的「討伐隊」侵入蕃界，和地形測量隊在重重警戒下進入山區測量拉開序幕。明治年代擔任測量的蕃務本署主任技師野呂寧可以說是這一期測量與登山的代表。他帶領測量隊攻頂，每次都做成記錄，所以很多台灣高山的首登是由他和測量隊所完成的探險登山，在台灣登山史上列為原住民以外的記錄保持者。

此外，為因應產業需要，總督府也派山林調查隊入山，他們的行動也造成很多高山被踏遍。鹿野來攀登尖山以前，亦即前年，尖山已經被殖產局山林課的調查員攀登過，過去山林課沒有公開報導，難怪鹿野不知道。即使不是首登，本次尖山單獨行實質上是鹿野的一次冒險登山，好不容易揭開了學術上被視為中央山脈最後黑暗地帶的面紗。

他縱走群峰後，巡察各地的山地部落，途經郡大溪畔的布農族郡大社（Asang-bukun），想由此直登東郡大山。但是，位於丹大溪畔的丹大社（Haol-vatan）發生暴動，當局實施警察緊急召集令，對於鹿野的申請登山，發出強制性的中止命令。事情的原由是這樣的：丹大社的一個布農人與丹大駐在所的一個警備員決鬥，之後，這個布

農人警告對方說：「兩、三天以內要回來取你的頭，要小心啊！」講完就消失於山中。本來部落的人和駐在所的警備員不和，碰到這次個人的爭執，部落人變得殺氣騰騰，一時包圍駐在所。

鹿野不得已把登山目標轉向玉山山塊。從八月十日起連日下雨，所以等到二十三日才從無雙駐在所出發，〔沿著理蕃道路「中之線」南行，〕經由觀高、八通關前往玉山連峰。

八月二十七日，鹿野從荖濃溪溪源北側的「新高駐在所」（八通間與玉山之間，標高約三千公尺），偕同駐警眞瀨垣丑丙、布農青年Makili Takeshitahoan，先攀登玉山，然後登越南峰至南玉山（標高三、三九一公尺）。南玉山是首登。因為玉山南峰以南是拉荷阿雷一族活躍的範圍內，所以Makili所攜帶的長槍，不只是要獵取水鹿或山羌做為標本，也有保護隊伍安全的目的，可見此行在緊張中完成玉山──南玉山縱走。

二十九日，鹿野、眞瀨垣、Makili三人從新高駐在所出發，直接切上東峰東北稜的北側岩壁，開拓落石纍纍的新登路，登上玉山東峰頂（標高三、九四〇公尺）。鹿野在山頂附近發現地質學上珍貴的「漣痕」，這是太古時代沈積於海底的水成岩被波濤刻畫而成的一種「波濤化石」，後來隨著造山運動隆起，曝露於山頂附近。這一個發現是此行最大的收穫，與上次在雪山地壘發現很多圈谷一

玉山主峰與東峰（左）間的崢嶸山容。鹿野忠雄偕一個布農族青年由此攀登，
完成東峰北壁的首登。照片原載日本山岳會會誌《山岳》（鹿野忠雄攝）。

位於玉山東峰下北側的新高駐在所，海拔3,000公尺。鹿野忠雄由此攻上玉山
東峰（海拔3,940公尺），完成北壁首登。（楊南郡提供）

樣，是他在台灣高山傲人的學術發現。

　　幾天前從南玉山摸黑下來的時候，在新高駐在所接到通知，說當局答應他進入東郡大山一帶，於是鹿野立即於三十日急行到郡大社，三十一日人已開始攀登了。從這一點可以看出鹿野激烈的登山意願。

　　丹大駐在所被包圍的事件剛過去，警方提出不派警備員保護的條件讓他去攀登，鹿野說太好了，這正合我意。雖然可以自由活動，但是已逃亡的丹大社住民可能在東郡大山的山區，所以此行帶有危險性。鹿野帶郡大社的三名布農族，Funreb Takeshichibanan、Pakke和Lili，從郡大社出發。

　　九月一日，他們攻上東郡大山（標高三、四八七公尺），這是大正十一年（一九二二年）殖產局山林課的吉井隆成首登以來的第三登。鹿野等人從東郡大山向北縱走至宇達佩山（標高三、四八四公尺）、東巒大山（標高三、四六五公尺，鹿野首登），回到主稜線南行，連續踏越本鄉山（標高三、四四一公尺）、櫧山（三、三五五公尺）、無雙山（三、二四六公尺），完成東郡大山支脈的首次縱走，下降到郡大溪東岸的馬西他崙社（Mashitarun）。 ⑫

　　此行，鹿野從東郡大山主稜展望時，發現一條「蕃地

───────────────────────────

⑫原文說：「東郡大山是大正十五年高野鋼治前往調查時完成首登」，有誤。
　實際上在大正十一年已有吉井隆生完成首登。

地形圖」上所漏繪的大河谷，從櫧山伸向馬博拉斯山方向。即使精確度不夠的蕃地地形圖，也不應該有這樣的缺失，所以鹿野很驚訝。

　　九月五日，鹿野決定親往這神祕大河谷調查。他雇用哈伊拉羅社的三個布農人：Wanlik Takeshigianan、Teian Takeshitahayan、Subari Takeshitahayan，從無雙出發，首先沿著哈伊拉羅溪到上游方向，再沿支流馬斯布爾溪溯行，然後橫繞馬博拉斯山北稜，東下烏利班霍爾溪，發現原來在東郡大山主稜展望到的大河谷。鹿野繼續向東繞行，從北稜登上馬利加南山（標高三、五六六公尺），回程時循馬博拉斯山北稜登頂（標高三、八〇五公尺），然後沿著西北稜下降，於九日回到無雙駐在所。❸

　　本次山旅的過程中，鹿野試著要過布農族獵人的生活。因為要真正體驗山野的原始生活，最理想的方法莫過於與部落人一起行動，分享他們的食物，一起宿於獵寮，完全照他們的生活方式過日子。

　　有一個晚上，老獵人Wanlik把他捉到的一隻珍貴的台灣高山田鼠（台灣特有種，過去學界只捕獲幾隻，且寶貝似地製成標本）丟進火堆裡燒烤，供四個人分吃。布農人

---

❸原文只簡略地羅列所登的山名，譯文參照鹿野原作《山と雲と蕃人と》，補述鹿野所採取的路線情形。他所走的是昔日的獵路，不是今日登山隊採行的馬博拉斯山橫斷路線。譯者曾經迂迴走過這幾條馬博拉斯山北邊河谷，最後登上郡東山，確認鹿野所述內容。

每天炊煮小米飯，而鹽漬辣椒是唯一的副食品。眾人圍坐於地上吃飯的時候，一根辣椒輪流傳到每人手裡，大家邊吃飯，邊咬一口辣椒。鹿野曾經宣稱：「看布農人富有詩意的山中生活，是我平生最大的快樂！」但是，光用鹽漬辣椒佐飯，分吃沾著眾人口水的一根辣椒，使他本能地退避三舍。

鹿野在無雙和三個布農族伙伴握別，沿著郡大溪道路，經由巒大駐在所，離開二個多月來連續做激烈登山運動的「蕃地」。

這是台灣登山史上首次出現的壯舉。從來沒有人能夠像他那樣，長時期進行連續不斷的登山活動。他不是總督府官員，只是一個登山者兼自然科學研究者，他沒有借用官方的力量，卻自己開拓新路線，也嘗試了艱難的高山首登，同時進行生物新品種的探查與發現。鹿野所締造的成績，可以匹敵明治、大正年代官方隊伍在地理測量、山林資源探查方

山と雲と蕃人と
——臺灣高山行——

鹿野忠雄 著

中央公論社版

鹿野忠雄的處女作《山、雲與蕃人－台灣高山紀行》的封面，1941年初版。

面的血汗業績。如此這般，現在鹿野已經為自己建立了純登山家的鞏固地位。

昭和六年（一九三一年）夏季七十天的高山歷險記錄，全部收錄於鹿野的《山と雲と蕃人と》一書中。紀行文章清麗、高雅，每一篇都散發著為台灣原始的山而沈醉，為觀照大自然而努力的心情，讀起來令人興趣盎然。

這本書在昭和十六年由中央公論社出版，扉頁是鹿野在中學時期的親友藤田圭雄所設計。書即將出版的時候，鹿野一時想不出書名。身旁的新婚夫人對他說：「書名叫做《山と雲と蕃人と》怎麼樣？」鹿野一下子就中意這個書名。啊，白雲去來的台灣深山，被雲霧圍繞的高峰！大自然裡沒有一件東西比山更孤寂，而唯一能打破這萬年孤寂的，是布農族的高山狩獵！這個以「山」、「雲」、「原住民」並列的書名，非常適合為鹿野一生中在台灣狂熱登山研究的階段，作一個詮釋。

大學二年級的鹿野，不但在台灣交出驚人的登山成績單來，也在開始遙想喜馬拉雅登山、夢想到東南亞作民族調查，以及到擁有很多高山的新幾內亞高地踏查！這個時期，他在台灣做冒險性的集中登山，無非是要訓練自己，要預測個人的能力極限。

回到東京帝大後，鹿野平日大半時間都在人類學教室圖書室內涉獵文獻。另一方面，他撰寫地形學的論文，整理在台灣發現的台灣擬食蝸步行蟲 *Carabus nanko*

taizanus，當時稱爲*Damaster nankotaizanus* Kano的資料，寫成一篇記錄發表，展現他多樣性的才華。

昭和七年（一九三二年）八月，鹿野的啓蒙老師橫山桐郎在農林省蠶業試驗場技師在職中，因爲過勞猝死。曾經引導鹿野走進昆蟲世界的橫山，平時健康不佳，但是竟然以三十六歲英年早逝，使鹿野十分哀傷。

昭和八年三月，鹿野從東京帝國大學畢業。自從昭和四年美國紐約市股市連續暴跌以來，間接地造成日本經濟恐慌的餘波未止，這時候日本退出國際聯盟，國內軍部勢力抬頭，逐漸在左右政治，社會上呈現一片鬱悶的氣氛。

第六章

台灣冰河圈谷的發現

台灣與紅頭嶼自然地理學、動物地理學

鹿野在雪山發現冰河圈谷的遺跡，使他在台灣本島及紅頭嶼的動物地理學研究，更加順利。這個時候，正值日本各學界之間的冰河論爭邁入第二期前夕，鹿野向日本學界首次提出台灣冰期冰蝕地形的存在，因而立即被捲入這論爭的漩渦中。❶

今日幾乎沒有人懷疑日本曾經出現過冰河時代，構成日本本州主脊的北、中、南阿爾卑斯山脈及北海道日高山脈，曾經有冰河分布過。但是，「日本冰河說」成爲定論以前，曾經度過兩次冰河論爭期（均屬研究活性期）及一次間歇期（研究停滯期），猶如地球在更新世年代分爲冰期和間冰期。

最早注意到日本本土冰期問題的人，是在日本大學任教的美籍教授B.S. Lyman。另一位是英籍教授J. Milne，他實際上提到冰河遺跡，作爲日本冰期曾經有冰河存在的理論依據。這是明治十四年（一八八一年）的事情。

針對這個學說，部分在日本的外國人提出反對意見，認爲日本的山不怎麼高，不可能有冰河存在。據說，當時

---

❶冰河圈谷，指山頂附近被山岳冰河侵蝕所形成的馬蹄形窪地。由於岩壁凍結與融解引起碎岩剝落，隨著冰河向下移動，以及河底的研磨等所形成的。德文：Kar（圈谷）、Kargletcher（圈谷冰河），英文：Cirque，中文：圈谷，又稱冰斗。至於冰河地形、冰蝕地形，則是由於冰河的侵蝕作用（亦即冰蝕作用）及搬運、堆積作用所造成的地形，有圈谷、U字形谷、堆石堤、冰蝕湖等。英文：Glacial landform。雪山主峰西側的翠池及品田山東側的耶婆蘭池都是冰蝕湖遺跡。

日本人還沒開始關心本國是不是有過冰河。這是研究冰河問題的黎明期。

日本學者中，最早提出冰河問題者，是將歐洲的地形學理論引進日本的山崎直方博士。當時，山崎是東京帝大理學部教授，他曾經到維也納大學，在冰河學者A. Penck門下研究，返國後立即登上北阿爾卑斯山脈的高峰「白馬岳」（標高二、九三三公尺）調查，他也到立山連峰中的藥師岳（標高二、九二六公尺）和立山（標高三、○一五公尺）調查，發現山頂都有小圈谷的存在；在大日岳山頂附近發現屬於冰河遺跡的堆石堤（冰積丘），在白馬岳東側北股澤發現遺留著冰河擦痕（冰蝕條痕）的岩盤及側堆石，預測日本列島高山在冰期中曾經有冰河存在，這是明治三十五年（一九○二年）的事。（〈冰河果して本邦に存在せざりしか〉，《地質學雜誌》第9卷）。

山崎教授接著於明治三十八年（一九○五年），論及針ノ木岳、野口五郎岳、藥師岳、立山等高峰的圈谷和堆石堤。（〈高山の特色〉，《地學雜誌》第17卷）

提出反對意見者，是同樣在東京帝大理學部任教的橫山又次郎教授（橫山桐郎的父親）。橫山於明治四十四年（一九一一年）提出日本本州關東地方的貝殼化石相及房總半島房州沼的珊瑚礁，論及更新世時代，日本的氣溫大致上溫暖，不可能有冰期，因而完全否定冰河說。

鹿野在學期間擔任地理學科主任教授的辻村太郎

（山崎和横山爭論時，辻村是大學生），則斷定日本山岳的圈谷地形是懸垂冰河所造成的。（〈日本アルプスと既往の冰河〉，《山岳》，昭和6年）

同一年，包括登山家小島烏水的部分人士認為圈谷是萬年雪所形成的，提出「雪蝕論」肯定冰河現象的存在。

橫山教授在大正二年（一九一三年）繼續反對冰河理論。同年，東北帝大的地質學教授矢部長克，主張更新世的氣候寒冷，而橫山所舉的珊瑚礁是更新世初期才形成的，從這個論點指出橫山舉證錯誤，但是橫山還是不退縮，繼續否定冰河說。這正、反兩面的論爭沒有停止。後來，比山崎晚幾年到奧國投入A. Penck教授門下的東京高等師範學校教授大關久五郎也加入論戰。日本冰河問題的爭論延續了大約十年。

後來經過研究停滯期的階段，由於京都帝大地理學者小川琢治於昭和六年（一九三一年）十一月，提出「低位置冰河說」而再度點燃冰河論戰。依照小川理論，不但高山地帶，山麓地帶也有冰河遺跡。以前學者爭論高山地帶有沒有冰河問題，小川進而要承認更低海拔的位置也有冰河遺跡。因為小川這位當時的地理學界權威提出極端的論點，學術界受到了極大震撼，吹醒了冰河研究的沈滯期。這個震撼據說持續了幾年，其間第二次冰河論戰又起，正、反兩派之間有激烈的交鋒。

當時，小川的「低位置冰河說」只停留在一個假設的

階段，幾乎沒有受到別人的支持，能否找到證據予以證實，可能還要等待長遠的歲月。但是，以此為契機，冰河研究者的人數暴增，刺激了日本列島及台灣、朝鮮兩個新領土的冰河研究，也帶來更顯著的進步。

昭和四年（一九二九年）從東北帝大調到台北帝大教古生物學與地質學的早坂一郎，推定晚第三紀上新世年代（五一○萬年前至一七○萬年前），台灣高山曾經高達五千公尺，所以當時高山頂端附近曾經有冰河。因為台灣高山受到激烈的熱帶性風化剝削作用，加上高山地帶的地質構造是粘板岩及砂岩，易於崩壞，所以無法期望台灣高山仍有冰河地形的遺存。他在〈地形及び地質に現れたる台灣島近代地史概觀〉（收錄於《台灣博物學會會報》第19卷）一文中，敘述了稍帶悲觀的意見。❷

這個時候，鹿野已登臨雪山三次。昭和三年（一九二八年）八月二十九日第二次站在雪山頂的時候，他向下方展望到山頂東北側有一個特殊地形面向東北方向，即使站

---

❷作者在早坂博士的推論部分做了夾註，說：「早坂的假設本身有問題」。按早坂教授在第二次世界大戰後留任台灣大學教授。他曾經參考矢部長克在一九二九年首次提出的論文 "On Some Remarkable Examples of Drowned Valleys"，而提出他有關台灣山岳高度的假設。矢部博士在那年調查台灣高屏溪出海口的海底，發現海面下六○○公尺處有溺谷，因此推斷台灣古時候曾經比現在高出六○○公尺，溺谷漸漸被海底沈積物所掩埋，而最近陸地隆起約二○○公尺，因此，古時台灣山岳比現在高出約一千公尺。最後，早坂推定古時台灣高山最高達五千公尺，亞熱帶地區的雪線，大約是海拔五千公尺左右，自然可以推想萬年雪和冰河的存在。

在雪山北方很遠處也可以展望到。曾經參與第一次冰河論爭的辻村太郎教授是鹿野的地形學老師，鹿野在學習地形學過程中，開始猜想：雪山頂附近的特殊地形景觀和冰河有關，一定是德語叫做Kar的冰河圈谷。他腦子裡越想越多，因爲早有早坂教授的悲觀論調，他還不敢斷定，他覺得最好再次去實地調查。於是，昭和六年（一九四一年）大學二年級放暑假時，爲了復查台灣高山地區地形，鹿野再度嚐試在他的書《山と雲と蕃人と》所描述過的，那種激烈的攀登、縱走行動。

這次他又站在雪山頂向四周展望。以前登頂時只是漠然觀看地形，而這一次是有備而來的。他仔細一看，原來山頂東北側的特殊地形，的確是一個很大的圈谷地形。和早坂的想法完全相反，台灣目前仍有冰河地形被保存下來！這一年的地形調查成果，於第二年才正式發表。結果，鹿野的論文連續刊出後，承繼引燃第二次冰河論爭的小川論文，成爲最初被提出的完整報導，好像向學界投出了一顆威力強大的炸彈。❸

昭和八年（一九三三年）三月，鹿野從東京帝大畢業了。由於多年來社會經濟蕭條的陰影依然存在，面臨「大學畢業即失業」的時代，他名義上留在大學院當研究生。同年三月，日本從國際聯盟退出，日本關東軍入侵中國大陸熱河省，軍方的勢力增大，一般日本人對於將來抱著不安的心情。

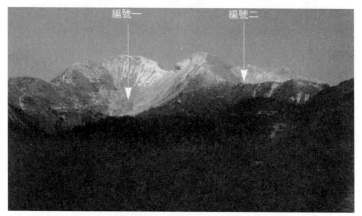

雪山圈谷。照片顯示從雪山頂向東北開口的圈谷（編號一）與從北稜角向西北開口的圈谷（編號二）。（蔡明欣攝，楊南郡提供）

台灣第二高峰雪山頂的冰蝕地形景觀（鹿野忠雄攝）。

❸關於鹿野忠雄的冰蝕地形論文，請參照他的〈台灣高山地域に於ける二三の地形學的觀察〉(一)與(二)，收錄於《地理學評論》第8卷第3號，昭和7年；〈台灣南湖大山彙に於ける冰蝕地形に就いて〉，《地理學評論》第10卷第3號，昭和9年（鹿野忠雄與田中薰合著）；〈台灣次高山彙に於ける冰河地形研究（第一報），共四篇，《地理學評論》第10卷第7號至第11號，昭和9年；以及鹿野在東京地質學會、日本岩石、礦物、礦床學會、日本火山學會、日本地理學會等四個學會的聯合演講會：第三部會（冰河問題），鹿野所作的演講記錄，刊載於《地質學雜誌》第41卷，昭和9年。中文的引述方面，參照台大前地質系教授林朝棨編著《台灣省通誌》卷一，土地志地理篇，以及楊南郡著《雪山、大霸尖山國家公園登山步道系統調查研究報告》，1991年。

這時候，鹿野已經步入穩健的研究生活。他認真考慮要研究他最重要發現之一的台灣冰期冰河問題，同時要解決與此有關的動物地理學。投入研究期間假如有就業機會，特別是研究部門的工作機會，他想也許可以接受，但是當前的先決條件是：親自處理這個龐大的課題。

　　鹿野立即草擬他的計劃。他要衝向雪山圈谷地形做學術調查，同時要細細地觀察雪山一帶的動物相，以便和紅頭嶼動物相做比較研究，那麼，他非雇用很多原住民腳伕不可，調查費用必然增加很多。

　　大學院裡有一群學長鎮守在那裡，要向大學或有關單位申請研究補助費，幾乎是不可能。那麼，向父親求助嗎？時代已經變了，這個似乎也沒有指望。鹿野的父親直司，是已擴編為東京都裡選出的淀橋區議員，家計並非寬裕，要照顧多病的太太和忠雄的弟妹，就已經是捉襟見肘。

　　鹿野陷入困境時，救星突然出現了。他是「日本鳥學會」的會長鷹司信輔公爵。過去鹿野偶而在生物地理學會的例會，和這位鳥類學界大老見過幾次面，想不到公爵早已看中了鹿野的才華，主動地向鹿野說，他願意提供長期居留台灣的資金援助，請他採集分布於高山地帶的鳥類。

　　於是，鹿野匆忙地作了準備，五月，偕同橫山桐郎的入室弟子明石哲三搭船到台灣。

　　明石是個怪人，聽說鹿野要到台灣作長期調查，馬上

表明要隨行，好像是古代武士抓起長劍衝向集合點，但來不及把劍插進腰際那般慌張。他曾經跟隨橫山桐郎到台灣作採集旅行，也跟過鹿野到野外。大學畢業後抱著多年來「作椰子樹下酣眠的大王夢」，到菲律賓流浪，夢醒了以後到印尼群島，兩年間邊流浪，邊採集昆蟲度日。因爲有繪畫的天分，表面上的理由是要跟鹿野渡台繪畫台灣的原始民族，實際上他被南方的鄉愁逼得發瘋了罷。鹿野帶這個習慣於南洋群島流浪的明石當他的助手，一起到台灣。

兩人抵達台灣基隆港後，立即轉往台東。從這裡可以搭船到紅頭嶼，但鷹司所交代的事非先辦不可，於是鹿野和明石到海岸山脈採集鳥類。鹿野本來就對這個山脈的鳥相有濃厚的興趣。分布於海岸山脈的動物相，因爲交通不便和過去的調查主力集中於中央山脈，而被忽略很久，從來不爲外人所知。

台灣東部海岸山脈是地質史上比較晚期形成的，它本來與中央山脈相連，由於台東大地槽的存在，加上海岸山脈地盤的上升運動，與中央山脈分離，從這一點可以推論海岸山脈在生物地理學上已經有某種變化。鹿野選定台東附近的都巒山（標高一、一八九公尺）爲採集地點。他還沒上山以前在台東市區認識了一個阿美族青年，名字叫托泰布典（陳抵帶），得到他幫忙。

身材稍矮但精悍的鹿野，和個子很高，外貌不像日本人的明石並肩而行時，有點像喜劇演員勞萊和哈台），兩

人都頭戴熱帶探險帽，下身著短褲在台東市區走來走去，突然引起了街上行人好奇的眼光，也引起剛好來台東的托泰注意。托泰向他們搭訕，這是他和鹿野往後多年友誼的機緣。

托泰看鹿野頂多和他同年或者比他年輕，而鹿野看中了他會講流利的日語，那天晚上到托泰宿處，給他說明即將上山調查鳥類，請他隨行當阿美語的譯員。

托泰出生於花蓮，在地方的農業補習學校讀兩年就畢業。昭和二年，由於日本人老師的推薦，升入京都的花園中學（今稱花園高等學校），中途退學回台灣，在阿美族部落裡被視為一個知識分子。他胸襟開闊，雖然因為思想開明而常常把民族問題掛在嘴上，和鹿野交談的時候，都能靜聽鹿野的說明，正確地瞭解入山調查的目的。

在托泰的眼中，鹿野和他在台灣所接觸的日本人不同，鹿野相貌忠厚、言談誠懇，因而一見如故，表示願意擔任不支薪的助理。他們在都巒村雇用三個阿美族人，其中一個是村子裡的青年團長。一行人沿著陡急的山徑攀登都巒山，在山上過著三天滴水皆無的生活，其間六個人都忙於採集鳥類。雖然托泰等人很賣力，但這次都巒山的採集旅行，成果不怎麼理想。

下山後，鹿野和明石兩人前往紅頭嶼。四十天的停留時間，主要的是以紅頭社為根據地，作環島採集旅行，同時也要攀登島上兩座山——紅頭山和大森山。旅行期間鹿

野可能因爲太勞累而病倒了。八月上旬似乎又恢復健康，繼續採集動物。其間，他曾經到火燒島（綠島）攀登島上的阿眉山和火燒山。回到台灣本島後，鹿野到知本，由此沿著知本越嶺道西出屏東。在越嶺道上行走時，他也不忘動物的調查。

到了九月，明石單獨回日本內地。留在台灣的鹿野接受台灣山岳會委託，爲來台登山的田中薰教授擔任嚮導工作。田中是神戶商科大學地理學助教授，算是鹿野的地理學前輩。台灣山岳會向田中推薦南湖大山爲攀登目標。鹿野偕同田中到Piyanan社（宜蘭大同鄉南山村）和Shikikun社（四季村）雇用十名泰雅族腳伕，加上一名泰雅族的警察和鹿野的助手托泰・布典等共十四名大隊伍，九月十日從四季薰駐在所出發。

一行人沿著理蕃道路上升到高約二、三五〇公尺處的

鹿野忠雄在雪山地壘進行學術調查時，所雇用的泰雅族嚮導手執獵槍、腰跨番刀，以全副武裝隨行。（鹿野忠雄　攝）

鹿野忠雄（後列中央）陪地理學教授田中薰（左四）攀登南湖大山，並首次發現冰河遺跡。右邊坐姿持步槍者是托泰‧布典（陳抵帶），1933年。

Mururoaf，當地設有姆祿洛夫警官駐在所，然後循南湖大山北稜，踏越給里絡山、巴多諾夫山、貢戈巴油山，到達南湖大山（標高三、七九七公尺）東側的Bunakke獵屋，高約三、四〇〇公尺。他們以此地為根據地，連登附近山峰。

田中薰是湖沼學專家田中阿歌磨的兒子，就讀於東京高師附中時，向參與冰河論爭的大關久五郎學過冰河理論，升入東京帝大地理學科後受教於山崎直方教授，他比別人更關心冰蝕地形問題。昭和三年，田中到歐洲留學，實地攀登阿爾卑斯山脈的冰河。他來台灣後，好比是給鹿野打一針強心劑，兩人因為山而認識，成為知心朋友。

這兩位地理學者希望和雪山一樣，能在南湖大山發現冰蝕地形，幸而在南湖大山主峰、北峰、東北峰、東峰四

座高峰圍成一個四方形的直角內，發現四個圈谷，其下方所構成的地形非常獨特，而且每一個圈谷底部都有堆石堤（Moraine）。鹿野和田中連續攀登包括東南峰、馬比杉山、陶塞峰、南峰共八座高山，也到大濁水南溪源頭及南湖溪的源流──西拉干溪調查，總共發現了十二個圈谷。這南湖大山圈谷群的總數，僅次於鹿野個人在雪山地壘，從大劍山以北至大霸尖山一帶所發現的圈谷總數（三十五個），也就是說，南湖大山是台灣第二個有圈谷群密集的山區。❹

南湖大山之行被鹿野帶來當助手，幫忙採集動物與剝製標本的托泰‧布典，很會爬山而且工作賣力而被田中激賞。萬籟俱寂的夜晚，托泰口叼羅勃琴，右手拉動琴弦，發出微弱的「坪──坪──」聲音，突然有原始氣氛漂盪於四周。鹿野吹奏的技巧不怎麼好，但是為了助興，也拿出一支羅勃琴，奏起某年某一個泰雅少女個別教唱的曲子，在旁聽的托泰和田中總是忍不住取笑他有戀情。

此行雖然預期會有收穫，但是想不到是大豐收，眾人

---

❹原文敘述圈谷及勘查範圍過於簡略，直譯則不易瞭解。本段譯文依照田中薰所著《台灣の山と蕃人》一書中的南湖大山勘查紀行，增補了內容。另外，調查據點Bunakke（布那奎）是泰雅語，意思是「砂地」。當時有南山村泰雅獵人搭建的獵寮。其地今稱「上圈谷」。台灣岳界所謂「上圈谷」、「下圈谷」的稱呼是錯誤，因為這兩塊高低不同的砂地，古時是圈谷冰河的短促流路，本身不是圈谷。附近四周的圈谷懸掛於主峰、東北峰、北峰及東峰，峰頭與峰頭之間，各呈現漏斗形或畚箕形，所以又稱冰斗。西拉干溪的水源來自砂地下的伏流，是南湖溪的源流。

都很高興。不過，在歸途中因爲罐頭的豆類有問題，田中吃壞了肚子。一路遇到暴風雨吹打，大家都變成落湯雞，飽受痛苦。直到九月十九日，一行人才降到耶克糾溪，回到卑亞南社。

田中教授在這裡和鹿野分手先回台北。鹿野和托泰停留在卑亞南社，作一星期的休養與登山準備。計劃周全的雪山地壘調查就要展開了。

鹿野帶領托泰和一群腳伕，從卑亞南社直接向西方的桃山（標高三、三二二公尺）攻峰，從池有山、品田山縱走大霸尖山（標高三、五○五公尺），再從大霸尖山縱走雪山，這是台灣登山史上首次完成「聖稜線Y型縱走」的壯舉。

鹿野忙於觀測地形，也在托泰與原住民腳伕協助下追捕小動物和鳥類，但是一行人走到穆特勒布山南側野營地，亦即雲達卡營地的時候，同行的腳伕在一夜之間全部丟下行李逃走了。原來，鹿野帶隊時因爲工作太熱心了，連日不停地奔跑，致使腳伕們沒有時間休息，不堪繼續受此折磨。此行變成鹿野和托泰最艱困的調查行動。

十月十五日，鹿野和托泰下降到志佳陽社（Shikayo社，今環山），把這裡當做大劍山支脈的調查據點。他們從十月下旬到十一月下旬，偕同志佳陽社和撒拉矛社（Saramao社，今梨山，公路下方一帶）的泰雅族青年多名，從佳陽社（Kayo社，舊佳陽，已湮沒於德基水庫中）

，溯行於陡急的Minolo溪，直登劍山（標高三、二三七公尺），這是登山史上劍山的首登。之後，他們從劍山沿稜踏越佳陽大山、布夫奇寒山、油婆蘭山、大劍山到雪山主峰，沿途詳查地形與動物相。

從雪山一旦下降到司界蘭溪，與泰雅族青年分手後，再從志佳陽社循雪山東南稜攀登，此行中第三次站在雪山頂。可能是爲了貫徹雪山地壘的地形觀測，鹿野和托泰展現了超人能力。

這個時候，他們在雪山主峰東北面大圈谷下方的玉山圓柏灌叢中，搭建一間臨時小屋，標高三、五四九公尺，做爲調查據點。此行第四次的攻峰行動，有八夜在這裡睡，連日馬不停蹄地踏查山頂附近的地形，並採集動物。其間，十一月十六日有新雪飄降，兩人在圓柏灌叢中差點被凍殭了。所帶來的糧食已吃光，每天將剝皮做標本剩下的老鼠肉煮食度日，因爲採集量驚人，鹿野和托泰飽食野味，享受到物質上和精神上很充實的日子。

雪山地壘調查期間內，鹿野的母親因病於十月二十四日去世於東京。在東京認識她的人都不直呼她的名字「欽」，把她叫做「羽子板美人」（羽子板上所繪的日本古典美人）。她一直到臨終以前，還把忠雄當做小孩一般寵愛，私下全力支持他，在病床中仍不停地思念遠在台灣冒險的

---

❺羽子板是元旦的時候日本女子玩「羽根突キ」（類似羽毛球）的打板，通常畫著仕女，也當吉祥的元旦飾物。

兒子。她斷氣的日子正巧是兒子忠雄的生日。❺

　　鹿野再赴台灣的前夕，欽多方打聽之下才買到兒子很想要的一架德製萊卡照相機相送。在東京的時候，鹿野常常對母親說他很想買一架萊卡，帶去台灣拍照圈谷地形。德國的萊卡照相機非常昂貴，日本剛進口沒有多久，是一般人買不起的舶來精品。

　　鹿野得到的萊卡並非最新式的Ⅲ或Ⅲａ型，測距計沒有裝設在機體上，但是鹿野帶著它到處奔跑於紅頭嶼、南湖大山及雪山群峰。鹿野非常愛惜這架母親的贈物，經常抓住托泰誇獎這部照相機的性能，使托泰不堪其擾。鹿野平日寡言，但是一提到萊卡，則喋喋不休。他沒有料到興致高昂地在雪山活動時，母親會這麼快地離開塵世，而這架照相機竟成母親臨終前的遺物。

　　在雪山山脈標高三、三〇〇至三、七三〇公尺間的高處，鹿野一共發現了三十五個圈谷。經鹿野和後繼的日本學者努力之下，在玉山山塊和中央山脈方面也有很多發現：總計南湖大山十二個、南湖大山與中央尖山間九個、無明山一個（不完整的）、畢祿山一個、合歡山東峰一個、奇萊連峰八個、能高主山一個、秀姑巒山塊三個（包括不完整的）、玉山山塊十一個（其中包括六個不完整的），共四十七個。以上雪山山脈、玉山山塊及中央山脈總共發現了八十二個圈谷。至昭和十年代（一九四〇年左右）為止，在台灣高山地區所發現的圈谷中，有七成是鹿野所

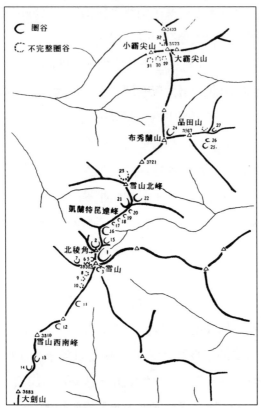

鹿野忠雄所發現的雪山地壘圈谷地形分布圖。
（鹿野忠雄原圖，楊南郡加註山名）

發現的。

　　田中薰和鹿野登南湖大山之際，兩人都不期然地發現
冰蝕地形，成為兩人共同的研究題目。在南湖所發現圈谷
群的正式報告，是用兩人合著的方式寄給《地理學評論》
（昭和9年3月號）刊載。有趣的是，報告中他們對於東京
文理大學的今村學郎教授（冰河論爭中持反對意見者）也

提出一點批判，但是文中引用今村論文中雪線位置，有細微的錯誤，而遭受今村反咬一口。

《地理學評論》三月號刊出後，亦即四月一日，位於日本仙台的東北帝國大學召開了「冰河問題」演講會。大會由田中館秀三教授主持。鹿野被邀請去演講台灣雪山的冰蝕地形。鹿野提出相當豐富的資料，說明台灣的雪山地壘所存留的圈谷地形和冰蝕谷，其性質與分布狀況，以及堆積物等，配以他用萊卡照相機拍攝的幻燈片，展示總共三十五個圈谷分布於三千公尺級高峰頂端附近的偉觀，使在場的學者深受感動。這次的演講內容和照片的展示，補足了前年所提出的預查報告所欠缺部分。

當然，冰河問題演講會的會場出現了白熱化的議論。有人質疑：即使有冰蝕地形的遺留，降水量特別多的台灣，冰河遺跡不會那樣完整，應該只剩一片崩壞狀態才對。鹿野回答，說：「雖然如此，冰蝕地形像照片所顯示的，仍清清楚楚地遺留下來了。」我們知道，再多的資料也無法使半信半疑的人完全相信。

昭和十一年（一九三六年）八月，鹿野遠征到北韓的白頭山（中、韓國界上，中國稱為長白山），調查冰蝕地形。這一年八月，中國共產黨高喊抗日宣言，所以國界附近有咸鏡北道的國境警備隊鎮守著。鹿野不習慣騎馬，但很勉強地騎著馬通過夏季仍有積雪的山腹地帶，不但登上白頭山（標高二、七四四公尺），也縱走了朝鮮半島境內

的最高峰「冠帽峰」（標高二、五四○公尺）的連峰，確認北韓也有冰蝕地形。

這次調查旅行的內容，曾經成為國內東京《都新聞》的頭版新聞，占了整個版面。事情的緣由是和鹿野同年畢業於台北高校、一起升入東京帝大的土方正己，畢業後在「都」（Miyako）新聞社工作，他主張報紙的編輯有時候應該製作專輯，所以為鹿野提供了整個版面，做全面性的學術登山報導。同樣地，前一年十一月土方也提供了整個版面，刊出有關鹿野在紅頭嶼調查雅美族的報導，以及鹿野在紅頭嶼拍攝的珍貴照片。

冰期冰河遺跡的探查工作，就是到現場「用鼻子嗅出冰期冰河遺跡的香味」。這個工作本身有獨特的魅力和浪漫。但是學術界在爭論有沒有冰河痕跡的時候，隨著爭議白熱化而把原有的浪漫氣氛完全破壞了。這個時候，今村教授開始批判肯定冰河論的年輕地理學者，甚至他的老師也不放過。或許這是當時的地形學是成立未多久的一個學科，在嘗試理論的開展時，不免有失誤，而所用的科學方

---

❻所謂「冰河遺跡的香味」，田中薰在他的名著《台灣の山と蕃人》裡首先做了很浪漫的敘述。他說：「冰河的古流路確實有一種香味，聞到這個香味的時候，人人會陶醉、興奮。發出這種香味的東西是(1)圈谷、(2)堆石堤、(3)冰河擦痕(4)漂石、(5)羊背岩（又叫做瘤狀岩）、(6)U字形谷等。地形學上有各種名稱，主要的是被厚重的冰層研磨過的圓滑岩肌，以及好像用手掌掬水般，掬起殘雪的手掌形圈谷。秋天，站在萬籟俱寂的山谷，仰望那些懸掛著圈谷的連峰，或者靜坐於山巔沐浴著一身金柑色夕陽眺望，如果聞到這造型特殊的冰層氣味，那麼永恆的大自然之美會震撼你的心，讓你肅然起敬。」

法還沒完全成熟，所以從事地形學研究的學者都有焦灼的心情，難免擦槍走火。無論如何，今村爲冰蝕地形下了嚴格的定義，自己研究的結果卻缺乏事實依據。❻

今村學郎在昭和十五年（一九四〇年）出版他的書《日本アルプスと冰期の冰河》（岩波書店）。這本書有點像自己出資付梓的版本，但它的內容相當驚人，把當時的冰河問題研究者不分青紅皂白，批判得體無完膚。當時，他以爲向議論紛紛，莫衷一是的學界投下了一個「炸彈」，但是他的論調與研究者的持論，有很大的鴻溝，他排斥對方的態度已近乎無禮，使讀者驚愕萬分。冰河問題的研究熱似乎被潑了一盆冷水，加上時局已轉入太平洋戰爭，這一方面的研究被冷卻下來，直到戰後很久以後才逐漸回復。

鹿野對雪山山脈冰蝕地形的研究，結晶爲一篇長達一〇六頁的大論文，從昭和九年七月到次年三月，分期連載於《地理學評論》雜誌，被認爲是屬於第二期冰河論爭中最重要的「原著論文」，成爲這個時代值得紀念的里程碑。

對鹿野來講，或許冰蝕地形的大探查，是他在台灣調查生物地理的副產品。他覺得在台灣高山地帶尋找冰蝕地形，本身就是一種快樂，但是要在冰期以後的近代的山，找出證據來證明台灣在冰期曾經有冰蝕作用，是一件艱難的作業。

近年來由於科學的進步，有人依據古生物的分布狀況、從火山噴出的碎屑物或火山碎屑流下物、花粉分析、古汀線分布等，決定冰期是什麼時候開始的，或什麼時候結束的。但是，在鹿野當時的學術水準，這是非常困難的事，因此，雖然不是他的本意，他大半的精力都花在確認：這些地形是否從冰蝕作用造成的。台灣高山冰蝕地形的發現，爲鹿野自己提供一些重要資料，用以思考台灣本島和紅頭嶼的生物地理。原來，生物地理學，尤其是動物地理學，是祕藏於他心中的主要課題。

前一章已敘述過台灣島動物相研究史。至於紅頭嶼動物相的調查，明治三十年（一八九七年）多田綱輔最早著手。採集到的新品種中有箕作氏攀蜥*Japalura mitsukurii*，由Steineger教授命名，現在牠已被視爲Robert Swinhoe所發現的斯文豪氏攀蜥*Japalura swinhonis* Günther的一個亞種。之後，菊地米太郎也到紅頭嶼採集，採集到蘭嶼守宮*Gecko kikuchii*（Oshima），由當時服務於台灣總督府中央研究所的大島正滿所記錄。後來，大島和朴澤二三、渡瀨庄三郎一起到紅頭嶼，採集品中有亞美阿蜘蛛*Yamia watasei*，由岸田久吉記錄爲新屬新種。至於紅頭嶼的昆蟲方面，主要的由總督府農事試驗場昆蟲部的素木得一、楚南仁博、大國督等人採集，提出了一些報告。

紅頭嶼動物很少，從來沒有人提及分布特性，只有黑田長禮從鳥類分布的研究，推斷長尾鳩*Macropygia*

phasianella septentionalis Hachisuka（台灣相關鳥類書把牠寫成*Macropygia Phasianella phaea* McGregor）、黑綬帶鳥*Terpsiphone atrocaudata periophthalmica*（Ogilvie-Grant）、巴丹綠繡眼*Zosteropus simplex batanis* MacGregor（巴丹綠繡眼現在已被確認為日本綠繡眼*Zosteropus japonicus*的亞種）等產於紅頭嶼地域，成為固有亞種，因此可以視為巴丹島系統。

此外，黑田長禮、籾山德太郎、岡田彌一郎等三人，分別從紅頭嶼的哺乳類、鳥類及兩棲、爬蟲類的分布，認為這些可以視為台灣動物相的一部分較為妥當。至於鹿野的看法，他從紅頭嶼的甲蟲相，注意到島上的甲蟲具有菲律賓系統的特徵，對於歸入台灣動物相，持強烈懷疑的態度。

昭和二年（一九二七年）八月，他在紅頭嶼首次停留一個月。當時曾經有三次颱風來襲，收穫並不大，但是，他在雅美族所忌諱的棋盤腳樹（雅美語叫Toba），採集到三種珍貴的象鼻蟲，高興得手舞足蹈。其中，有一種棲息在蘭嶼咬人狗（蕁麻科植物名）上。這三種象鼻蟲不但在台灣沒見過，甚至在紅頭嶼也沒有人注意到牠的學術價值。鹿野立即知道這些是屬於菲律賓系統的球背象鼻蟲，和他在大前年在琉球群島的石垣島採集到的黑球背象鼻蟲*Pachyrrhynchus infernalis* Fairmaire同屬。

黑球背象鼻蟲只是全身黑亮，但是紅頭嶼的球背象鼻

蟲不但全身黑亮，還從底色上浮現縱橫分布的藍、綠色條斑，發出金屬般的光澤；有的黑底上浮現藍、綠斑點及像水滴一般的白色斑點，色彩艷麗，簡直是造化的傑作。

在一般的熱帶昆蟲中，球背象鼻蟲特別有寶石一般的亮彩，難怪鹿野首次發現時，萬分驚喜。任何人把牠放在手掌時，會情不自禁地發出讚嘆聲。

這種象鼻蟲的甲殼很硬，標本針幾乎刺不進去。島上的雅美族很熟悉象鼻蟲，把牠叫做Sikaramusui no minagabon，眾人看到牠，就競相用手指壓一壓，看誰能夠把牠壓扁。

鹿野知道他現在已採到的是新種，親自把牠們記錄下來，向學界提出報告。下列三種括弧內的日語名稱，是鹿野當初採用的名稱。

1.小圓斑球背象鼻蟲*Pachyrrhynchus tobafolius* Kano
コウトウカタゾウ（アヲホシコウトウゾウムシ）

2.白點球背象鼻蟲*Pachyrrhynchus insularis* Kano
モンシロカタゾウ（シロホシコウトウゾウムシ）

3.斷紋球背象鼻蟲*Pachyrrhynchus yamianus* Kano
スジカタゾウ（アヲスヂコウトウゾウムシ）

前兩種被認為是紅頭嶼固有種（第一種後來也在火燒島發現過），第三種也在火燒島發現過，所以是兩島的固有種，只是斷紋浮現的情形彼此有差異。

鹿野一下子把上面三種發表後，繼續在紅頭嶼發現另

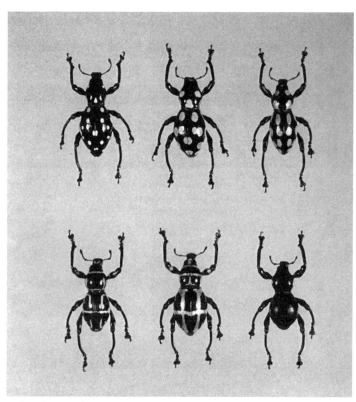

分布於蘭嶼、綠島、日本八重山群島上的球背象鼻蟲，被鹿野忠雄博士發現，並用於研究蘭嶼、綠島的動物地理學，以及華萊士線的鹿野修正線。
上左：Pachyrrhynchus insularis Kano白點球背象鼻蟲
上中：Pachyrrhynchus kotoensis Kôno大圓斑球背象鼻蟲
上右：Pachyrrhynchus tobafolius Kano小圓斑球背象鼻蟲
下左：Pachyrrhynchus yamianus Kano斷紋球背象鼻蟲
下中：Pachyrrhynchus sonani Kano條紋球背象鼻蟲
下右：Pachyrrhynchus infernalis Fairmaire黑球背象鼻蟲

外三種象鼻蟲。次年北海道帝大的河野廣道把這些發表為新種：

　　1.條紋球背象鼻蟲*Pachyrrhynchus sonani* Kôno

ソナンカタゾウ

2.大圓斑球背象鼻蟲*Pachyrrhynchus Kotoensis* Kôno

マルモンカタゾウ

3.紅腳象鼻蟲*Metapocyrtus immeritus* Boheman

アカアシカタゾウ❼

上列三種中，條紋球背象鼻蟲也棲息於火燒島，所以是兩島的固有種。大圓斑球背象鼻蟲被視爲與巴布煙群島中的Galayan島有關聯，是屬於紅頭嶼與火燒島的固有亞種，但是筆者認爲可以視爲兩島的固有種。W. Schultze後來把白點球背象鼻蟲、斷紋球背象鼻蟲及條紋球背象鼻蟲三種，歸類於巴布煙群島及呂宋島的亞種，但筆者認爲不妥。

擬球背天牛（形態酷似斷紋球背象鼻蟲），攝於蘭嶼。

第三種的紅腳象鼻蟲非同屬，但是屬於巴布煙群島和紅頭嶼的共同種。鹿野還在活躍的年代，人們不知道與那國島（琉球群島中最靠近台灣的一個小島），也產同屬的一種。

台灣本島沒有上列分布於紅頭嶼與火燒島的象鼻蟲。曾經有一次，有人在菲律賓發現一種，但經過研究的

---

❼據吳永華著《被遺忘的日籍台灣動物學者》的記載，鹿野在火燒島所發現的第6種象鼻蟲，叫做梅斑象鼻蟲*Kashotonus multipunctatus Kano*。

結果，被確定是從外地移入的。

　　不怎麼引人注目的紅腳象鼻蟲和其他五種美麗的象鼻蟲都不會飛，這一點引起了鹿野的注意。這些象鼻蟲的左右翅鞘已經完全癒合，不能張開，後翅則已經退化，失去飛行功能。牠們的動作很像蜘蛛在走路一般緩慢，在森林中有人接近時，則快速地躲入葉下，或樹幹的後面，假如有人用手碰觸，立即從樹葉掉落擬死。

　　象鼻蟲甲殼很硬，鳥不吃牠們，所以有利於從外敵保護自己。但是，象鼻蟲色彩艷麗，好像在推銷自己。因為個體數很多，出現了象鼻蟲的擬態蟲，形體和上翅酷似象鼻蟲。例如擬球背天牛*Doliops similis* Miwa et Mitono，雖然屬於天牛科，其黑底色、條斑色彩及腳部形態擬似斷紋球背象鼻蟲，只是條斑的形狀不太像。兩種都可以在紅頭嶼咬人狗的葉子上看到。擬球背天牛甚至在動作上或擬死的作法上，模仿象鼻蟲。這兩者的關係，也可以在呂宋島看到對應的例子。我們試把這兩種放在一起，但見色彩很像，只是斑紋或條紋的擬態還不夠完美，令人覺得努力擬態的苦心很可愛。

　　這些象鼻蟲的祖先群，原產於新幾內亞（現在，新幾內亞只剩這一屬的「祖屬」），不久移入菲律賓群島，在那裡爆炸似地發生種分化。最早從新幾內亞傳出時就開始屬分化，尤其傳到呂宋島以後，引起更多樣的分化，這是由於高峻的山和深邃的溪谷發生了隔離作用的緣故，僅在

呂宋島一地就有五十八種*Pachyrrhynchus*屬的象鼻蟲。

拿分佈方式相同的*Helicostyla*（光澤陸貝）為例，同屬的*Helicostyla okadai* Kuroda（蘭嶼光澤陸貝）普遍見於紅頭嶼和火燒島，但是不見於台灣本島。雅美族把牠叫做Tavui，捕捉供食用。*Helicostyla*屬也一樣地以新幾內亞為起源地，在呂宋島爆炸似地分化，共有九十五種，貝殼都堅硬而且色彩艷麗。

新幾內亞、菲律賓系統的甲蟲和陸貝可以在紅頭嶼或火燒島看到，這到底有什麼意義呢？也許陸貝和不會飛的象鼻蟲都是隨著洋流漂來的，或者在陸地上慢慢移動覓食，最後分布過來的。如果採納後者的假設，在某一個地質史時代，呂宋島和紅頭嶼、火燒島曾經連在一起的事實，可以做為解釋的依據。其中，最有力的證據，是呂宋島和紅頭嶼之間，有無數的島嶼散列於海上。

如此看來，當時氣候變為溫暖，海平面逐漸上升，「陸橋」因為海水入侵而快要斷裂以前，呂宋島上的幾個物種移入聯結紅頭嶼與火燒島的古陸塊，而原來聯結呂宋島的陸橋被海水切斷以後，在紅頭嶼和火燒島上的物種，由於隔離作用，而發生種分化。小圓斑球背象鼻蟲和白點球背象鼻蟲，可能是因為聯結紅頭嶼和火燒島的古陸塊斷裂，結果來不及從紅頭嶼分布到火燒島去。

紅頭嶼和火燒島都是火山島。我們有很多資料足以證明這裡曾經發生強烈的地殼變動。紅頭嶼沒有真正的淡水

魚，這一點和巴丹群島一樣，可能是因為大部分的島嶼沒入海中，以後再度隆起時，四周已被大海隔離，因而淡水魚無法移入。

我們知道球背象鼻蟲一旦掉進水裡，會像浮標一般浮在水上，因此我們無法排除這象鼻蟲是從海上漂流過來的想法。但是，假如知道牠的生態，即使可以想像棲息於海岸林的一種有此可能，對於棲息於深山原始林的另一種，就無法想像牠是隨著洋流漂來的。紅頭嶼球背象鼻蟲有時候因為外敵接近就擬死，從樹葉掉落，但一般的情形是用爪緊抓著樹枝，不會隨便掉落的。我們也可以想像幼蟲躲在原木的洞裡，漂海到另一個島，因為象鼻蟲及天牛的幼蟲都有木材穿孔性。

鹿野以為幼蟲生理上是纖弱的，不堪泡在海水裡，所以漂到陸地以前會死掉。蘭嶼光澤蝸牛能否渡海而至還是個疑問，更無法想像牠是被颱風吹來的。雖然新幾內亞系統中部分是直翅類，但更無法想像牠們是被洋流或季節風運來的。因此，除了部分明顯地被洋流或季風所帶來的以外，紅頭嶼上的球背象鼻蟲、陸上小動物、部分昆蟲及陸棲貝類，都由於過去的地質史因素而分布，形成紅頭嶼動物相，這樣思考豈不是更自然嗎？

在這樣的初步構想下，鹿野開始徹底地調查紅頭嶼的動、植物相。昭和十年（一九三五年）的調查行，他偕同晚他一年從台北高校畢業，已在研究密克羅尼西亞群島植

物相的細川隆英（當時擔任台北帝大附屬植物園助手），前往紅頭嶼，同時調查植物生態學。談起紅頭嶼的調查，似乎沒有什麼困難，但實際上非常辛苦。鹿野和疾病、溽暑搏鬥，跋涉於沒有小徑的原始林中，好像一架堆土機一般往前衝，汗流浹背中貫徹全島的精細調查。

　　結果，鹿野發現紅頭嶼缺少台灣本島的優勢生物。關於當年在台北高校就讀時已經預感的生物相——紅頭嶼的生物相，與其說和台灣有關聯，不如說與菲律賓群島有更大的關聯，或者與華萊士線的關聯更為密切，鹿野越來越相信他當年的預感是對的。

　　華萊士線是十九世紀中葉，英國動物地理學者Alfred R. Wallace所假設的動物分布境界線。根據他的說法，印尼的峇里島以西的動物中，有亞洲要素的動物呈優勢，而峇里島東側的龍目島以東，新幾內亞要素的動物呈優勢；此分界線向北延伸，隔開婆羅洲的動物和西里伯斯的動物。後來T. H. Huxley把華萊士所引的動物分布境界線，稱為華萊士線。

　　到了二十世紀，在菲律賓和婆羅洲調查龍腦香科植物的E. D. Merrill，於一九二三年表示，華萊士線可以向北繼續延伸到菲律賓群島西側（Palawan島及附屬小島除外），其北端遶到呂宋島北側。他的論點被正在重新檢討菲律賓植物及動物群分布的R.E. Dickerson（一九二八年）所支持。因此，這個修正線被稱為梅里爾線，或新華萊士線

（鹿野於一九三五年如此稱呼），又稱為赫胥黎線。

　　鹿野根據上述球背象鼻蟲和陸貝的分布，認為紅頭嶼和台灣島之間也有動物分布境界線，把新華萊士線的北端延長到紅頭嶼與台灣島之間，繼續延長到火燒島與台灣島之間。如果繼續把此線向北方延長，則新幾內亞要素稀薄的關係，當然毫無意義，因此，新華萊士線最北可以延長到火燒島和台灣島之間，才有實質的意義。

　　當時的生物地理學就是所謂「區系地理學」，也就是說，各地區的動物相各有特徵，假如相較於鄰近的地區，本區的動物相特異，就認為彼此之間有一個區域界線，因而產生區系地理學。自從華萊士設定動物地理區以來，劃一條界線區隔動物相極端變化的地區，明確地指出動物分布區的特性，不久以後被誤認為這是唯一的目的，甚至有人譏為「劃線學」。實際上不然。當年有志於研究區系動物地理學者，在交通極為不便的時代，冒著生命的危險，用真摯的探查精神研究，不同於近年來增多的坐安樂椅的學者，只作空洞的「桌上理論」，自以為是生物地理學者。這一點是我們應該再三強調的罷。

　　把新華萊士線向北拉長到火燒島西側的鹿野，不但研究動物分布的類型，也調查植被與植物相的構成要素，至於植物對環境適應性的比較研究和地質史研究，他都沒有忽略。鹿野是充分調查研究之後才劃出延長線的，所以和當時的學者忽略基礎資料研究，隨便劃分界線的作法，顯

然不同。當時學者對於區域地質史還沒有充分研究，在那個時代，鹿野沒有搬出「大陸漂移說」，他強調從生物地理學上探索區域地質史的意義。

關於球背象鼻蟲的傳播，鹿野傾向於採納「陸地連絡說」，但是今日甲蟲學者間，「海流說」成為壓倒性的看法：紅頭嶼和火燒島上此類象鼻蟲，是原來已鑽進原木或果實內的幼蟲，隨著原木、果實漂來的。分布於琉球群島西南端八重山列島的黑球背象鼻蟲，如果不採「海流說」，就根本無法解釋為什麼會分布到那裡。

原來，八重山列島、火燒島、紅頭嶼都是從赤道北流的黑潮所沖刷的島嶼群，而且「古黑潮」比今日的黑潮洋流更加強勁，原產於南方的球背象鼻蟲是隨著黑潮漂流到這些島嶼的。但是，「海流說」也有弱點。例如，球背象鼻蟲直接來自何處？原種的起源地在那裡？這些問題迄今無法解答。或許牠們是先漂流到某一個地方後，獨自進化的結果。

第二次世界大戰結束後，在夏威夷的J. L. Gressitt著手研究別人從未研究過的太平洋地區昆蟲相。他和鹿野一樣，特別從甲蟲分類的立場調查這個地區的特性，並且進一步考察太平洋西北部能否劃出新華萊士線的問題。他說，假如太平洋各地區能夠從新幾內亞方面的關聯性來把握，那麼鹿野先生所拉長的新華萊士線顯得有意義，因而支持鹿野的理論。

上面已叙述過鹿野在紅頭嶼調查，也在台灣本島雪山進行動物地理學研究。在南海的小島調查動物的垂直分布是沒有問題的，但是在標高三、八八四公尺的雪山，由於獨立峰的性格比玉山強烈，要進行垂直分布的動物相調查，並且指出其分布的由來，確實是很難，但這是鹿野最擅長的，成果也特別豐富。

台灣島有一個很明顯的特徵：高山地帶有很多台灣固有種動物，但是低山地帶及平地的動物，很多是台灣和中國大陸所共有，既沒有固有種，也沒有固有亞種。日本列島則不分高地或低地，都可以看到差不多一樣多的日本固有種及固有亞種。

台灣山岳動物，和遠方的中南半島上泰國、緬甸，以及喜馬拉雅山脈南側的尼泊爾地區有關聯，同樣的要素分布到婆羅洲和蘇門答臘。假如把這個關聯性也考慮在內，那麼當我們要考察台灣高山動物相時，還是不得不考慮到地質史的要因。這件事和鹿野自己發現的冰蝕地形有很大關係。

發源於雪山山脈的大甲溪，匯集幾條貫流於高山溪谷的支流，成為一條大溪注入台灣海峽。這條溪上游溪谷內有陸封鮭科「撒拉矛鱒」（櫻花鉤吻鮭），大正六年（一九一七年）被發現作成標本時，外界一時無法相信地處亞熱帶的台灣島，會有寒帶冷水性魚類棲息。

事實上，大甲溪的支流司界蘭溪及附近溪流都有棲

（上）泰雅族在大甲溪上游的司界蘭溪張弓射櫻花鉤吻鮭的鏡頭（大島正滿
　　　攝）。

（下）櫻花鉤吻鮭（標本）。

在大甲溪上游的司界蘭溪調查櫻花鉤吻鮭的大島正滿博士(右)。大島著有優秀
的台灣山林文學之書《泰雅族在招手》。

息，位於梨山撒拉矛社和位於環山志佳陽社的泰雅族，把這種魚叫做Meban，每年趁魚類產卵期游到淺瀨時，用弓箭射魚，或者把魚籐的毒液傾倒於溪中毒斃，或者用叫做Shigudou的繩勾捕捉供食用。

外界最初發現者是動物學者大島正滿的助手，同時是台灣總督府技佐的青木赳夫。青木於大正六年（一九一七年）到宜蘭方面調查淡水魚的時候，從四季薰駐在所的一名巡查，聽到附近的泰雅族都到思源埡口以西的溪流，捕捉魚體有條紋的魚種。後來，這位名字叫做津崎友松的巡查，寄來一隻已去除內臟的鹽漬雄魚，成為第一號標本。

大正八年（一九一九年），大島要前往大甲溪上游調查，因為「蕃情不穩」未能入山，但獲得撒拉矛駐在所日警所獲，養在水池中的一隻幼魚，於是採用當時仍抗命，不願歸順的「撒拉矛蕃」蕃名，命名為「撒拉矛鱒」。大島在美國史丹福大學的魚類學者D.S. Jordan的協助下，研究先前獲得的鹽漬雄魚標本和大正八年新獲得的幼魚標本，認為和日本虹鱒同屬，命名為*Salmo saramao* Jordan & Oshima，隨後重新命名為*Salmo formosanus* Jordan & Oshima。

後來，大島受到鹿野和其他人對台灣高山冰蝕地形研究的成果所激勵，而再度作台灣鱒的檢討。昭和十年（一九三五年），山地管制已開禁，大島親自到大甲溪上游捕獲多隻製成標本，發現這種魚和產於日本東北地方和北海

道溪流的ヤマメ（一種河川型櫻鮭）雷同，次年更正學名為*Oncorhynchus masou*（Brevoort）（大島，1936年），近年來，在台灣有人進一步研究，結果認為台灣產鮭魚和日本產櫻鮭是兩個不同的亞種，重新定名為*Oncorhynchus masou formosanus*，把它視為台灣固有亞種。（渡邊、林，1985年）。❽

　　台灣櫻花鉤吻鮭和棲息於墨西哥中部溪流的一種虹鱒（*Salmo gardnerii* Richardson），同列為世界上鮭科魚類分布最南端的品種（墨西哥的稍微靠南）。

　　這種冷水性魚棲息在台灣的事實，意味著台灣在過去的某一個年代曾有酷寒的氣候，寒氣大概是更新世最後一次吹襲到台灣的。Jordan博士以為台灣島和中國大陸相連的時代，撒拉矛鱒（即後來我們所稱的櫻花鉤吻鮭）的祖先從揚子江向下游下降，移入台灣的。但是，依照最近研究的成果，祖先群可能原來棲息於更北方的一個廣大的古代湖泊（湖水通到黑龍江），從這個湖游到河川入海，在海中隨著寒流經由日本海，向北美洲、日本、台灣分散的。

　　到了某一個年代，酷寒氣候後退，已經抵達台灣的鮭

---

❽關於台灣櫻花鉤吻鮭的發現與定名經過，上面三個段落的原文簡略，譯文作過適當的補充，增進瞭解。1985年最後修定台灣產櫻花鉤吻鮭的學名，使帶有福爾摩沙地名的亞種名者，是日本學者渡邊正雄和國內林試所研究員林淵霖。

魚，便追尋寒冷的溪水游到高山溪流，終於在那裡被陸封。另一方面，台灣和大陸間曾經有「陸橋」，很多動、植物從大陸東南海岸一帶，移入台灣低地。後來陸橋沈降，台灣成為一個孤島，台灣低地的動、植物與大陸隔離沒有多久，還沒演化為固有種或固有亞種，幾乎和大陸東南海岸的動、植物相同的狀態，迄今仍不變。如同上述的，日本列島的情形不一樣，甚至在本州低地也可以發現固有種或固有亞種，可以想見日本本州與大陸分離的時間，比台灣與大陸分離的時間更早。

鹿野假設冰蝕地形形成的年代，又針對撒拉矛鱒在台灣存在的事實，檢討其「古地理學」上的意義，並且全面考察雪山山脈動物的垂直分布。第十九世紀開創進化論的達爾文那樣的人物暫時不提，到了第二十世紀上半葉，竟然會出現像鹿野這樣的人物，親自到野外奔走，調查台灣的地形、地質及地質史，另一方面採集哺乳類、昆蟲類、鳥類、兩棲·爬蟲類及魚類，全面考察台灣動物地理學，這樣的人物在這個時代實在太稀罕了。鹿野在世的時候，學問研究已開始分化，今日的情形是更加細緻化。鹿野忠雄之後，能夠單獨作大規模的，橫跨不同學術領域的調查研究者，將來大概不會再出現了。

第七章

飛魚與漁舟

雅美族物質文化

昭和九年（一九三四年）的下半年，鹿野還是一個東京帝大大學院的研究生，但是接下了台灣總督府的邀請，擔任隸屬於警務局理蕃課及警務課的「囑託」（約聘的調查、編審）。當時的台北州知事野口敏治，聽說鹿野正在找一份工作以便繼續在台灣研究，特別引薦給警務局的。

　　正值霧社事件結束後，警務局站在反省、革新的前提下增雇若干名額的「視學官」（地方的教育行政官）和「視學」（督學），派往山地鄉改善台灣原住民的教化，提升生活水準。野口向警務局推薦鹿野的時候，已經太遲了，當局已有人選，而且鹿野的高學歷反而成了絆腳石。但是，警務局欣然決定聘雇鹿野為原住民政策的顧問，因為這正是當局所期望的，另一方面也能顧到知事的面子。

　　從此以後，鹿野分別從理蕃課和警務課領津貼，成為一個不必天天上班的囑託。本來鹿野出入山區頻繁，對於官方過去沒有顧及原住民立場所推行的理蕃政策，曾經提出批評。現在他參與警務局的工作，他的動機可能是從原住民的研究者立場，向官方反映原住民的真正心聲。這份兼差性質的職位，沒有硬性規定做固定的工作，允許他留在大學院研究，兼辦總督府的公務，對於鹿野是個理想的安排。

　　理蕃課裡有一位技師名字叫平澤龜一郎，鹿野曾經和他一起走合歡越嶺道去攀登高山。平澤已是專任的技師，還兼任殖產局和內務局的工作而大忙特忙。他和鹿野同屬

台灣山岳會的會員，志趣相同而彼此肝膽相照。但是，鹿野平時在東京，每年只有幾天在辦公室相處。

另外有一個出身於東京農業大學的瀨川孝吉也在理蕃課工作，不久就被調到殖產局農務課。瀨川當時熱中於台灣野生蘭花的研究，也對原位民的物質文化發生興趣，一方面蒐集原住民的衣飾和生活用具，另一方面用照相機拍攝原住民生活。因爲這個原因，鹿野和瀨川公私方面保持著密切的關係。

對台灣原住民來講，警務課和理蕃課是占全島總面積百分之四十七的山地統治者，施與「糖果和鐵鞭」的機關，原住民小孩哭的時候，一聽到理蕃課的人來了，會害怕得停止哭泣。鹿野很幸運，因爲他擔任理蕃課的囑託到昭和二十年（一九四五年），這期間除了戰爭時期，台灣的山地最平穩，沒有發生過大事。

最值得慶幸的是，擁有理蕃課及警務局囑託身分，如虎添翼，好像憑空獲得一張全台灣原住民地區的永久通行證，進入山地部落都不用辦理入山許可的申請，以官員身分大搖大擺進出。入山以後，以前都借宿於山地警官駐在所宿舍，今後他可以官員身分正式地利用宿舍與駐地人員的服務。

在以往的日子，鹿野好多次爲了申請入山許可被拒而大傷腦筋，現在這棘手的問題已解決了。當時如果要到紅頭嶼，任何人都要事先申請官方的許可，現在呢，鹿野可

以自由出入，這是愛好自由行動的鹿野所享受到的最大恩典，何況他從現在起每月還可以從台灣總督府領到固定津貼。我們不免覺得怪異，像他還是大學院研究生的身分，竟然跑到和自己身分完全不相稱的台灣總督府任職，能夠在警務局這個嚴肅的機構服務，對他來說好處多多。

被任命為台灣總督府囑託以後，鹿野幾乎每年都到紅頭嶼，進行動物地理學的調查研究，同時對於雅美族也很熱心地調查。 昭和八、十、十一年（一九三三、三五、三六年）三次都帶明石哲三去，昭和十二年兩次單獨前往，每次從東京到台灣本島和紅頭嶼的旅費，都是由民間的學術振興會資助，而昭和十二年中的一次長期停留調查的費用，則受到澀澤敬三個人出資相助。❶

自從台北高校時期去過紅頭嶼以來，包括上述幾次的正式調查，鹿野一共到紅頭嶼十次，前後停留日數加起來，估計已達到三四○天。雖然停留調查的總日數不到一年，卻是長達十五年期間內，沒有間斷地向紅頭嶼出入，可見他為了紅頭嶼付出了多大的心血！

鹿野就讀於高校時期，就開始台灣原住民各族群的研究，這個可以從《翔風》雜誌上他撰寫排灣族及雅美族的概況，窺視其一端。他為《民族》雜誌寫過一篇論文，題

❶據作者說，學術振興會是文部省的外圍團體，此民間機構與「日本學術振興會」不同，後者是直到更晚年的昭和四十二年（一九六七年）才成立，具官方性質的法人機構。澀澤敬三當時擔任日本銀行副總裁，其職務相當於中央銀行副總裁，他是民俗與漁業史的業餘研究家兼收藏家，對鹿野忠雄極力支持。

爲〈雅美族的漁舟〉，向學術界堂堂進軍，也是高校在學的時期。

占據台灣島北半部山地的泰雅族，雖然官方及學界作過群族研究，但是鹿野登場的時期，仍然排拒外人侵入，所以鹿野雖然說他不怕被馘首的危險，敢於單獨進入內山的部落，一旦深入他們的地盤活動，總是感覺身邊危險度增高了。也許他發現與其現在調查泰雅族，不如先到排灣族的地界及紅頭嶼調查比較容易。

排灣族占據台灣南部，雖然仍保留著馘首習俗，但比其他台灣的種族有更高的文化，而且易於親近，這一點引起了鹿野的興趣。以他個人的經驗爲例，曾經有一次，一個排灣族頭目看中鹿野的爲人，硬要他娶他的女兒。外界對排灣族的傳聞資料，累積最多。

至於雅美族，他們還過著原始生活，性情溫和，更容易親近。鹿野第一次和他們接觸，就成爲朋友。他知道台灣本島各原住民族，不一定保留純粹的血統，但一直與外界隔絕的紅頭嶼雅美族，仍然是純粹的單一種族。自從人類學者鳥居龍藏於日治初期來調查過以後，幾乎沒有別人專程來調查，所以雅美族是最佳的研究對象。換句話說，以前沒有被充分調查過的民族，引起了鹿野的高度興趣。此外，最重要的一點，是雅美族的風俗習慣和台灣島上各種族的習俗，有極大的差異，這個獨特的魅力自然緊緊抓著研究者的雄心。

於是，鹿野在長達十五年期間經常進出於紅頭嶼，把雅美族當做他最重要的研究課題。

橫亙於台灣和菲律賓呂宋島之間的巴士海峽，把兩地隔開為不同的國家，但巴士海峽上的各島群（包括紅頭嶼），似乎曾經和菲律賓文化圈交流，大約長達一千年，形成了它獨自的異質文化，與台灣島上原住民文化有所不同，稱得上是海峽獨特的巴丹文化。

然而，到了近代，散布於這海峽上的巴丹群島和巴布煙群島，已有西班牙文化侵入，繼而新統治者（美國）的美國文化也被帶進來，這兩處群島上的傳統文化，就逐漸消失了。

至於同樣在海峽近鄰的紅頭嶼，小島上的雅美族住民駕船和南方諸島交流的時代，已成遙遠的故事，最不可思議的是雅美族對於近在眼前的台灣島視而不見，從來不肯與台灣島上住民接觸，因而尚保留著巴士海峽固有的巴丹文化。他們所保留的巴丹文化多到令人驚異的程度。

當我們概觀東南亞各島群的時候，不難發現到處都受到東洋文化的影響，尤其是中國文化和印度文化對各島嶼的影響很深。反觀紅頭嶼，則從過去久遠年代以來，絲毫都沒有受到外來文化的影響。這情形太奇特了，因為紅頭嶼在海峽諸島之中，是唯一保存固有文化傳統的一個島，所以可以稱為「巴丹文化活生生的博物館」，這個島的調查，也就是巴丹文化的調查，這樣講也不為過。

對於尚保存著固有文化的雅美族，當年的日本中央政府及台灣總督府，採取了維持現狀的保護政策，完全不用那套教化台灣原住民的政策。所以，總督府當時只派數名日本警察（其中一名是卑南族的巡查），設立一處蕃童教育所授與小學程度的日語教育，也設立交易所，只有在交易所才有貨幣出現，向雅美族傳達外界的「貨幣經濟」。

　　戰後，中華民國政府改用同化政策，首先，把原名「紅頭嶼」改為蘭嶼，在島上興建機場，加上年輕的雅美族人有的到台灣工作，因而傳統的雅美文化發生變化，這也是時勢變遷所致，值得惋惜，但也是無可奈何的事。日治時期的昭和十年（一九三五年）紅頭嶼的人口共有一、七○○人，而戰後一九八八年的統計是二、七八○人，戰後人口增加的原因，是瘧疾被撲滅的結果。

　　日治時代紅頭嶼的行政中心設於紅頭社，它位於西南海岸（八代灣），以順時針的方向，從西南海岸往北看，有漁人社、伊瓦搭司社、椰油社，島的北岸有朗島社，東岸有東清社、野銀社，共有七個部落。

　　鹿野來調查的時代，雅美族男人的髮式是鍋蓋型，下身束丁字帶，上身著背心似的無袖上衣，叫做Talili；婦女身上著一件無袖長衣，也是胸前合襟。這裡曾經有瘧疾和恙蟲病流行。季節風很大，而颱風來襲時，銳不可擋。對雅美族來說，這些不足構成威脅。颳起颱風反而能使單調的生活有滋潤。他們的房屋是半穴居型，不受颱風的影

響。男人從事漁撈工作，女人從事農耕，也到山上採植物纖維撚絲織布。陶器是自製的，可以說雅美族過著自給自足的生活。

雅美族社會是沒有設首長的，人人都自己作主，過著自由人的生活，個人的權利彼此受到尊重。但是，這個社會並非共產制，個人的勞働不是他人所役使，例如，開墾水芋田的時候，親戚、朋友及其他有關的人都主動加入開墾的工作，他們的天性是樂於幫助別人。

雅美族維持著父系社會。長子誕生以後，父親放棄自己的名字，改用以兒子名字為本位的稱呼，叫「……的爸爸」，所以他們採行「親從子名制」（Teknonymy）。兒子繼承父親的地位，但是遺產是平均分給每一個子女的。

雅美族遵行傳統的宗教生活，和呂宋島的伊戈洛族一樣。雅美族相信Tawdoto神在天上俯瞰下界的人，看到有人做壞事，則給予懲罰。每年第一季播種小米的時候，舉行小米播種祭，這時候族人準備供品祭神，所以Tawdoto也是農耕之神。

他們也相信Pahad（*靈魂*），靈魂好比是人體內的「殘渣」，人斷氣的時候，靈魂變成Anito（*阿尼特，惡靈*）。Anito會對人作祟，所以雅美族非常怕祂，族人遵從種種的禁忌以避禍。禁忌支配著日常生活的細節，在外來者的眼中雅美族遵行禁忌的行為，反而使他們的生活看起來多采多姿。

在一般原始社會中，矛和楯是必定具備的武器，但是雅美人不把矛和楯當作武器使用，只當作護身符。他們舉矛刺向Anito，但是決不對人這麼做。持矛的目的是想嚇阻Anito惡靈，以保護自己並使內心平安。所以，從自己的村子踏出一步也要帶長矛。如果到更遠的別村，不管是男人或女人，都帶著笨重的矛，以求心裡平安。

跟台灣本島的原住民族一樣，雅美族沒有文字，因此他們只有口傳歷史，不少世系群的系譜可以追溯到幾百年前。有兩種傳說，分別說祖先從竹子，或從石頭誕生。很多傳說涉及巴丹群島。他們的語言比較接近南方伊巴雅特島及巴丹島住民的語言，與台灣本島原住民的語言，比較沒有那麼接近。

雅美族採用獨特的太陰曆，一年有十二個月，但是每三年就設定一個閏年，閏年多一個月。這個小島位於熱帶，除了颱風吹襲後植物枯萎，呈現茶褐色外，終年呈綠油油的景色，很難從草木的榮枯判斷時序，所以雅美族看月亮的盈虧來推算歲時節候。一個月中以新月出現為一月之始，下次出現新月的前夕為月底。

台灣本島的原住民族及呂宋島北部各族，都有獵首習俗，但雅美族卻沒有。他們不知道世上有酒、有香煙。水芋田裡的水芋不用照顧也會不斷生長。除了有瘧疾和颱風，雅美族簡直是生活在地上的樂園一般快活。❷

因為紅頭嶼四面環海，雅美族重視漁撈，從這一點看

來，雅美族和台灣本島以狩獵爲主的原住民極不相同。漁撈所獲的魚分爲兩種，一種是女人不可以吃的魚種，叫做Ragut；另一種是男、女都可以吃，叫做Oyul。捕魚方法有多種，包括用魚叉刺魚及用魚網撈捕等，鹿野實際參觀後估算有二十五種。

其中，最重要的是每年春天到夏天洄游而至的飛魚，雅美語叫做Alibangbang，而飛魚汛期的漁撈叫做Mataw。Alibangbang是魚，但是會從海水中飛躍起來，滑翔於空中，而且滑翔力強勁，在雅美族的心目中，是神聖的魚類。❸

他們白天駕Tatala小舟出海，以蝦爲餌釣飛魚，但是因爲飛魚和別種的魚類不同，通常是固定在每年三月到六月群集而至，可以大量撈捕。黑夜中，雅美族划出十人座的大漁舟，叫做Cinedkeran，漁舟上點燃火炬誘魚，飛魚看到火光就大群飛來，雅美族用抄網撈取。夜間用火炬捕飛魚叫做Somoho，一夜之間可以捕獲數千隻飛魚，其情景非常壯觀。捕飛魚在雅美族的生活中，是最重要的活

---

❷蘭嶼生活習俗的描述，是根據鹿野及更早的鳥居龍藏調查時的情形轉述的，並非全是今日的狀況。今日的蘭嶼新世代原住民自稱達悟(Taw)族，不稱雅美族。

❸原文說飛魚的撈捕叫Mataw，需要補述一下。根據雅美族物質文化學者徐瀛洲先生的研究，所謂Mataw專指白天駕漁舟出海，用蝦釣飛魚，再用飛魚爲餌釣鬼頭刀等大魚的捕魚法，晚上則改駕大漁舟用火炬誘捕飛魚，叫做Somoho，所以飛魚的撈捕不能以Mataw爲代表。

動，很強烈地左右雅美族每年例行的行事曆。鹿野注意到
這一點，所以開始把雅美族的漁撈，作爲重點調查的對
象。

昭和十二年（一九三七年）鹿野在銀行家兼民俗學
家澀澤敬三的資助下，從六月到十月長期停留在紅頭嶼
調查有關飛魚捕撈的民俗。不久，爲了實地觀察雅美族在
海上作業情形，他懇求雅美朋友協助，讓他乘坐大型漁舟
Cinedkeran出海。雅美族利用火炬夜漁的飛魚季，本來絕
對不可以讓漁團以外的人，尤其是外國人參加。其他禁忌
都要遵守，例如上船後不可以說話，因爲捕飛魚時說話，
飛魚會逃散。

鹿野獲得雅美朋友特別允許上船，可能是紅頭嶼前所
未聞的事。用現代術語來形容，他應該是屬於第一個「行
動派學者」。他被允許上船，就是被雅美族信賴的證據。
雅美朋友平時都很親暱地叫他Sikano-san，不瞭解雅美語
的人，以及不瞭解日本姓氏「鹿野」的正式讀音的人，總
會以爲雅美人把「鹿野」兩個字唸成Sikano沒有錯，殊不
知雅美族在人名之前加人稱冠詞Si，所以把鹿野(Kano)先
生(san)稱叫Si-kano-san。❹

於是，這位Sikanosan平生第一次乘坐大漁舟Cinedker-
an觀戰，據說這種可乘十個人的大漁舟絕對不會翻船，但

---

❹「鹿野」這個姓唸Kano，單字「鹿」才唸Sika不唸Ka，原文的意思是雅美族
　在人名之前加接頭語Si，所以把Kano唸成Sikano，一點也沒錯。

是白天乘船時遇上風浪，則搖晃得人很不舒服，何況是黑夜出海總會有危險。船尾左側坐著一人操舵，他通常是熟知波浪狀態的老手，可以說是船長，而船首由腕力最強者占位，中間操槳者按照他們的腕力和經驗高低，給予適當的席位。❺

當Cinedkeran航行到飛魚群集的漁場時，就停下來，眾人隨即點燃茅草火炬，點燃後高舉於船首。說時遲，那時快，海面上忽然響起一陣飛魚跳躍、白浪飛濺的聲音，無數的飛魚朝向火光飛撲而來。這時候，十個船員一齊應聲站起來，爭著用圓形抄網掏取飛過來的飛魚，殺氣騰騰，有如一場戰爭。在一陣興奮中，漁舟前後、左右大搖特擺，但雅美漁人動作靈活而適度，不至於把漁舟弄翻，呈現高度的駕船技術。

每三年就有一次的閏年，使雅美族多一個月，為了多捕飛魚，把這個月放進飛魚季使用。外人也許不知情，以為每年增加一個月捕飛魚，不是更好嗎？不，他們不這樣做，因為年年多一個月撈捕，那麼飛魚的資源會枯竭；同樣的理由，他們也不用拖網捕魚，所以原始民族自己有一套適當利用自然資源的方法。

說來說去，紅頭嶼最吸引人的風物，是可乘十人的Cinedkeran。有的漁舟可乘六人、八人等，但是可乘十人

---

❺船首的人操雙槳，他的腕力最強，其他人分為左右兩排乘坐，每人操一支槳。舵手朝向行駛方向，其他操槳者背向船首而坐。

的大漁舟才具代表性。雅美族獨特的漁舟，船首和船尾都翹起來，從遠處看，船型優美，有點像航行於義大利水都威尼斯運河中的Gondola舟。

第二次世界大戰以前，某一個專門設計海軍艦艇的日本軍官，來台灣參觀台北帝大土俗人種學教室所展示的一艘單人操作的Tatala小漁舟，他發現船首外側所設計的流線型，不禁發出驚嘆聲，原來當時最新式的巡洋艦艦首設計，和雅美族小舟一模一樣。而大型的Cinedkeran也具有同樣的優美曲線設計！這個叫做「原始人的智慧」，是從腦裡計算出來的精巧藝術品啊！

雅美漁舟外側有紋飾雕刻，高雅而燦爛奪目，可以說是原始藝術的極致。他們沿著船體的輪廓，雕刻聯綴的幾何形紋樣和人像紋，船首和船尾有人像木雕，飾以黑色雞毛，象徵著創造紅頭嶼的超人Mangamaok。相傳，紅頭嶼的造船技術是這位創造之神所傳授的。

各部落的船團，各有不同的紋飾。造船的雅美族先把船體塗成白色，上面雕刻紋樣，再填以紅、黑兩色。白色是底色，把燒灼的夜光貝搗成粉末，加水調和而成；紅色塗料是用一種叫做Bolilaw的赤土；黑色的塗料則用鍋底的煤灰製成，填入已雕好的紋樣。

船首和船尾兩側都有大圓形紋飾，雅美語叫做Mata no tatala（船眼）。據說，船眼是航海時避邪所必需的，但是現今的雅美族似乎已經遺忘了其原來的意涵。鹿野問

他們的時候，對方只淡淡地反問：「漁舟沒有眼睛不是更寂寞嗎？」

夏季製造的漁舟（Ipaniteyka）因為施過雕刻，所以在雅美族之間比較受重視。**❻**

不管是小漁舟Tatala，或是大漁舟Cinedkeran，船底都有龍骨，以龍骨為基礎加上幾組刳板製成龍骨構造船（Plank-built boat）。原始民族通常刨空一棵大樹幹製成獨木舟，依照雅美族古老的傳說，他們曾經用過獨木舟，後來製造改良型的刳板構造船。構造船的製造需要高度的技術，所以在紅頭嶼這樣原始的島嶼，竟然早有這種造船技術，任何人都會驚訝萬分。

或許在早期的年代，雅美族為了製造獨木舟，把大樹一棵棵砍倒，在原始林中所找得到的大樹越來越少，才發展出用拼木的方式製造漁舟。每一個部位的船材並非取自同一種樹，他們已詳細地研究過了。譬如說，龍骨部分的材料需用欖仁舅、鏞葉野牡丹、烏心石、密脈赤楠等硬木，而接近底部的船板，則用番龍眼及密脈赤楠。

---

❻根據徐瀛洲氏的解釋，有雕刻的大漁舟應該叫 Nivatekan a Cinedkeran 才對。因為施過雕刻與紋飾，才要舉行隆重的船祭以嚇阻愛騷擾雕刻船的 Anito。至於漁舟首尾的四隻船眼，每一隻船眼都由幾個同心圓構成，幾乎每一層同心圓都刻出沙魚牙紋，有如鋸齒。這複式眼睛的作用，依照民族學及考古學家國分直一的解釋，是避邪。複式眼睛反射著陽光，反射 Anito 惡靈的邪視，使邪視的威力減弱，以保護船員在海上的安全。漢人在門楣或其他位置懸掛八卦或鏡子，也是同樣的避邪的目的，無論眼睛、鏡子、八卦都反射邪靈的邪視與作祟。

這種龍骨構造船巴丹島也有，更南方的所羅門群島巴布亞人也使用類似的龍骨構造船，但是它的製造過程及相關的船祭，則從來沒有被充分調查、研究過。

紅頭嶼的雅美族在六月到八月期間製造大漁舟，但是並非每年都製造，差不多六、七年才有一次。這一年剛好有船團要製造有雕刻的大漁舟，所以鹿野很幸運地抓住機會實地觀察造船的全部過程。他隨同雅美族上山看他們如何選材、伐木、削木，看他們如何在有經驗的長老指示下，完成造船的每一個步驟，包括切削、組合、雕刻紋飾、塗顏料等，作成一部完整的民族誌記錄，全部過程共兩個月。

雅美族建造大漁舟時，最怕Anito惡靈來鬧場，所以都要費盡心思討好祂。例如，選吉日上山砍伐用於製造龍骨的木材，刨製船板的時候，不斷地唸咒詞："Gasa-gasun Am! Aporogan Am!"大意是「這是雕刻船喔，有紋飾的大船！」聽到咒詞的Anito就以為「船造好以後雅美人會請客」，所以不打擾造船的工作。

造船作業的最高潮是新船的下水儀式。七月，在紅頭嶼的鹿野寫信給當年台北高校的學弟國分直一，叫他快來參觀新船下水儀式。這裡每年舉行各種祭典，但是Nivatekan a Cinedkeran（有雕刻的大漁舟）的船祭最隆重，平時很難遇到。

當時國分在台南市。他在昭和八年從京都帝大文學部

史學科畢業，因為遇上法學部瀧川教授被開除所引起的學校騷動事件，而逃到台灣，在台南女子高級中學執教。他來台以後才開始研究台灣民族學與先史學。在紅頭嶼停留期間，鹿野把所需的物品，例如糖果、稿紙、筆記簿、鋼筆、墨水等文具，都委託國分採購、交給交通船送到紅頭嶼。國分聽到消息後高興地偕同畫家御園生暢哉趕來了。從七月底起兩個星期，國分和鹿野一起行動，因為他是應警務局囑託的邀請前往，所以只辦了簡單的手續。

每次來到紅頭嶼，鹿野都借用紅頭社警官駐在所一間房間起居。還沒擔任警務局囑託以前也借住過，但總是覺是不好意思打擾人家，現在既然有公務，就住得更坦然了。他回東京的時候，常向親友吹牛，說他擁有「一棟別墅在紅頭嶼」，大概是因為紅頭嶼調查期間，固定地把這裡的日警宿舍當作別墅一般使用的緣故罷。太平洋戰爭中宿舍的屋頂被颱風吹掉，後來成為廢屋，戰後又經過幾年才完全被拆除。

鹿野利用日式宿舍裡收放棉被的櫥櫃，當作一間暗房，當天拍照的底片，在暗房裡自己沖洗，假如發現照片有問題，隔天就補拍。這個時候，他開始發福，只著一件日式內褲躲在暗房裡沖洗照片，熱得滿身大汗。他的內褲破了幾個洞也沒有縫補。隨同國分到紅頭嶼的畫家御園生看到了這情形就嘲弄鹿野，說：「內褲沒有開洞怎麼受得了暑氣呢？」（引自國分直一〈赤虫島紳士錄〉，原載

《太陽》雜誌第四號，1963年）

　　鹿野用他心愛的萊卡照相機拍攝造船和下水儀式的全部過程，現在我們看當時的照片，不禁感嘆拍攝者熱烈投入的精神，從照片鮮活地傳達出來。

　　在紅頭嶼停留期間，鹿野把卑南族出身、擔任紅頭嶼駐在所巡查的Simakayo（日名後藤武雄）當作雅美語譯員，而國分自己也雇用當時才十六歲的雅美少年Simanokas為他翻譯。

坐在蘭嶼海濱的鹿野忠雄（右二）、巡查（左一）、雅美族朋友，1937年。前面是漁舟模型。

　　學者在陌生的地方作田野調查，所依賴的是譯員，但是彼此之間很不容易在短時日內培養默契。國分開始訪談族老的時候，譯員無法忍受枯燥的問答，一個鐘頭後就提議休息，第二天再做，使國分束手無策。少年Simanokas可能是後藤巡查推薦的人選。他是後藤巡查在蕃童教育所

所教過的學生中，最優秀的一個，聰明的相貌似乎讓人預料他將來會有成就。第二次世界大戰結束後，紅頭嶼被改名爲蘭嶼，而Simanokas已改名爲Syaman・Kapogan，擔任紅頭村長及縣議員。除了母語雅美語外，他會講日語、華語及英語，所以是蘭嶼的知識份子，一九八七年去世。

國分偕同Simanokas調查紅頭社的漁團，後來發現鹿野早已開始調查全島各部落的漁團，於是把紅頭社部分做完就結束。無論是造船或夜間用火炬捕飛魚，都需要群策群力，所以每一艘大漁舟都有固定的船員組織，也就是漁團。建造新船時，開始從一個或二個父系群中募集漁團的成員。

八月，新船下水儀式的吉日已選定了。鹿野、國分和御園生在調查據點──紅頭社觀看就近舉行的大祭。他們目睹了下面情景：

屬於這隻Cinedkeran的船員，邀請每人的親戚從島上各部落前來祭場，但見這些親人全部穿著禮服緩緩走過來。男人都束緊全新的白色丁字帶(Kekjit no mehakay)，上身著一件儀式用的無袖短背心上衣(Talili)，藍色的背心是屬於獨特的織法，手臂上戴著銀質臂鐲(Puchinuken)，家裡有銀盔(Volangat)的人都把它帶來了。每一個男人手裡握著一把已出鞘的長刀或長矛。不用多說，男人出門必帶武器驅趕惡靈。

婦女的情形到底是怎樣呢？鹿野們看到進場的婦女都

穿著袈裟型方布衣(Ayob no mavakes)，胸前掛著一大串玉珠類胸飾(Zaka)，和男人一樣臂上戴著銀質臂鐲，頭上戴著木製八角型禮帽(Rangat)，也和男人一樣，每一個婦女都握著一把已出鞘的刀或長矛。

參加新船下水儀式的人，不限於漁團成員的親戚，整個部落的男女都踴躍參加，所以非常熱鬧。祭日前一天，過了中午以後婦女把大量的水芋堆滿在新船裡裡外外。因為需用大量水芋，屬於新漁團的成員家族，早於四年前就大量種植水芋，以供祭典所需。

祭日的清晨，婦女們都忙於將禮芋從新船搬回家，分送親戚、朋友；而男人則宰殺自己飼養的豬、羊，煮熟後用水芋葉子把切好的禮肉包起來，分送親戚。到了近中午的時刻，整個儀式要開始了。

首先是叫做Miparek的祈求豐漁儀式。主角是舵手（船長），他頭戴銀盔，手握長刀，帶領全體帶刀的船員祈求豐漁。這個時候，人群都聚齊於涼台(Tagakal)或主屋(Vahay)屋頂上觀看。

之後，船員搭乘漁舟，每人坐在固定的席位，由長老主持叫做Miraod的儀式。長老、舵手及每一個船員都輪流唸咒（Raod），祈求新船好運。儀式過程中除了唸咒的聲音外，四周靜悄悄的，眾人沈醉於宗教氣氛中。

Miraod儀式結束後就達到最高潮，也就是叫做Manaway的驅邪儀式。驅除惡靈Anito，需要整個部落的男

人，甚至別部落的男人來參加，所以有時候人數增加到一百人以上。男人都把Talili上衣脫掉，只剩丁字帶，每二、三十人組成一隊，在幾個地點待命向新船進發。

不久，Manaway儀式開始了。待命於部落各角落的Manlalavuyataw（驅靈者）得到訊息，同時以縱列行進的方式向新船的方向殺進來。他們提高嗓門怒吼，揚眉怒視，左右搖擺憤怒的頭臉，雙腳急速踩地，大地隨著震動。他們左手握拳，置放於大腿間，右手使勁地揮動、驅邪。這一群一群怒氣沖沖的驅靈者從四面八方殺進祭場來，把新船團團圍住，這時候，同樣地束著丁字帶的船員也加入，齊步向Anito做出示威的動作。

雅美族船團的成員頭戴銀盔舉行Miraod儀式（新船下水儀式之一）。（鹿野忠雄攝）

他們在一聲令下，把新船抬起向前移動二、三步，又退後二、三步，其間驅邪的示威沒有停斷，連續五、六次作一進一退的動作，以威脅Anito，同時也在欺瞞Anito。驅靈者的熱力已升高到極點，觀眾也不由得歡呼起來。高度宗教性的興奮情緒瀰漫於祭場，無論是驅靈者或是觀禮者，都被熱情狂野所虜。

日本NHK曾經於1982年錄製蘭嶼雅美族的電視節目，記者高林公毅另用照相機拍到Cinedkeran漁舟上岸的情景。

最後，眾人把又大又重的新船高舉於頭上，把舵手留在船上揮舞大刀驅邪。在一陣陣歡呼聲中新船被反覆舉起，又輕輕地放下，其間眾人也反覆做驅邪的動作，數次一上一下後，突然間眾人抬著新船往海岸前進。雖然地面高低不平，人已熱昏了頭，腳步有些紊亂，而且氣喘如牛，新船被抬到海濱後放下來，眾人環繞著漁舟繼續做Manaway的示威動作。

然後，眾人又把船高高地抬起，往大海方向突進，又快速地往山丘方向後退，連續做數次的一進一退動作，以欺瞞Anito，而向惡靈示威的動作一直沒有停止。最後，大家齊力抬著船衝向大海，每一個人雙腳踩著波浪，手不斷地擊拍海水，船下水時衝破海浪，濺起飛沫，煞是壯觀。下水後抱拳怒目的驅邪動作仍然持續下去。」（節錄自鹿野忠雄〈紅頭嶼ヤミ族の大船建造と船祭〉）

一百多個裸體的壯丁使力踩大地驅除惡靈的聲勢，的

確嚇人。當時爬在涼台上作素描的御園生嚇得魂不附體似地丟下畫冊跑開了。鹿野生怕錯失機會似地猛按相機，拍攝每一個細節，使國分瞠目結舌。當時的底片很貴，不像現在這麼便宜，可以隨興拍攝。國分使用大型的Brownic照相機好不容易拍下二十張照片，但鹿野用Leica拍下了十倍的張數，可見兩人都全神貫注於儀式的進展，忘了耗費不貲。雅美族雙手高舉新船於頭上的鏡頭，與我們在南洋所羅門群島所見的完全一樣。

浸透海水的雅美人都上岸了。鹿野向漁團的成員道賀。他說："Cinman! Cinman!"（太完美了！太完美了！），雅美人害羞地報以一句客氣話："Abocinman!"（不，還不夠完美！）。

在船長級的舵手家召開的宴會持續到黃昏，其間舵手請鹿野把唱機帶到會場來。原來，鹿野來作長期調查時，帶來一套油畫用具和一架手提唱機，晚上有時候聽聽音樂，紓解在小島上的無聊。雅美朋友早就知道他有一架「會唱歌的機器」。

鹿野先生心情很輕鬆地把唱機帶到舵手家，放在鋪滿卵石的前庭，播放Johann Strauss的「藍色多瑙河」圓舞曲。頓時，雅美族停止交談，靜聽著。這首浪漫的曲調和著巴士海峽的海潮音，忽而低迴、忽而高揚於村落每一個角落。（國分直一〈赤虫島紳士錄〉）

雅美族寂然傾聽史特勞斯的名曲，聽得很受感動。大

概是愛聽好的音樂，是人類共有的天性罷。曲終時，雅美朋友拍手歡呼起來。

之後，畫家御園生提議他們幾個從外地來的客人，表演化裝遊行與雅美朋友同樂。他說是化裝遊行，卻沒有什麼道具，乾脆學雅美朋友脫光衣服，只束著一條丁字帶。走在前面的御園生只把三原巡查的警刀斜掛在背上，手裡捧著一個手風琴，邊走邊彈。他的背後有國分和鹿野，和其他幾個外客排成縱列行進，鹿野殿後。他照平常的日子一樣，上半身裸體，下半身只穿一件前面有破洞的內褲，頭上戴著他的招牌帽子－－一頂熱帶探險專用的Safari帽，有點不情願似地跟在隊伍最後。

圍觀的雅美女人眼尖，一眼就看出鹿野的內褲有破洞，嗤嗤地笑著，說："Sikanosan，abocinman!"（鹿野先生，羞羞，太難看了！）

畫家隨時隨地放下手中的手風琴，跳到路旁半穴居屋的屋頂，大跳Kappore舞，因為演出太熱烈，繫在腰際的丁字帶快要鬆開了，雅美觀眾見狀大聲喝采。❼

在《台灣原住民圖譜・雅美族篇》英文原版的卷頭語

---

❼Kappore是日本街道賣藝者為吸引行人駐足圍觀所跳的滑稽舞。御園生所繫的丁字帶，原文寫「越中褌」，這是日本越中地方流行起來的一種丁字褲，用一條繩子圍腰，前面繫著一條三尺長白布，繞過私處繫於後腰。至於鹿野所穿的內褲，原文寫「猿股」，讀音Sarumata，是一種緊身的腰褲，功用和內褲一樣。

從小蘭嶼展望蘭嶼（鹿野忠雄攝）。

中，鹿野表示：「我非常感謝雅美族朋友，今日仍保存著優秀的造船技術與船祭，讓我仔細地觀察。同時，我願意讚美他們，雖然沒有族長制度，但是他們在日常生活中，保存著自古以來他們祖先所傳下的和平秩序，願上蒼保佑這些愛好和平的雅美族，讓他們永遠過著如此安詳，如此充實的，有尊嚴的獨立生活！」鹿野一定是在充滿感謝的心情下，衷心地祈求上蒼賜福於雅美族朋友的。

第八章

軍靴響亮的步伐聲中

昭和十年（一九三五年）日本軍部趁「天皇機關說事件」擴充其勢力，十一年國內發生「二・二六事件」，十二年在中國發動「蘆溝橋事變」，點燃了中日戰爭；十三年在國內催生了「國家總動員法」，十四年公布「國民徵用令」，一連串違逆國民心意的事情紛至沓來，到了納粹德國侵入波蘭以後，日本經濟情勢更加惡化，一個灰暗的時代到臨了。❶

　　在學術方面鹿野的競爭對手──北海道帝大教授河野廣道（1905－1963），由於被視爲策動該大學赤化事件的共犯之一，於昭和十年遭受日本政府以「治安維持法」逮捕。❷

　　鹿野幸而身上沒有發生像河野所受的災禍，但兩人幾乎在學術上走同一條路。兩人的處女論文都發表於《昆蟲世界》雜誌。鹿野從紅頭嶼發表球背象鼻蟲的新種（昭和

---

❶本段提及日人所熟悉的事件，國人不一定清楚，簡單說明如下。「天皇機關說」是日本憲法學家美濃部達吉所提出的學說，引起了大正年代民主主義思潮。他認爲國家是法人，天皇只是代表國家的最高機關，但主權在國家。這個基於民主主義的立憲主義憲法解釋論，在昭和十年右翼軍方勢力抬頭時被排斥，他的著作變成禁書，這就是「天皇機關說事件」。「二・二六事件」指昭和十一年二月二十六日，日本陸軍右翼軍官發動政變遭受失敗事件。「國家總動員法」是中日戰爭中，近衛內閣所公布的國家戰時做全面統制的立法。「國民徵用令」是基於國家總動員法頒布的，政府可以下令徵用國民從事軍需工業的勞動，支援中日戰爭的進展。

❷「治安維持法」於大正十四年（一九二五年）立法，以彈壓共產主義活動爲主，但擴及結社、社會運動的全面禁止。昭和十六年增加「預防拘禁制」，成爲嚴刑峻法的惡例，昭和二十年（一九四五年）廢止。

四年），河野立即也從紅頭嶼發表別的新種（昭和五年）
；鹿野提出新華萊士線的修正線（昭和八年），河野立即
於同年提出相關的生物分布境界線，發表札幌市低窪地帶
在生物分布上的意義；鹿野開始調查南方民族（台灣原住
民族），河野也差不多同時，開始以北方民族為研究對
象。 兩人已經建立了昆蟲學者的地位，也同時邁入民族
學、先史學的領域。鹿野於昭和五年加入東京人類學會為
會員，而河野也於次年加入。鹿野有這樣一個競爭的好
手，對於他被逮捕的事件，不可能漠不關心，因為同樣的
災禍會隨時發生於自己身上。

鹿野每年都到紅頭嶼的「別墅」，最後一次是在昭和
十六年（一九四一年）。假如沒有發生太平洋戰爭，鹿野
可能會繼續每年去調查的。

日本銀行總裁兼民俗學家渋澤敬三，
1944年。

其中，昭和十二年（一
九三七年）的調查期間最
長，在一年內看了四次船
祭，成果很豐富。這次是日
本銀行副總裁渋澤敬三資
助的。鹿野在昭和十年代以
來屢次獲得渋澤的支援，
為了答謝他的支援，鹿野盡
力為他搜求標本，也每年提
出論文。

渋澤敬三是近代日本資本主義的最初指導者渋澤榮
一的嫡孫，繼承渋澤家世的爵位（子爵），但是，他和
祖父、父親不同，篤志於學問的研究，從昭和初期以來，
不停地出資培育研究民族學的幼苗，尤其對於鹿野那樣經
濟上有困難的年輕學者，則積極伸出援手。渋澤曾經於
昭和四年（一九二九年）資助岡正雄留學維也納，這個人
後來成爲日本民族學界的領導人物；也匿名資助過很多
人，例如他出資協助知里幸惠出版著名的《阿伊努族神
話、歌謠集》。由於他打從心底愛好學問，也喜歡幫助被
他看中的年輕學者，他在旁人心目中是研究者的守護神。
鹿野個人的研究成果總是超出五、六人份，所以獲得資助
者渋澤的高度評價。

　　渋澤早年就讀於東京高師附中的時候，因爲受到丘
淺次郎《進化論講話》的啓示，對動物學發生很大興趣，
投入高等師範學校丘教授門下學習。丘教授是研究螞蟻的
世界權威，當時渋澤受到影響，熱心採集螞蟻標本。他
用實驗箱記錄蜜蜂的行動也是屬於這個時期（大正初期）
的研究內容。

　　大正四年（一九一五年），渋澤考上高等學校，次
年他的父親因爲某種原因被剝奪爵位，所以渋澤敬三在
學生時代就成爲祖父的直接繼承人，因爲祖父榮一的強烈
期待，大學畢業後進入經濟界。他本來私下決心要當動物
學者，這一個轉向是相當痛苦的抉擇，據說，他祖父勸他

改變初志，他起初抗拒了半年。

　　雖然已在經濟界活躍，他對於做學問的美夢沒有停斷，在主持銀行業務之餘，由於個人的嗜好，不但蒐集玩具，對於鄉土玩具製造業的發展，貢獻個人的力量。他在東京市三田區自宅，設立一個叫做"Attic Museum"的研究所，研究民俗器具及水產史。這個英文名稱是「閣樓博物館」的意思，事實上設立於廣大自宅內一棟車庫上的閣樓，表示這是一個民間的小博物館，附帶有研究所的功能。他不定期召開月會，讓同好一起研究並蒐集日本庶民，尤其是偏遠山區農民的生活用具。

　　鹿野已經在昭和八年（一九三三年），透過剛從法國留學返國，服務於外務省的社會地理學者飯塚浩二的介紹，認識這位金融界大人物渋澤敬三。

　　鹿野偶然參加了昭和十一年（一九三六年）十二月，渋澤主持的Attic例會，剛好在研討會中，與會者談及台灣原住民族的用具，於是鹿野在會中強調紅頭嶼雅美族的民俗用具非常值得蒐集、保存，結果獲得渋澤的贊同。

　　這個時候，Attic 博物館的收藏品已達二萬多件，收藏的空間不夠大而大傷腦筋，渋澤決定全部捐給「日本民族學會」研究。捐贈的動機是昭和九年日本民族學會成立之際，他被選為理事之一，為了貫徹他的意願，他甚至要把座落於東京郊外，今保谷市的一塊土地，連同研究所及博物館贈給學會經營。同時，渋澤想把所有的民俗用

具放進遷址後的博物館。不用鹿野指出，渋澤也知道現在雅美族民俗標本顯得太少，太寒酸，於是為了充實新建的博物館，立即派遣 Attic 博物館研究員宮本和小川兩人，到紅頭嶼收集，由鹿野帶領、指導。

那一次例會除了主持人渋澤及第一次出席的鹿野外，其他還有八個人出席，包括正在調查台灣原住民各族宗教儀禮的古野清人、研究員宮本馨太郎、小川徹，以及還是學生身分的知里眞志保。

渋澤從此向鹿野保證要支援他今後往台灣和紅頭嶼作長期停留調查。渋澤第一次資助鹿野的時間是昭和十二年（一九三七年），那年正值日本財政、金融界受到歷史上未曾有的「非常時期統制」，任何機構都受到資金緊縮的關係，無法輕易拿出資金援助學術研究。渋澤竟然交付鹿野一筆研究資金，同時還把個人所有的土地、建築物、研究所設備，甚至經營博物館、研究所的資金全部捐出，衡之於當時的情勢，實在是一件破天荒的大事。從這一點，我們可以看出鹿野也受到恩惠的日本銀行副總裁渋澤敬三，多麼熱心於協助個人研究者和學會。

交通費用方面，鹿野接受了學術振興會的資助，所以於昭和十二年初就匆匆趕到紅頭嶼，完成這一年度第一次調查，同時把以前蒐集的標本全部交海運寄到Attic那裡。三月下旬宮本和小川抵達基隆時，鹿野到港口迎接他們。他們按照鹿野原先的指示，帶來了一大包幣值為五十錢的

銀幣，準備帶往紅頭嶼向雅美族交換民俗標本。當時這種銀質硬幣不再通用，很不容易看到，幸虧澀澤的關係，能夠在短時間內收集到雅美族所喜歡的銀幣。

三月號的《Attic博物館月刊》以大標題報導派研究員前往台灣採集標本的消息。他們在熟悉紅頭嶼的鹿野引導下去紅頭嶼，應該不會有什麼問題，但是發生了一件怪事。三個人來到高雄以後，不知是什麼原因，突然放棄原先到紅頭嶼蒐集標本的計劃，改到大武山的山麓採訪排灣族部落。原來，宮本突然提出異議，鹿野和小川追問之下，才知道宮本不久要在內地結婚，聽到每月只有一班次船駛向紅頭嶼，深怕此行在紅頭嶼停留至少要一個月，會耽誤他的婚期。

鹿野也不敢作主，三個人商量的結果，決定留在台灣蒐集。鹿野告訴他們兩人，說泰雅族的民俗調查現在還是

鹿野忠雄（前列右二）攀登北大武山後訪問排灣族望嘉社頭目（前列左一），與望嘉駐在所的警察合影，1937年。

危險，倒不如往比較開化的排灣族那邊訪問比較安全。他們從高雄到當時有戰機聯隊進駐而著名的屏東，然後沿著高屏溪支流伸展的山徑前行，路上忍受滴水皆無的痛苦，到大武山西麓的八個排灣族部落調查，同時使用涉澤個人所有的十六mm攝影機，拍攝記錄影片。民族誌影片《排灣》便是這次調查行成果之一。

在排灣族各部落調查時，鹿野沒有忘記蒐集民俗標本，也用他的德製萊卡照相機，大量拍攝排灣族的物質文化。這時候，他的萊卡因為被帶到田野頻頻使用，機體磨損，烤漆剝離後露出黃銅部分，而發出亮光。鹿野沒有改變老習慣，每天晚上非沖洗底片不可，因為要讓底片快乾，他使用工業用酒精沖洗。排灣朋友聞到酒精氣味，以為是酒，使他百口莫辯。為了使排灣朋友瞭解工業酒精絕對不可以偷喝，他用手勢，又扮演身子倒地死亡的姿勢，勸止排灣人的飲用意圖。他們三人到底收集了多少民俗用具，拍攝多少記錄影片呢？先引用鹿野致涉澤的信：

時序又到初夏季節，久未馳信請安，諒閣下一切安好。

自從來到台灣以後，在排灣族各部落巡訪，前天才從山上部落回到台北。在這段期間總共拍攝了二千張以上的照片，也收集了五百件以上的民族誌標本，幾天前同時把照片和標本一起交託屏東「丸通運送會社」用海運方式寄出，本月中旬諒可以寄達府上。

本月十六日，晚葷將在基隆搭乘班輪「Menado號」前往紅頭嶼，作今年度第二次調查，這也是今年度最後一次的調查，除了上次已收齊的標本以外，很想繼續尋找別的，務使雅美族的民族誌標本，無一遺漏地搜集齊全。此外，晚葷不論如何想要買下一隻十人座的大漁舟運回內地。餘言再以書信向閣下報告。

鹿野忠雄　敬上

六月六日

我們覺得鹿野在短期間內拍攝了二千多張照片，應該是出之於某一個強烈的意圖罷。原來，在日本內地，鹿野和澀澤兩人已經約定，決心製作並出版《台灣原住民圖譜》系列，而最先要出版的是雅美族部分，鹿野為此已累積了不少雅美族生活照片，圖譜第一卷的出版預告也在學術期刊上刊載過。本次拍攝的排灣族物質文化照片準備用於第二卷排灣篇。

另一方面，鹿野寄出的台灣原住民生活用具，分批抵達 Attic 博物館，終於在昭和十三年興建於保谷市的「日本民族學會附屬博物館」落成的同時，移交給新館展示。這些民俗用具及民族誌資料，今日保存於大阪市千里的「國立民族學博物館」，可以說「民博」是以澀澤敬三的 Attic 博物館收藏品為基礎所建立的博物館，同時也被賦

予研究任務的機構。❸

　　把標本寄出後，鹿野很輕鬆地照既定的計劃，於六月中旬又到紅頭嶼，如前一章所述的，進入長期調查。

　　鹿野將這次調查成果，於次年（昭和十三年）二月十九日在東京人類學會第五百十四次例會發表。他準備的資料相當齊全，在會場一共用一百張照片，說明大漁舟從選樹、伐木到製造、下水儀式的全部過程。列席於例會的長谷部言人會長特別誇獎鹿野，請他趕快把論文交給《東京人類學會雜誌》發表。

　　長谷部原任東北帝大醫學部解剖學教授，一個月前，亦即昭和十三年一月被調到東京帝大擔任人類學教授。這一次例會幾乎是爲了介紹他給學會人士認識而召開的。

　　東京帝大理學部人類學教室的主任教授松村瞭，於昭和十一年猝死，死時才五十五歲。他的職位一直空著，因爲沒有適當的人選繼任，人類學教室差一點要關門之際，東京帝大當局聘請這位解剖學教授來接任。

　　實際上，長谷部教授一直在感嘆日本的人類學界（包括他自己）過度偏向「計測人類學」（即計測人體的人類學，體質人類學），幾乎完全抹煞民族誌學（Ethnography

---

❸鹿野忠雄的《台灣原住民圖譜・雅美族篇》（英文版），直到他失踪那一年，亦即昭和二十年（一九四五年），才以他和瀨川孝吉合著的名義出版。因爲局勢變化與鹿野的失踪，其他各卷的製作與出版完全停止，其他各族的照片也已不知去向，令人惋惜。

）上的研究。這個時候，他突然看到鹿野熱力充沛地發表雅美族的民族誌學內容，不禁拍打自己的膝蓋，表示個人的贊同。當時列席人士中，有須田昭義、八幡一郎、原田淑人、宇野圓空等學者。

這一個時期，回到東京帝大大學院的鹿野，幾乎每天輪流上地理學教室及人類學教室的課，課餘常常和八幡一郎一起談論物質文化問題。鹿野在東京人類學會的例會，發表有關雅美族造船技術，事實上是八幡所引薦的。

當時東京有一個「Ape會」組織，這是由幾個東京帝大的年輕教授為核心組成的。Ape是類人猿的英文名稱，學會取用這三個英文字母，來代表人類學(Anthropology)先史學(Prehistory)及民族學(Ethnology)，主要成員是民族學的岡正雄、考古學的八幡一郎及江上波夫、人類學的須田昭義、宗敎學的古野清人、社會學的小山榮三及地質學的赤堀英三。另外，學會創始期也有人文地理學者佐佐木彥一郎參加。

Ape會的成立，等於解除了以東京為中心的關東地區學界各自為政所引起的障礙，讓各科學者互相做科際交流與研究。我們不知道鹿野跟Ape會有什麼程度的關聯，但是，既然他認識的八幡及須田在學會中很活躍，鹿野也許是與Ape會有連絡的。

另一方面，主持東京帝大理學部地理學科的主任敎授辻村太郎，看到屬於地理學科的研究生鹿野，已傾向

於民族學方面而感覺不痛快。站在辻村的立場看，地理學科是晚近才設立的科系，至少要全體師生努力展現某一個程度的業績，才能保持與別的科系同等的地位。辻村當時還是助教授，助教授的職等使他沒有資格參加理學部教授會議。因此，在本科系裡面的人，除了地理科研究外，還要同時進行別科系的研究的話，會使理學部內的地理學科面臨在形勢上被削弱的局面。

當時，動物學科的人把鹿野看成動物學者或昆蟲學者，而人類學科的人又把他看成民族學的新秀。做為地理學科的領導者，辻村承認鹿野本來就喜歡研究動、植物，鹿野是個優秀的人材，但是他非常不願意別科系的教授把鹿野看成動物學者或民族學者。

至於鹿野本人，他主張學問的重要進展發生於「境界領域」，侷限於小框框內是無法開展的，唯有跨越學科的界限，才會有學問上的突破。當Attic博物館決定派遣宮本與小川到台灣蒐集台灣原住民民俗用具的時候，鹿野曾經對地理學教室的晚輩小川說了這句話，給小川留下深刻的印象。鹿野本人率真地隨意跨到「境界領域」，當時的大學當局是很不贊同這種做法的。

實際上，新上任的東京帝大人類學教室主任教授長谷部言人，看到有人連繫「東京人類學會」和「日本民族學會」，促成兩個學會合辦一次聯合大會，雖然獲得好評，還是忍不住把這個橫的連繫加以拆散。他對於不同學會的

青壯學者互相連繫，形成一個像「Ape會」那種組織，感覺不痛快。與其說這是長谷部個人的主意，倒不如說，標榜權威主義的東京帝大學閥授意之下把它擊垮的。

在這種情形下，研究生身分的鹿野和指導教授辻村逐漸對立。辻村說鹿野老是在搞昆蟲或民族學，一點也不認真地上地理學的課，鹿野反駁說，辻村的研究不過是「桌上空論」。本來，鹿野想向東大地理學教室提出他的博士學位論文，但是主持地理學教室的辻村只是一個助教授，而且還沒取得博士學位。師生之間在言行方面不融洽的原因，可以說是從辻村沒有博士頭銜所引起。看樣子，鹿野想在東京帝大申請博士學位越來越不利。如果改向隔鄰的動物學教室提出論文，可能不會順暢。主要的原因是，東大動物學教室專做教室內的實驗、研究，對於動物地理學完全不瞭解。

學位申請被耽誤了之後，好不容易在昭和十六年（一九四一年）鹿野才從京都帝國大學獲得理學博士學位。鹿野的老師辻村直到昭和十八年才獲得。

當初鹿野為提出博士論文觸礁的消息，似乎透過德田御稔傳到位於京都市的京都帝大動物學教室。德田當時從事鼠類的分類、研究工作，鹿野在紅頭嶼長期停留期間，發現以前沒有見過的鼠類，曾經把標本寄給他，請他幫忙鑑定。可能是他倆之間書信往來時，德田獲悉鹿野的狀況，把鹿野論文的事，告訴當時在京都帝大的駒井卓教授

（後來擔任國立遺傳學研究所部長）。駒井瞭解鹿野的窘狀，勸他立即將他的論文向京都帝大提出。

鹿野將放在手邊很久的台灣雪山山脈動物地理研究論文，用英文整理出來，直到昭和十五年（一九四〇年）才定稿，同年把這篇學位申請論文向京都帝大提出並接到受理的通知。擔任論文主審者是教動物生態學的川村多實二教授。審查通過後，這篇論文由於澀澤好意的安排，由Attic博物館負責出版。

同年十一月，《次高山彙の動物地理學的研究》出版了。論文裡鹿野以長年調查的雪山山脈脊椎動物相和台灣冰期研究為基礎，論述台灣島動物相的構成。他將這篇博士論文，獻給他在台灣雪山搭建臨時小屋調查期間，病亡的母親，卷頭的謝辭中首先提及他在台北高校就讀時期，很有愛心地照顧他的三澤糾校長大名，表達謝意。

昭和十五年底，京都的學者朋友在市內三條火車站附近的料理店「三島亭」舉行宴會，祝賀鹿野博士學位論文通過審查。出席者除了鹿野外，都是動物學界的人：今西錦司（當時擔任京都帝大講師，後來升任京大教授及岐阜大學校長）、可兒藤吉（當時是大學院研究生）、德田御稔（當時擔任京大講師，後來升任助教授）、森下正明（當時擔任京大助手，後來升任教授），以及當時還是大學生的安江安宣（後來擔任岡山大學教授），每一個出席者都是動物研究方面相當活躍的人物。

其中，今西是愛好登山探險的學者，以身作則，努力開拓登山與學術研究結合的領域，被尊稱為「學術探險」的創始人。他比鹿野大三歲，當時兼任京都帝大山岳部的指導老師。昭和九年底至次年一月，他帶領山岳部學生到北韓攀登嚴冬期的白頭山，完成首登，同時研究冰河問題，本人卻以昆蟲學論文獲得博士學位。他的研究內容和重視行動的態度和鹿野相似，所以彼此有連絡，成為一對競爭對手。

　　今西從那個時候起就有極好的組織能力及指導晚輩的能力。在研究方面兩人所採取的方法相反。今西喜歡先提出理論，然後求證；而鹿野則喜歡單獨行動，而且多半是冒險活動，習慣於先把事實提出，然後以歸納方法確立理論。兩人都研究生物學，也愛好登山，以學術伴隨登山，雖然有這些類似之點，但是兩人的性格卻完全相反。❹

　　昭和十五年（一九四〇年）是鹿野最忙的一年：六月寫好博士論文後，才開始相親。他已三十四歲了。他長年在田野工作，一直把婚姻大事拖延，最近看到父親自從喪妻後寥落寡言，就勸他續絃，而鹿野本人則沒有注意到自己該結婚了。

---

❹今西錦司和鹿野忠雄，兩人都是生物學者、人類學者、登山家及探險家。今西在京都帝大任教時期，就多次帶隊前往內蒙、大興安嶺、喀喇崑崙山脈、非洲大陸作學術探險。他是動物社會學的開創者，以〈非洲類人猿社會之研究〉，獲得學界很高的評價。本書作者將今西和鹿野作對比，相當有趣。

他相親的對象是住在廣島的丹那靜子，比鹿野年輕九歲，是鹿野住處鄰人組織❺的管區警察所長託人介紹的。鹿野看到獨自來東京相親的靜子楚楚動人的樣子，立即喜歡她。他聽靜子說沒去過上野動物園，馬上把她帶到那裡玩，又一起到東京銀座，買了一個高級手提包送給她，靜子很受感動。

　　靜子回廣島以後，鹿野隨即寄去他在台灣爬山時寫下的山岳紀行文章，以及在紅頭嶼觀察雅美族建造大漁舟時所寫的論文抽印本，緊緊地抓住靜子的芳心。鹿野在一見鍾情的情形下，決心娶她。

　　結婚儀式安排在十一月十五日，東京中野區內的「日本閣」舉行，媒人是早先向鹿野提供相片安排相親的鄰居沖田夫婦。

　　直到結婚那一天，鹿野繼續忙於沖洗份量龐大的照片，準備按照既定的進度，製作紅頭嶼雅美族和台灣南部排灣族圖譜，作為渋澤的Attic要出版的《台灣原住民圖譜》雅美族篇（第一卷）和排灣族篇（第二卷）。

　　照片沖洗的工作因為立場不好，不敢在大學處理，所以分為兩個地方 —— 東京代代木的瀨川孝吉家及淀橋町的鹿野老家，各自設置一個暗房處理。

---

❺鄰人組織，原文寫「鄰組」。按「鄰組」是昭和十五年（一九四○年）制度化的民間互助組織，以十戶為一個單元，戰時政府透過這一個末端組織，宣達政令，並實施物資配給、義務勞動、防空演習等事務。

十一月十五日（結婚的日子），鹿野照常在瀨川的家沖洗照片。突然他想起那天是舉行婚禮的日子，對被蒙在鼓裡的瀨川說，他要出去參加婚禮，也沒有說清楚是誰的婚禮，就急忙跑出去了。過去他有數次相親的機會，每次都對別人說現在忙於寫博士論文，沒有時間去相親，關於這一點瀨川老早就知道他的脾氣。現在不但相過親，甚至結婚的日子都已決定了，大概是因為有點尷尬，他不敢向瀨川這個伙伴說明事實的經過，以為不請他觀禮就可以免除尷尬的局面。想不到鹿野弄巧成拙，事後瀨川發覺這件事，從此以後老是埋怨鹿野結婚的時候，對朋友做出不近人情的把戲。

事實上，鹿野沒有發帖子招待朋友參加婚禮。他堅持說不招待朋友、不接受賀禮，那麼以後用不著煩惱如何還禮。結婚以後，他帶靜子分別訪問中學時期的老朋友——藤田圭雄、渋谷政智（筆名木村太郎）、山脇眞橘等，也到渋澤敬三那裡報告近況。

鹿野和靜子的新居在上ノ原町，隔著中央線鐵路和日本閣相對，接近雙親的家。婚後靜子發現鹿野的家收藏著很多台灣原住民的生活用具、衣飾、武器、石器和陶器，大開了眼界。

這期間，同年四月渋澤出版手著的《豆州內浦漁民史料》四卷，獲得「日本農學會」所頒布的第一屆農學獎。五月，得獎祝賀會假東京築地的「延壽春」餐館舉

行，鹿野參加了。九月，Attic研究員之一的小川徹應召出征，在Attic有一場歡送會。小川幸而當天因故被解除徵召令，第二天就回來了。鹿野身邊也有人先後被徵召到前線。

鹿野感覺戰雲密布的時局下，再也不能兼顧博物學和民族學，所以從昭和十五年起停止撰寫昆蟲學論文，同時把生物地理學論文做一個總結，以後不再涉足於生物地理學的研究。他已決心要專做民族學、先史學的調查研究，於是趁這次轉機，把以前在高校及大學期間攀登台灣中部山岳所達成的輝煌紀錄，結集為一本書出版，書名是《山と雲と蕃人と》（紀行文章曾經連載於日本山岳會的《山岳》，成書後由中央公論社出版，昭和十六年）。

鹿野這本書出版的時候，差不多同時有今西錦司的《山岳省察》（弘文堂書房，昭和十五年）、浦松佐美太郎的《たった一人の山》（文藝春秋社，昭和十六年）等書出版，這三本書同時被視為日本山岳文學名著。

新婚蜜月期間，鹿野照常花費很多時間在書房研究、寫作，使靜子感到驚愕。靜子端上啤酒，鹿野喝了啤酒就想睡，所以鹿野每次喝了就後悔。其實新婚生活並非很枯燥，中學的老同學們來看他的時候，他立即拋開書本，跟同學們圍桌打麻將。昭和十六年（一九四一年）春天，鹿野很高興地獲得理學博士學位，但是，他私下對靜子說：「我所要的是文學博士，不是理學博士！」由此看來，當

鹿野忠雄攝於書房內，1940年。

時鹿野已經把研究重心放在文化人類學方面。

結婚以前，他已經就任「財團法人日本拓殖協會」的囑託，這是一個可以不定期上班的職位。日本拓殖協會是當時「拓務省」的一個外圍機構。拓務省後來改稱爲大東亞省。❻

日本拓殖協會在體制上是向國內偏遠地區及海外地區拓殖（移民、墾殖）的內地日本人，提供資金援助的一個機構，當時併設「研究部門」及「資料收集部門」。鹿野同時接受台灣總督府及日本拓殖協會兩個機構委任，以囑託身分領取津貼，靠這兩份兼差性質的收入維持家計。他

❻「大東亞省」是昭和十七年（一九四二年）內閣內所增設的一個省，依照內閣總理大臣東條英機的指示，作爲統合所謂大東亞共榮圈國策下，政府派駐外國各地政略性質機構的上級單位，日本戰敗後被廢除。戰爭期間，鹿野因爲在生物地理與民族學方面，已有卓越成就，所以被網羅於日本拓殖協會內，進行南洋民族的調查與研究。

常常到拓殖協會圖書室翻閱有關民族學的文獻，好像在延續大學院研究生的生活，所以現在這種研究工作很合他的胃口。

昭和十六年（一九四一年），鹿野再度到紅頭嶼。他始終不知道這是他一生中最後一次的紅頭嶼之旅。

八月，他到台灣中、南部調查鄒族和布農族的石器使用法和陶器的製造，也到阿里山奮起湖附近Dadauya社（流勝社，今樂野）舊社址發掘。這次調查，鹿野帶來了金子總平，還幫他調查台灣這兩族的狩獵習俗，以便和日本獵熊習俗作比較研究。他們走到阿里山「十字路」（地名）南側的Tofuya社（知母勝社，今特富野），觀察鄒族在小溪用細竹編製的魚筌或魚藤捕魚。這一年夏天台灣南部瘧疾猖獗，身體強壯的鹿野也感染病倒了。

金子總平出身於東京，比鹿野小三歲。早年就讀於早稻田大學，當時校內左翼陣營得勢，憤而轉入國學院大學國史、國語科。昭和八年起他在高輪學園（中學）教書，教書之餘調查伊豆半島各漁村的捕魚法。由於Attic主人渋澤敬三也在伊豆的三津村調查漁民史料，而且金子的家在渋澤公館附近，金子常常出入於Attic，後來他的興趣轉向狩獵習俗，特別關心獵熊的部分。渋澤欣賞金子的研究態度，讓他擔任Attic研究員。金子知道鹿野對台灣原住民的狩獵有興趣，也在研究中，所以請鹿野帶他到台灣做現場指導。

這個時期，日本政府在外交策略上處於舉棋不定的狀況。軍方有人主張「北進」，向與德國交戰中的俄國進攻，也有人主張「南進」，出兵攻打東南亞諸國。這時美國宣布對日禁運石油，而且德軍進攻俄軍沒有預期的捷報，日本為了確保南方的天然資源，尤其是石油的奪取，毅然決定南進政策。

　　前一年（昭和十五年）九月，「日、德、意三國同盟」簽訂後，日本與英、美兩國的對立更加惡化，國內人士已開始憂慮隨時會爆發戰爭，而日本決定採取南進政策，使日、美關係極端惡化。十一月十日，英國首相邱吉爾發表演講，他說如果美國對日宣戰，英國會在一個小時內回應這一個決定。國際局勢已進入劍拔弩張的緊迫態勢。

　　十二月八日拂曉時分，日本海軍航空機動艦隊奇襲位於夏威夷珍珠港的美國海軍，陸軍也立即發動對馬來半島英軍的進攻，日本實質上已向英、美兩國宣戰。鹿野從收音機聽到日軍奇襲珍珠港的臨時插播消息，感覺過去自由自在地做田野調查的日子即將結束，不由得深深地感嘆時不我予。

　　幾年前，國分直一應鹿野的邀請到紅頭嶼調查的時候，鹿野對國分說：「將來我也許會死於新幾內亞一帶。」鹿野的意思是他平時有覺悟，可能因為研究精神太旺盛，也可能因為在異域遇到任何不測，像探險家一般死於蠻荒未開的異域。當然這是做為一個學者，鹿野剖析自己的執

著性格時，想像到的後果。

在家的時候，他常常對妻子說，他無論如何不願死於戰爭，人非犬馬，不值得為戰爭白白地犧牲生命。這時候，全日本國民都無法預測戰爭局勢的演變，但是在鹿野心目中，日本對英、美兩個強國開戰，用常識判斷也可以知道，日本絕對打不贏戰爭的。❼

但是，日本全國國民為開戰之初連戰皆捷而陶醉。日軍接連派軍機轟炸太平洋及東南亞各島，包括呂宋島中部、馬尼拉、巴拉望島、民答那峨島上的納卯、香港、新加坡、夏威夷群島、中途群島、威克島、關島等地的各軍事設備。

十二月十一日日軍占領關島首都，十二月十七日登陸沙勝越，十二月二十五日香港和沙勝越古晉城雙雙淪陷。幾天後過新年時（昭和十七年一月二日）馬尼拉也淪陷，一月九日占領西里伯斯的 Makassar（孟加錫，今稱錫江），一月十一日馬來半島的吉隆坡淪陷，一月二十七日占領南婆羅洲屬於加里曼丹的 Balikpapan，二月十一日大戰英軍，新加坡於十五日淪陷，然後接續占領荷蘭「東

---

❼鹿野悲壯的預測，見於國分直一的《壺を祀る村》中，題為〈鹿野忠雄博士〉一文，原載《太陽》雜誌，1963 年。國分說，鹿野以為會死於新幾內亞，想不到最後卻失踪於距離新幾內亞不遠的北婆羅洲蕃境，害他不敢向愛慕鹿野的雅美族朋友說出失踪的消息。後來，國分每次去紅頭嶼，那邊的雅美老朋友不斷地問他：「鹿野先生現在怎麼樣？你什麼時候會遇到他？請你對他說，早一點再回到島上來和大家見面！」

印度」（今印尼）各島殖民地，五月一日占領緬甸的
Mandalay。陸軍和海軍很迅速地攫奪西起印度、緬甸國
境，東至新幾內亞，南至澳洲西北部達爾文港的廣大地
區。開戰後輝煌的戰果使民心受到極大鼓舞，但是誰也沒
有料到戰局的大逆轉會那麼迅速地到來！

第九章

鹿野忠雄在馬尼拉

昭和十七年（一九四二年）六月下旬，鹿野收到陸軍省派令，以「陸軍囑託」身分前往菲律賓，他的任務是馬尼拉各學術機構的整頓工作。他的長子（名字叫隆）剛於四月誕生，而且這時候，連日聽慣捷報的一般市民，由於戰局開始惡化而生活上逐漸起了變化，所以鹿野接到陸軍派令的時候，心中有些猶豫。

　　早於三月五日，東京市區第一次聽到空襲警報。四月十八日，美國十幾架軍機首次飛到日本本土轟炸。一些不甘示弱的市民說是損害輕微，但是無法掩飾事實，不久也感覺事態嚴重而緊張起來。東京市政府開始實施防空和防火災演習，隨著戰線擴大，國內的糧食、衣料等生活必需品都受到管制，物資管制越來越嚴厲，政府把戰事不利的後果轉嫁到國民身上，國民的生活逐漸陷入困境。

　　六月傳來了中途島大海戰的消息，這次日本損失慘重，計有四艘航空母艦和一艘重巡洋艦被擊沈，從四艘母艦起飛的日本軍機及艦上的零式戰機一共三百二十二架，一次地全部消失於太平洋中，但是海軍當局把這一件慘敗的消息秘而不宣，僅由大本營發表：「未歸還飛機三十五架」。由軍方控制的新聞媒體，連日來作口徑一致的報導：「我軍強襲中途島和阿留申群島Dutch Harbor軍港」、「海軍雄渾壯絕的東太平洋作戰」或「驚天動地的大戰計劃」（大標題引自《報知新聞》等報紙），國民沒有注意到最近屢次戰役都失利，只知道戰況越來越激烈。

國內民間開始有焦慮不安的氣氛。「和英、美兩個大國打仗，真的沒有問題嗎？」「美軍飛機會不會再來空襲？」「物資管制會不會更加嚴厲？」鹿野和一般市民一樣，從來沒有想到戰火會燃燒到本土。最讓他不放心的是妻和嬰兒，在這種情況下，他覺得不能讓他們長時間留在東京。

　　然而，鹿野也想到他被征召到馬尼拉，也許有機會到散列於巴士海峽上的巴丹島調查，為了和紅頭嶼作民族學上的比較研究，他勢非親自到巴丹島不可。這巴丹島是很重要的踏查點，鹿野曾經說這是他「十多年來的夢想」。

　　他想到將來的形勢會更不利於調查研究，如果錯失這次機會，以後將再也不會有同樣的機會。戰爭會導致異民族進入這個小島，那麼島上的民族資料會一夜之間流失。啊，但願能夠早一點到那裡去展開調查！陸軍省那邊打電話詢問他的意向時，鹿野雖然不放心家族的安危，但他心內已在遙念巴丹島的民族調查，沒有再作考慮就答應前往。實際上，向陸軍省推薦鹿野的人，據說是台北帝大語言學教授淺井惠倫。

　　當時，每一個人都隨時會接到「紅色召集令」。照陸軍省的作法，凡是接受過派遣者，不會再收到出征召集令。做為一個知識份子，最蠢的是當一個小兵死於戰場，即使被編入「軍屬」，以聘雇的平民身分在軍中服務，也難免有抗拒心理。現在陸軍要委派他以文官身分，去馬尼拉市整頓各學術機構，可以說是很難得的好條件。

前一年的十二月八日開戰日，從台灣高雄縣岡山機場起飛的「海軍第十一航空艦隊」的航空隊，飛臨呂宋島中部的美軍克拉克及伊巴兩處機場，實施地毯式轟炸，從美國本土調來的美國遠東空軍最精銳的轟炸機 B17 及戰鬥機 P40 共四十七架瞬間化為灰塵。二天後的十二月十日，日本海軍航空隊又炸毀馬尼拉及司徒乾堡兩處機場，也強襲馬尼拉灣卡維地軍港，爆破裝載於軍艦上的二百三十枚魚雷。結果，美國駐留於亞洲的艦隊和軍機在正式宣戰之前就被擊毀，反擊能力全失，因而駐紮於菲律賓的美軍總部，於十二月二十七日，在麥克阿瑟司令一聲令下，宣布馬尼拉為 Open City（無防備都市）。美軍和菲律賓軍似乎有意避開大規模的野戰，開始撤退到具有天然要塞的馬尼拉灣外巴丹半島(Bataan Peninsula)，以及有美軍要塞設施的科雷希多島(Corregidor)。

昭和十七年（一九四二年）元旦，貫流於馬尼拉市的帕西古河沿岸儲油庫陸續被爆破，黑煙和熾烈的火舌瀰滿於夜空。

一月二日，屬於日本陸軍第十四軍的菲島派遣軍進駐於馬尼拉市。當開戰的時候，日本僑民主動地集合在一起，受到駐菲律賓的美國軍隊收容管束，日軍進城的同時被解放了。另一方面，菲律賓社會陷入混亂狀態，飢民搶奪華人經營的雜貨店和米店。一月三日，日本占領軍實施軍政，也就是說，占領地的行政權由日軍行使。

到現在爲止勢如破竹的日軍，向巴丹半島發動攻勢時，因爲美軍所憑藉的天險地形構成障礙，遲遲無法攻克而陷入一進一退的膠著狀態。就在這個時候，日本派遣軍首次將從台灣徵召來的台灣山地原住民部隊，投入叢林戰，打破了膠著局勢，這是世人所熟知的英勇事蹟。

　　台灣原住民個個帶著傳家寶 ── 番刀，被調到呂宋島，在這個階段，他們被稱爲「高砂義勇隊」。據說，日政府向台灣山地呼籲從軍的時候，一下子有數千名原住民青年應徵爲兵員和軍屬。或許這是「軍國教育」的效果，也可能是台灣原住民素有尙武精神所致。鹿野對於日政府鼓勵「異民族」到戰場，認爲這是只顧自己的方便主義，因而皺眉頭。幸好紅頭嶼的雅美族性情溫和，不適於送上戰場而被免除徵召，這是唯一值得安慰的事情。紅頭嶼和菲島的鄰人有相同的血緣和文化傳統，應該不會笨到互相砍殺。

　　四月二十九日起日軍向科雷希多島發動大攻擊的幾天前，甚至高砂義勇隊也被調到第一線，日軍獲得高砂義勇隊的勇猛支援，連日猛攻再猛攻，終於五月七日把美軍最後的要塞攻陷，於是在菲律賓的美軍無條件投降了。

　　另一方面，在馬來半島戰線的日軍連續不斷的轟炸與攻擊之下，九萬名英軍也投降了。位於世界航運要衝的新加坡也於二月十五日陷落。兩天後，新加坡被改名爲「昭南島」。

日軍在南洋各地攻城略地後，立即在各占領地實施軍政，部分改為民政。軍方為了迎接「短期決戰」的任務，把軍政的重點放在一般行政方面，無暇顧及學術、文化機構的經營和保護對策。隨著日軍的進駐與宗主國人員的歸國或拘禁，每一個學術機構頓然喪失了管理者，失去適當管理的結果，已經開始發生搶奪文化財物的事件。五月二十九日，參謀總長杉山元向天皇上奏實施軍政後的狀況，引用如下：

　　　　關於南洋學術、文化機構的保存，駐紮於當地的我軍都努力以赴。為了推展保護工作，目前正在準備調派國內的專家和學者，前往印尼雅加達的Batavia博物館、新加坡的Raffles博物館、印尼萬隆地質調查所、馬來西亞吉隆坡博物館及農業試驗場、菲律賓科學院等。（日本防衛廳防衛研習所戰史室編《大本營陸軍部》第4卷，朝雲新聞社，1972年）。

　　由此可見，鹿野及其他學者到南洋以前，各地的學術機構已經是無人接管的狀態。唯一的例外，是新加坡被日軍占領後，立即有東北帝大的地質學者田中館秀三從西貢直接到新加坡，他和新加坡植物園的英籍植物學者E. J. H. Corner合作之下，許多珍貴植物都受到保護。不久以後，田中館教授又獲得關心當地馬來族領主而志願前來擔任「昭南島司政長官」的侯爵德川義親的協助，把新加坡

Raffles博物館內日軍儲放的彈藥全部移走，保護博物館的完整性。上面事蹟見於田中館所著《南方文化施設の接收》，以及Corner所著《思い出の昭南博物館》（日譯書名）。

新加坡的植物園和博物館，可以說是英國人在遠東地區多年實施他們的殖民地政策之下，所累積的最大心血與成果，所幸知悉這個無價之寶的學者奔走的結果，得以免受戰爭破壞。

田中館教授的保護行動，以及為保護這些學術研究機構和設備所提出的建議，傳到占領新加坡和馬來半島的陸軍大將山下奉文，和當時的日本首相兼陸軍大臣的東條英機耳裡，結果頑迷無知的陸軍首腦開始反省，急速下達禁止搶奪文化財的命令，禁令的布告都張貼於各地機構，同時準備派遣國內的學者前往，進行保護工作。

在陸軍當局反省和邀請的情形下，鹿野接到派令到馬尼拉。同一時期接到派令者不少。原來在帛琉群島熱帶生物研究所研究發光生物的羽根田彌太，被調到新加坡Raffles 博物館（當時已被改名為昭南博物館）；剛從京都帝大退休的植物生理學者郡場寬，被派到新加坡植物園，當時叫做昭南植物園；快要從東京帝大退休的植物分類學者中井猛之進和九州帝大造林學者金平亮三，雙雙被派到印尼雅加達附近 Bogor 的植物園；台北的農業試驗所研究員高橋良一被派到吉隆坡的博物館。其中，除了郡場和中井在派遣地被任命為「司政長官」外，其他各學者都擔任

「司政官」，都從事學術研究及保護工作。

　　在這個重要時刻赴任的學者中，有的像中井猛之進因為只剩幾個月服務年資，就能屆齡退休，所以延到十二月才出發；有的因為以司政官或司政長官身分赴任，要先辦手續的關係，沒有立即出發；倒是鹿野因為是陸軍囑託身分，最早動身向馬尼拉報到。他赴任的日期是昭和十七年（一九四二年）七月，停留到次年三月。

　　六月二十九日，在菲律賓的第十四軍改隸為大本營直屬派遣軍，七月二十五日起設立軍政監部，由第十四軍參謀長兼任軍政監，以強化軍政部門，使政令迅速下達到菲島各角落。日軍的菲島軍政，一直維持到次年十月「菲律賓共和國」的誕生。

　　直到昭和十九年（一九四四年）英、美、澳聯軍首次向馬尼拉空襲以前，差不多二年半時間處於戰時體制下的馬尼拉市，戰火已停熄，呈現一片太平日子。鹿野就在這期間停留於馬尼拉。

　　昭和十八年五月，東條英機以首相身分訪問馬尼拉的時候，日本國內的國民已被要求束緊腰帶，度過所謂「耐乏生活」，但是此地馬尼拉，入夜後燈火通明，戰爭火藥味已完全被吹散到遠方。

　　已如前述，鹿野以陸軍囑託身分來到馬尼拉的正式理由，是要負責整頓日本軍政體制下的各學術機構，特別是要對科學局裡的無數「文化財」提出保護對策。科學局和

在馬尼拉的鹿野忠雄，1942年。（西川佳雄攝）

林業‧水產局、農牧局、礦務局等機構，都隸屬於菲律賓政府農業‧商務部。為了避免科學行政架床疊屋的積弊，軍政府特別在一棟棟被濃綠的樹蔭所包圍的白色建築物，設置一個統一機構，下設生物組、化學組、漁獵管理組、度量衡檢定、分析室等單位。另外，附設博物館、水族館、科學圖書館等。

其中，博物館人類學組珍藏著很多從菲島各地蒐集的先史學、民族學資料；動物學組則有W. Schultze（本人被編入植物學組）所研究的很多甲蟲類標本及E.H. Taylor所調查的兩棲、爬蟲類標本。

雖然經歷了日軍炮火下造成的混亂時期，這些資料和標本幸而被當地菲律賓籍學者保護下來。不過，讓鹿野感到遺憾的是，在馬尼拉研究的Schultze，完成了工作要回德國時，把他自己的收藏品，包括菲律賓球背象鼻蟲全部帶走了，使鹿野無法看一眼。

此外，菲律賓大學也保存著先史學、民族學資料。這些是人類學、社會學科的德裔美籍教授Henry Otley Beyer（貝雅），長年在菲律賓各地蒐集、積存的龐大標本，學

術上的價值極高，被視爲「菲律賓之寶」。❶

　　鹿野抵達馬尼拉後首先要做的事，是到菲律賓大學向這位菲律賓的先史學、民族學權威，作禮貌上的拜訪，但是科學局的人對他說，貝雅敎授自從日軍於一月進駐馬尼拉以來，被逮捕爲平民俘虜，目前還在監禁中。鹿野愕然無法置信這一個事實。他無法瞭解，爲什麼一個非戰鬥員的民間人士要遭受長期監禁？

　　開戰以後，在馬尼拉的日僑集體受到菲律賓當局的保護、收容。但是，日軍占領菲律賓後，形勢逆轉，從一月三日起，一般美籍僑民一律被日軍視爲「敵性民間人」，被送到收容所監禁。

　　鹿野於六月從東京出發的時候，日本與美國之間有過俘虜的交換，被收容在日本國內的部分美僑，依照自己的願望，被釋放回國，但是馬尼拉這邊卻沒有這個動向，敵性民間人依然被留置於收容所。

　　據說，隸屬於菲島方面派遣軍第六五六軍醫部隊的三宅隊隊長三宅宗悅曾經表示：他參加巴丹半島、科雷希多島戰役後，留在馬尼拉，但是本人卻沒聽說收容所裡收容著貝雅敎授。（《東京人類學會雜誌》第57卷6號所載〈三宅宗悅致長谷部言人的書信〉）

---

❶作者沿用鹿野忠雄及國分直一慣用的名詞「先史學」。這是研究人類有文字以前的考古學，又稱史前學、史前考古學，譯文沿用原稱，不予更改。

菲律賓大學考古學、民族學教授Henry Otley Beyer（貝雅），1942年。

另一方面，鹿野在馬尼拉聽到了下面一則消息：貝雅教授被監禁後，大學裡的標本由菲籍的人類學、社會學教授M. Tangco保管，但是標本無法躲避日本兵好奇的眼光，部分日本兵可能出之於好奇，破壞了出土的物品，甚至把資料偷走。

鹿野一聽到貝雅教授被收容在聖‧托馬斯大學內，立即到司令部內的「軍政監部」交涉。他說貝雅教授是整頓學術設施所不可或缺的人物，請求即刻把他釋放。軍政監部強烈反對鹿野的要求，但是經不起鹿野硬軟兼施，力陳釋放的必要，終於同意讓貝雅走出收容所。

這是鹿野在馬尼拉所做的第一件事。當然，鹿野讓貝雅回到菲律賓大學，向他保證他可以自由地繼續研究。這一年貝雅五十九歲，鹿野三十五歲。

貝雅被釋放這件事，鹿野認為「軍政監部」瞭解實情，有了善意的回應，但實際上並非如此。事後經過學者的研究，發現戰爭期間要保釋敵性國民非同小可，直接向頑固的軍方遊說，簡直是危及本人生命安全的舉動。戰

後，貝雅教受發表過談話，他說他由衷地感謝鹿野冒險把他救出的義舉。（《朝日新聞》，昭和28人1月7日早報）

菲律賓方面派遣軍最高指揮官是本間雅晴中將。本間中將對英、美兩國人士有相當理解，也許是這樣，貝雅才有機會獲釋。別人暗地裡把本間說成「親英派」或「親美派」，當時這是對軍人最嚴重的誹謗，對於民間人士，這句話一樣地會造成重大傷害。無論如何，不管是本間中將或是鹿野，想要在戰爭中奔走救出被拘留的俘虜，是好像走鋼索一般十分危險。

這件事發生後不久，七月底本間最高指揮官被解職，改為附屬於參謀本部的預備役。原來這是東條首相討厭「親英、美派」的本間，故意貶謫他的。

戰後我們才知道，戰爭期間被拘留於呂宋島的美僑中，另有一個文化人類學者。這個人是美國加州大學的巴頓(R. F. Barton)教授，也就是具有代表性的民族誌《伊夫高族的習慣法》("Ifugao Law", 1919)及《菲律賓未開化人 —— 三個伊夫高族的自傳》("Philippine Pagans：The Autobiographies of Three Ifugaos"，1938)的作者。

巴頓教授在美國紐約Solomon R. Guggenheim現代美術館主持人資助下，開戰以前來到呂宋島北部，調查曾有獵首習俗的伊夫高族，開戰時他剛好在Baguio（碧瑤），日軍進軍時被捕，送進當地的收容所。他和貝雅教授共同做過研究計劃，學術地位相同，但是兩人被拘留後的遭遇卻

呈幸與不幸兩極化。可憐，巴頓教授被釋放前已在收容所度過三年的歲月。由於他和貝雅同時被拘留時，同為五十九歲，所以他所受的肉體痛苦，遠超過我們所能想像的程度。

言歸正傳。鹿野來到兵荒馬亂後已開始荒廢的科學局和大學校園，從事重整的工作。他把隸屬科學局的博物館人類學組，作為主要的工作和休息地點，每天涉獵文獻檔案，並召集人類學主任R. E. Galang和研究員Generoso S. Maceda，個別地檢討龐大的資料。他又從一萬多張的標本卡中，找出台北帝大淺井惠倫教授所提過的，有關巴丹島的民族誌標本，逐一細查。部分的標本他用相機拍照下來，其他部分則交代兩個畫家作精密素描畫。鹿野很高興能找到五十七件巴丹島的標本。

其次，鹿野到菲律賓最大的目的之一，是探尋搭船前往巴丹島的可能性。當時，巴丹島已有日軍守備隊駐紮，這小島周圍有美國潛艇頻頻出沒，所以附近水域極為危險，要搭船往巴丹島顯然不可能。

當時，日軍禁止呂宋島上的日本軍民隨便旅行，主要的原因是菲律賓游擊隊逐漸橫行，所以旅行是被禁止的。呂宋島美軍被日軍掃蕩後，退守於馬尼拉灣外的巴丹半島及科雷希多要塞島（不久被日軍攻陷），但是部分美軍來不及撤出，仍然留在呂宋本島，以美、菲部隊為核心秘密地組織游擊隊(USAFE)四處活動。六月九日菲律賓的美軍

無條件投降後，菲律賓士兵從戰爭中逃亡之地返回馬尼拉，也同時伺機進行游擊戰。

鹿野雖然不甘心，但眼見日軍占領地區的狀況不利於他到巴丹島，只好放棄這個願望。

呂宋島北方島群之一的巴丹島，過去已經有學者實地調查過。O. Scheerer在島上作過長期的語言調查，此外，鳥類學的R.C. McGregor、植物學的M. Ramos、地質學的H.G. Ferguson，以及先史學的H.O. Beyer也先後前往調查。

鹿野聽科學局的人說，科學局博物館人員曾經嘗試到巴丹島作大規模調查，因為雇船不易，加上一年之中大部分的時間，海上風浪大作而不利於航行，而且島的四周泊停船隻不易，有幾次研究員搭乘的船接近島影時，因為風大浪高而折返，迄今想不出對策。鹿野聽完，不得不以這個事實安慰自己。

鹿野退而求其次，為了獲得巴丹島的現況資料，對科學局研究員及其他認識的人多方面查問。他聽說馬尼拉市區聖佛爾蘭街住著很多從巴丹島遷來謀生的人，八月初旬偕同助手Maceda去訪問。

他透過Maceda的翻譯，告訴街上的人說他對巴丹島很感興趣，想要找巴丹島出身的人見見面，路上行人中有一個青年聽到這句話，就來到鹿野面前，說他就是巴丹島人。這個年輕人還不到二十歲，名字叫做Mario C. Lizard。

「太好了！你真的是巴丹人嗎？我長年夢見巴丹島，

眞想不到在這裡看到夢中的巴丹友人。」鹿野差一點無法抑止興奮之情，緊緊地握著Lizard的手，先說明他尋找巴丹人的目的，又說明巴丹人對他的人類學、民族學研究是多麼地重要，請Lizard為他說一些故鄉的事情。

當時Lizard是個學生，平生第一次看見這麼一個既客氣又熱心的人，緊張得臉都紅了，低著頭告訴鹿野一些島上的事情。要分手的時候，鹿野從口袋裡抽出大張鈔票要賞給Lizard，但是Lizard不接受。從鹿野講話的模樣判斷，Lizard覺得鹿野眞心要研究巴丹島，所以淡淡地說，他只願意做他的朋友。

後來Lizard憶起初次見面的情形。據他說，那天鹿野頭戴黑帽，帽緣拉得很低，穿著很整齊，手上拿著紳士手仗，有點像西洋紳士，給他留下鮮明的印象。

從Lizard口中，鹿野獲悉聖佛爾蘭街的一個角落有整排舊衣店，都是巴丹人經營的。因為巴丹島地力不肥，又經常有颱風吹襲，無法養活島上人口，因而很多島民離鄉背井，遠到菲律賓各地謀生，甚至到夏威夷。鹿野帶著Maceda和Lizard一間一間訪問，很高興地發現每一個人的頭臉很像紅頭嶼的雅美族，他覺得有把握找到記性很好的人，好好地交談巴丹島的情況。

最後，他們選定三個人，分別是五十歲、四十歲及二十五歲的人。從第二個星期起，鹿野利用星期六下午來訪，每次談二、三個鐘頭，直到九月下旬才停止。

五十歲的巴丹人外形像極了雅美族，名字叫Mariano F. Amboy。他請鹿野和譯員到樓上，房間很雜亂而且不透風，熱帶地區午後的暑氣令人難熬。鹿野從馬路對面華僑開的冷飲店買來冰冷的桔子汁和可口可樂，大家邊喝邊談。

　　Amboy曾經到夏威夷謀生，所以會講英語，也會用打字機打字。鹿野交代他收集巴丹島動、植物的土名，第二個星期Amboy就依約把打好的一張表交給他，人很勤快。他在馬尼拉的生活很窮苦，每個月要匯寄若干生活費給島上的家族，星期六下午鹿野來找他訪談，經常看不到人影，原來他告貸無門而忙得團團轉。

　　另外兩個人都穿著西裝，把頭髮分梳，但面貌不會騙人，看起來簡直是雅美族的樣子。其中，二十五歲的青年讀過高中，除了母語外也很會講英語和塔夏洛方言(Tagalog)。鹿野聽他講解巴丹島的文物，請他畫圖說明，他都很熱心地一張張詳細地畫出。

　　這三個人聽鹿野說，十幾年來不斷地在調查研究紅頭嶼，因而很受感動，特別為鹿野的問題做翔實的回答。他們誠實的態度和雅美族不相上下。當鹿野開始講解雅美族習俗的時候，都張大眼睛露出驚奇的表情，聽得津津有味。

　　對談的時候，大部分用英語，很難用英語提出質問的部分，則讓Maceda用塔夏洛語問，對方用英語回答。巴

丹人住在馬尼拉，著西裝、上教堂、改用英文名字，但是他們之間依然用巴丹母語，也牢牢地保存著古老的巴丹習俗，這一點使鹿野大為放心了。

　　他們彼此交談，聽得出是很像雅美語沒有錯，我可以瞭解一半。……我忽然恍如坐在紅頭嶼雅美族的涼亭上，傾聽著雅美族在講話一般。（《東南亞細亞民族學、先史學研究》第二卷，1946年）

　　訪談內容很廣泛，尤其對巴丹人和雅美族的關係，漁業關係，以及最重要的漁舟和捕飛魚方面的情形，問得最詳細。巴丹人雖然已離鄉在馬尼拉當新移民，但是對於故鄉的一切，仍然記憶猶新，為鹿野提供了各種資料。

　　後來，鹿野再次和Lizard相約，都作了長時間的交談。Lizard覺得他有責任講解故鄉的文化習俗給像鹿野那樣的研究者聽，更正確地說，他被鹿野的誠摯和親和力所迷住了。鹿野知道他是苦學的學生，應該收受酬勞金，但是他都婉拒，說他們的關係是純粹為了學問而結交的朋友，為了保持友誼，不能接受酬勞金。

　　過了年，Lizard就搭船橫渡危險的海域回去巴丹島。以後，鹿野再也沒有機會重逢。鹿野本人也完成了在馬尼拉整頓學術機構的任務回東京去了。後來，他從東京寫了一封很長的謝函，連同過去幾次被拒領，為訪談文化習俗應收下的酬勞金一齊寄過去，據說已回鄉的Lizard，過了很久才輾轉收到鹿野的信和禮金，深受感動。

幾年後，Lizard榮任菲律賓共和國巴丹群島省(Batanes)的省長。

　　我們再回到鹿野在馬尼拉時的事情。昭和十七年（一九四二年）九月，京都帝大的黑田德米教授（戰後曾任日本貝類學會會長）來馬尼拉作私人性質的訪問。以前鹿野在台灣和紅頭嶼查到貝類新品種時，曾經向他請教過，所以認識他。當時日本人到菲律賓都受到嚴密的限制。黑田教授沒有公務派令自己來，可能是一個特例。據推測，那年七月最高指揮官本間中將被解職，轉任預備役的同時，原是副參謀長的林(Hayashi)義秀被調任第五十四師團步兵團長，人還在菲律賓，而黑田可能是遠道來看這位步兵團長的。

　　林(Hayashi)曾經在台灣擔任高雄要塞司令，私下愛好貝類的研究，任期中他經常採集貝類，也交代部下到屏東縣東港外海的小琉球採集陸貝，當時就與黑田教授有連絡，他調到呂宋島後，仍繼續貝類的採集與研究。

　　鹿野搭軍車陪黑田到巴夷湖採集，黑田採集貝類，而鹿野這個時候又回到動物學者的身分採集昆蟲和小動物。同行者還有京都帝大出身的野戰氣象第二大隊觀測隊長深田祝（後來任京都教育大學教授，同時是日本兩棲、爬蟲類學會會長）。深田很關心菲律賓的兩棲、爬蟲類，八月被徵召到菲律賓擔任氣象工作以後，每逢周末都到科學局博物館研究。他們三人很幸運地在戰地度過了一段愉快的

日子。

　　占領地還是處於戰爭期間，所以行動都要處處留心。對鹿野來講，還有一件連自己也沒有料到的賞心樂事。

　　十月二十四日，科學局內平時和鹿野有接觸的人，為了慶祝鹿野的生日，特別在 The New Philippines 招待所舉辦生日宴會。席間鹿野穿著軍官制服，和科學局的同事們談笑風生，很愉快地一起喝 San Miguel 啤酒，一起享用美味的菲律賓烤乳豬。出席者名單中有 A. S. Argüelles 局長（農藝、化學博士，"The Philippine Journal of Science" 的總編輯，這一份刊物在日軍占領下暫時停刊）、博物館人類學組主任 R. E. Galang 博士、其研究員 G. S. Maceda 和 A. Reyles、植物學組主任兼博物館長 E. Quisumbing 博士、動物學組主任 C. G. Manuel（鳥類學・博士）及化學組主任J. Marañon博士（戰後復刊的《菲島科學雜誌》總編輯）。非屬於科學局的人士包括農業、商務部山林水產局長Q. A. Abadilla（礦務工程司）、副局長H. A. Roxas（魚類學・博士）。貴賓（鹿野）的身旁坐著貝雅教授。

　　這些出席者是代表菲律賓學界的第一流學者，彼此之間平日或許因為學術問題爭論，但是他們在席間表現得很友好，從這一個慶祝生日的宴會，我們可以看出鹿野在菲律賓學者心目中的地位。

　　當天穿著軍服出席的人，除了鹿野外，還有一個被邀請來的深田博士。其他菲籍及美籍學者都著輕便裝，只有

深田按照日軍規定，著軍服又佩軍刀登場，顯得與會場的氣氛很不搭調。他在軍中已服務五年，好不容易接到復員命令的時候，最後的一段日子能夠參加學界的慶祝會，應該是一個難忘的插曲罷。

當時，鹿野已經猜測馬尼拉不久會再受戰火的洗禮。果然，美軍從八月起開始反攻，經過一場激戰後，美軍攻占日軍占領下的所羅門群島中最大軍事島——Guadalcanal（瓜達爾卡納爾島）。日本大本營不敢宣布美軍已發動第一波攻勢，而且收復了這個島上有最大飛機場的戰略島，但是國內民間已有人在耳語打敗仗的消息。

呂宋島的美、菲聯合游擊隊也開始蠢動，但其勢力還不足於動搖日本陸軍所建立的軍政。即使日軍向美國宣布馬尼拉為非戰區城市，市區內的軍事施設仍逃不了美軍的攻擊，馬尼拉將會像鹿野所預料的，在戰火中受重創。

也許是颱風前的一片寧靜，馬尼拉此時在表面上很明媚，海岸的椰子林大道，每天有情人成雙成對在散步，一旦踏入住宅區則是一片寧靜、安詳的氣氛。這裡和東京不同，入夜後霓虹燈大放光明，家家戶戶的冰箱塞滿著冷飲、食物。在戰爭期間，馬尼拉這個大都市好像是一架載客飛機，暫時很平穩地飛行，但隨時會飛入氣阱而突然下降，所以不能大意。

到了九月，貝雅教授特地來訪問鹿野，目的是要商量如何保護收藏於菲律賓大學的標本問題。最近他常常和鹿

野見面，討論彼此研究上的事項，覺得鹿野來馬尼拉已有一段時日，也習慣於這都市的生活，所以等到今天才提出這個重大問題。也許貝雅教授也聽到瓜達爾卡納爾島最近在美軍猛攻之下被奪回的消息，使他擔心萬一美軍反攻呂宋島，大學內的標本不保。他小心翼翼，但不避嫌說出保護措施，一定是因為他信賴光明磊落的鹿野的緣故。

當時的馬尼拉市不大，南北八公里、東西七公里長，市中心直徑約四公里而已。菲律賓大學座落於市中心一角，靠近海岸的埃爾米達區，正門面臨著塔夫脫大道（Taft Avenue），後來日軍把它更名為「東亞大通」。菲律賓科學局座落於大學校園附近，距離日本菲律賓派遣軍司令部不遠，所以學術資料、文獻與標本等「文化財」留在那裡極不安全。實際上，鹿野也注意到，只是貝雅教授大膽地直截了當說出來罷了。

從菲律賓大學沿著塔夫脫大道向南走，大約三十分鐘後會抵達日軍通信隊。這個單位是從廣島調來的，屬於電信第二聯隊，似乎是以「反情報」為主要任務。建築物附近架著通信網，從外觀看起來是通信單位，但是房屋的窗子很小，似乎是密不透風的樣子，加上附近有一種奇妙的靜寂氣氛。這一棟建築物原來屬於共濟會（Freemasonry）的分會，日軍加以接收的。❷

某一天，突然有一個身上著淡黃色的開襟襯衫、卡其布短褲，手裡握著一頂白色熱帶探險帽的人從隊長室走出

來。在通信隊服務的中條喜夫不期然地遇見這個人，雙方都露出驚奇的表情，隨即彼此緊握著對方的手。來訪者正是鹿野忠雄。一見面鹿野就認出中條是舊識。

「哦，真想不到在這裡見到你！」

中條初次和鹿野見面的地方是在紅頭嶼。他是昆蟲學者中條道夫（後來擔任香川大學教授）的弟弟。還沒到紅頭嶼和台灣以前，他曾經在內地的電信局服務，因為和局長吵架憤而辭職，在家賦閒，到了昭和十一年由於哥哥的奔走，到台灣擔任台北帝大動物學教室的標本採集人，他到紅頭嶼採集昆蟲時，遇到已在那裡調查的鹿野。中條最後任教於台中高等農林專門學校。

中條以為這個反情報機構，外表扮成陸軍通信隊，外界的人絕對不會知道它的底細。鹿野怎麼會跑到這裡來呢？中條歪著頭想，但還是想不通。戰後中條為《台灣遞信協會誌》第三十六號寫了一篇〈菲島派遣軍軍屬從軍記之一〉，他以為「鹿野似乎活用他對菲律賓土語的知識，從事情報的蒐集工作」，但是據我們分析事實後所瞭解的，是鹿野本人不會講菲律賓通用的塔戛洛語，而且沒有從事情報的任務。鹿野親到這個奇妙的通信隊，目的似乎是想瞭解有關美軍對菲律賓日軍占領地作戰情報的分析資

---

❷共濟會，本書原文寫「 Freemason 結社」，是西元一七一七年在倫敦秘密成立的組織，各國的富豪和知識份子加入為會員，加盟儀式使用密語。 這個組織是提倡世界主義與自由主義的友愛組織，在世界各地設有分會。

料。

　鹿野從情報資料獲知，在前線各地的日軍正陷入苦戰中，現在提出對策以保護分散於科學局、博物館、圖書館及大學機構內的「文化財」，正切合時機，也是最佳的選擇。他立即和貝雅教授商討對策，決定先疏散標本類和資料類。

　就在這個時候，原來在帛琉群島擔任帛琉熱帶生物研究所所長的畑井新喜司教授，爲了重整菲律賓科學局，辭掉了在帛琉的工作，到菲律賓擔任「司政長官」。他同時帶來了東京文理大學寄生蟲學教授高橋敬三，擔任一名司政官。畑井本來要調任 Makassar 南方研究所所長，但是從帛琉返回日本的途中停留於馬尼拉，科學局裡的學者很多人認識他，要求他來科學局工作，所以回到國內後，立即向陸軍的有力人士求情，才獲得調遣菲島的派令。❸

　鹿野把科學局的事情交給新到任的畑井，自己專做存放於大學裡的各種標本、文獻、資料的疏散工作。這些東西都是貝雅教授累積三十年蒐集的民族學、先史學資料，數量龐大。其中包括打字稿的菲律賓各民族誌系列。萬一這些珍貴資料被炸毀，那麼一切努力化爲烏有。

---

❸Makassar 市，今稱 Ujung Pandang，是印尼 Sulawesi 島西南端的港市，當時在日軍占領下，設「南方研究所」。日文「南方」，在這裡是指東南亞諸島，亦即南洋。據譯者所瞭解的，南方研究所研究項目包括熱帶病瘧疾的特效藥「奎寧」。

這疏散的工作很敏感，因爲表面上馬尼拉天天是太平日子，但是假如明言疏散貴重的學術資料，彷彿是在宣布日軍已處於劣勢，一定會刺激軍部的監視眼。至少，不能作出公開的疏散行動。當時鹿野等爲了掩飾實際的搬運工作，對外說是要建造一個「新的研究所」，但是又不能搬到太遠的地方，搬到太遠的地方，等於明目張膽的疏散，同時也會造成研究人員從市區進出很不方便。

　　鹿野在市區到處尋找，他想最好是位於馬尼拉市區，至少距離攻擊目標稍遠、建築物堅固。結果，他看中了位於帕西古河北岸的沃森大廈(Watson Building)，把貝雅的標本和圖書全部搬進去了。

　　沿著帕西古河北岸，西邊有一條繁華街道，叫做埃斯哥爾達街，東邊有瑪拉卡尼安舊王宮。戰爭中無法預料將會發生什麼災禍，但是，至少沃森大廈距離攻擊目標尚遠，所以比較安全。已經交給畑井司政長官負責的科學局和博物館，所有的標本和資料絲毫沒有要移動的跡象。由於科學局（包括附屬的博物館）和菲律賓大學在同一個校區，一個紋風不動，而另一個則大肆疏散。爲什麼會產生這奇妙的兩極化現象呢？據推測，這一帶是日軍占領區，感覺上到處瀰漫著安穩的氣氛，使新任的司政長官沒有提高警覺。

　　鹿野長年作夢也想要去實地研究的巴丹島，始終去不成，但是他已從博物館的展示品及巴丹人的訪談中，獲得

了他作比較研究的資料。　至於他在馬尼拉整頓學術機構的工作，大致上已完成了目標，本來應趕快束裝回國，他為了和貝雅教授一起研討民族學課題，所以已請求軍部准予延長三個月。他和一般人一樣，心中很想念留在日本的妻子和小孩，歸心似箭。但是，他太熱心於菲律賓先史學、民族學的研究，覺得要趁旅居馬尼拉的機會，多多和貝雅交談，儘量吸取這位學界老前輩的學識。他寫給靜子的信內，只輕淡地描寫延期返國的理由，他說，繼續和貝雅教授一起研究，他的「英文會更進步」。

　　昭和十八年（一九四三年）一月，日本國民聽到駐守新幾內亞布那基地的日軍全軍覆滅，二月，瓜達爾卡納爾島的日本守軍全部撤出，敗戰的色彩更為濃厚了。

　　從二月到三月，鹿野把全部時間用於和貝雅教授討論學問上問題。他把台灣考古遺址出土的遺物情形向貝雅說明，並請他表示意見。他同時向貝雅提出他個人對紅頭嶼文化習俗很坦率的意見，要求貝雅不客氣地批評指教。貝雅聽了之後，拿出好幾倍多的菲律賓這邊所查出的，關於巴丹島、紅頭嶼的相對資料，使鹿野大開眼界，因而鹿野的思考模式有了飛躍的進展。

台灣歷史民族學

昭和十八年（一九四三年）三月下旬，鹿野回到東京來。在國內，他看到戰局越來越急迫，到處都是穿卡其布服裝的人，糧食與民生用品的慢性供應不足，使生活更加困苦。

印刷用的紙張受到國家管制，使學術、文化界懊惱，甚至刊載研究成果的雜誌也受到特別權力機構的管制。在這種情況下，經常刊載鹿野等人論文的《民族學研究》雜誌，反而銳意革新，從這一年起把季刊改為月刊。但是由於紙張的取得不易，不得不削減頁數。

這個時期，美軍還沒開始空襲東京，但是有時候會聽到空襲警報的試放。學會的例行聚會照常舉行著，有時候在開例會中遇到警報，而不得參加避難演習。列席的學者人數依然不變，有時候加開懇親會，在警報聲中與會的學者留在大學，嚴肅的討論忽然變成歡談。

四月二十二日，在東京帝大舉行的「日本人類學會」（從昭和十六年起，東京人類學會已改稱日本人類學會）的例會，鹿野就「菲律賓去來」發表一場演講。

他接連在人類學會和民族學會發表有關菲律賓民族學界的狀況後，回到日常的研究工作。每星期五，他都到拓殖協會研究，其他日子都到位於東京三田區的Attic博物館。這時候，Attic已被改稱「常民文化研究所」，原來，舊名用英文或日語片假名拼音，刺激到官方機構的神經，Attic主人澀澤敬三特地改名，避免官方藉故取締。

在拓殖協會，鹿野花更多時間研究台灣原住民的動態，而在常民文化研究所則以研究員身分繼續編寫《台灣原住民族圖譜》，這時他決定改用英文出版。他和負責出版的高木一夫不斷地商討，從龐大的照片中選出具有代表性的適當照片，用英文寫說明文字，想不到這既要編集照片又要撰寫文字說明的工作，花費他很多時間。

用英文出版圖譜系列的構想，可能受到菲律賓大學貝雅教授和其他學者的影響，不但外國學者希望看到英文版的圖譜，鹿野本人因為本身是自然科學的學者，也可能覺得用英文出版是順理成章的事。在日本，民族學方面的文獻很少是用西洋語文撰寫的，所以鹿野決定用英文推出民族圖譜，是相當罕見的事。日本對英語圈國家打仗，國內已開始推行「驅除英文政策」中，研究所的鹿野等人敢於做出違抗國策的事，他們的勇氣值得稱讚，何況澀澤氏本人很贊成這樣做。

澀澤的基本觀點是這樣的：即使只能出版小部數，只要日本民族學界的新銳作品，能夠以洋文普及到世界上各國的民族學界，那麼這件艱鉅的事還是值得用心去做。這個時期的澀澤擔任日本銀行副總裁，本人雖然很忙，還能夠抽出時間照顧常民文化研究所，也執筆撰寫《日本漁業技術史》中的「釣魚技術史」。《日本漁業技術史》的系列著作，是由帝國學士院委託常民文化研究所撰寫與出版，做為「明治時代以前之日本科學史」的一部分。

從昭和十八年（一九四三年）八月起，被「海軍南方政務部」派遣到「西新幾內亞」（今名是Irian Jaya，亦即印尼的西伊利安）進行資源調查的學者調查隊員，已陸續返國，原因是美軍發動反攻，第一波攻勢把瓜達爾卡納爾島收復後，攻勢轉強，日軍想攫取南洋資源的調查工作在年底就打住了。這個調查隊是鹿野在馬尼拉時，在日本國內組成，昭和十八年一月把人數多達四五〇名的調查隊派出，不但是歷史上日本所有派往海外的調查隊中，規模最大，與世界上各國比較，也毫不遜色。

　　假如鹿野當時仍在東京的話，他一定會中選為一名隊員，因為他平時常把新幾內亞的調查掛在嘴上。不巧鹿野在馬尼拉，在國內編組時，京城帝國大學（南韓漢城，當時叫朝鮮京城）的民族學教授泉靖一（後來轉任東大教授）被編入「民族班」前往，他於那年十月返回日本。

　　日政府預料美軍會空襲東京，為了統一各級政府機構的防災、防衛組織，把原來的「東京府」和衛星市鎮合併為一個大的行政區域，叫做「東京都」，向都民指示每一家要趕快興建防空避難所。實際上，警戒活動與警報被加強實施外，所謂「決戰期間」還沒有空襲，人們的生活和前年夏天一樣，沒有多大改變。

　　從新幾內亞回國的學者們帶回來了比較可靠的消息：南洋海域上幾乎已經看不到日本艦艇，危機已經迫近日軍所占領的各島嶼。鹿野在馬尼拉收集的資料和從貝雅教授

獲得的先史學資料，於離開馬尼拉的前夕，打包後分爲數次交託日本船隻運回日本，但是其中三個大包沒有抵達日本，原來，載貨的日本貨船被擊沈了。每一個人都感受到日本列島是危險的地方，可以說東京已經是美軍的攻擊範圍內。

分析過當前的情勢，鹿野決定把家族疏散到安全的地方。正如他在馬尼拉疏散貝雅的標本和資料，他想把自己收集的標本和資料也趕快疏散。他的疏散行動比別人更早，可見他決斷力的快速。東京市民的疏散計劃從昭和十八年（一九四三年）十一月開始，但鹿野已經在那年夏天就決定了。因爲向人家說要疏散，難免受人家指責爲膽小鬼拔腿就跑，所以他只是先把圖書、資料移走。

鹿野決定疏散的地方在千葉縣茅ケ崎的小和田，那裡有「中興館書店」社長矢島一三的別墅。矢島喜歡研究地理學，鹿野仍在東京帝大大學院的時候，矢島的次子是地理科的學生，而且矢島當時發行《地理學研究》雜誌，常向鹿野約稿，同時鹿野的第一本書《山と雲と蕃人と》也預定由中興館出版，所以他們兩人是朋友。雖然已經有著落，要搬運行李需要靠汽車，但是物資被全面管制之下，誰也買不到汽油，爲了疏散到鄉下，鹿野吃足了苦頭。

九月，東京上野動物園管理局爲了避免將來空襲中猛獸逃跑傷人，把園內的猛獸全部用藥劑毒死。鹿野也從報紙上獲悉原任南滿州鐵路會社囑託的尾崎秀實，因爲左爾

格事件而被判死刑，心裡極爲難過。尾崎的父親秀眞曾經在台灣專任《台灣日日新報》漢文版主編，同時是有名的台灣鄉土史家，家裡收藏著從台灣出土的石器，自己也在研究。 鹿野就讀於台北高校時，常常到尾崎家訪問，每次尾崎秀眞都拿出石器給他看，因而認識，也特別關心這件報導。❶

因爲局勢緊迫，日軍也派兵駐守於紅頭嶼這一個與世無爭的小島。小島上也有軍事設施備戰。鹿野此時不得不關心對外面的戰爭局勢毫無知悉的島民。他很想勇敢地長住於紅頭嶼，但是軍部專制的情形下，他個人是無法照自己的意思隨便到那裡，只能私下祈求上蒼不要使紅頭嶼成爲戰場。

十一月，鹿野和挺著大肚子的靜子、兒子「隆」一起疏散到茅ケ崎，而東京市民的大規模疏散也不久就實施了。

疏散後，鹿野每天從早到晚專注於研究和寫作，無暇細心照顧待產中的妻子。有一夜，妻子訴說陣痛，感覺快要臨盆的時刻，但是過度自信的鹿野以爲還沒到臨盆的時候，沒有立即去叫「產婆」來接生。

---

❶左爾格事件發生於太平洋戰爭前夕，是一件震撼日本社會民情的國際間諜事件。尾崎秀實從朝日新聞記者轉任「滿鐵」囑託，因爲與內閣總理大臣近衛文麿很親近，擔任文膽，而成爲德國駐日大使顧問左爾格（Richard Sorge，俄國間諜）的謀略對象。尾崎秀實涉嫌後於昭和十六年被檢舉，二年後的昭和十八年被判死刑。

他對妻子說：「忍耐到天亮罷，萬一嬰兒呱呱墜地，也不要驚慌。你看，台灣高砂族女人在野外工作時生小孩，照樣勇敢地獨自處理，把生下的嬰兒放進背籠裡揹回家的啊。」他似乎沒有注意到居住環境的急速變遷，使靜子有早產的預兆。他勸妻子強忍，太不像話了，因為自然的攝理是沒有人可以抗拒的。當夜靜子生下一個女嬰，她不得不自己剪嬰兒的臍帶，處理一切。生下的嬰兒後來取名和枝。

鹿野平時還好，但有時候很頑固，他自己一旦說出的話，不管對不對，絕不收回，所以甚至藤田等老同學有時候碰到這情形，就當面罵他「不聽話的野孩子！」據說，鹿野的父親直司聽到這件事後很生氣，把他訓了一頓。

從內外情勢的變化，鹿野已覺察到戰手的異常氣氛，似乎隨時會有不測降臨於個人身上，所以他很想趕快寫下醞釀於腦中的論考內容，尤其是台灣「歷史民族學」部分累積很多，非及早整理出來不可。❷

自從疏散到鄉下以後，鹿野比較少去東京，每天伏案寫論文。他和編輯趕工之下，《台灣原住民族圖譜》第一

---

❷作者使用「歷史民族學」這個罕見的術語，在後文中有簡短說明。他說，鹿野「對於使用石器的先住民族和現在生活於山區的現住民族之間究竟有何關聯？他們是不是同一民族？在疑惑與尋求解答的過程中，逐漸熱中於歷史民族學。」實際上，鹿野的方法論是民族考古學（Ethnoarchaeology）。鹿野本人也講過這個方法論，而國分直一更清晰地指出：「鹿野忠雄把民族學上掌握到的文化特色，用考古學方法加以溯源，也就是用時間的縱深加以瞭解，換言之，是民族考古學的立場。」

卷雅美篇終於完稿了。他現在還是日本拓殖協會的囑託，每週只去一趟，颱風下雨的日子不去，家裡有事也不去，所以他幾乎天天把自己關在家裡寫作。

關於台灣本島及紅頭嶼原住民物質文化及先史文化的論考，鹿野從他在馬尼拉科學局與菲律賓大學翻閱、檢討過的資料，得到很多啓示，尤其是和貝雅教授對談時，貝雅提供了豐富的內容，使他的視野更開闊。

另一方面，鹿野對貝雅披露的觀點，使貝雅大開眼界。貝雅說：

從一九四二年下半年到次年的頭二個月，鹿野博士和我對談多次，我非常尊重他的觀點，尤其當他講解東南亞考古學和比較民族學的基本資料時，所提出的卓越意見，……我十分珍惜這些在馬尼拉對談的內容，只可惜，當時我沒有把鹿野博士所談的諸多觀點，充分地記錄下來。……在馬尼拉，他給了我強烈的印象：意圖的提出和表達方面，他是很誠懇的，極力避免任何形式的誇張。❸

能夠在菲律賓國內概觀其先史學資料，對於努力研究台灣島及紅頭嶼先史學及民族考古學的鹿野，有了很大助

❸本段原文只有短短一句話：「鹿野對貝雅披露的觀點使貝雅大開眼界」，沒有指出對談的狀況，也沒有說明爲何貝雅博士會大開眼界，所以譯者直接引用貝雅教授於一九五二年三月所寫的獻辭："An Appreciation of the Work and Views of Dr. Tadao Kano"中的一節，以顯示Dr. H. Otley Beyer和鹿野博士對談時的印象和觀點，使讀者更親切瞭解。此篇文章收錄於鹿野忠雄《東南亞細亞民族學、先史學研究》第二卷，這是鹿野失踪後，馬淵東一和瀨川孝吉兩人把鹿野遺留的文稿編輯成書的。

益，這似乎是鹿野親自感受到的。他想，把當時所獲的構想為基礎，趕快寫下自己反覆推敲過的論點罷。現在不寫，要等待何時？難道有別人替我做嗎？如果把成熟的論考留在腦海裡，不把它發表，那麼，萬一遇到任何狀況，則絕無挽回的餘地！鹿野為此心內起伏不止。

昭和十八年（一九四三年）十月，日軍在國內的防衛能力嚴重不足之下，政府不得不實施「學徒出陣」，也就是徵召大學生與教師入伍訓練的命令，情勢非常緊迫，鹿野隨時會收到紅色召集令，而出征後，現在所要做的事就化為烏有！想到這裡，鹿野發瘋似地工作，一心一意地將他的論點反覆推敲，不停地寫進大學筆記簿裡。

因為用於印刷的紙張受到更嚴密的管制，學術雜誌無法定期出刊，有的改為雙月刊，有的延後出刊日期。鹿野所屬的動物學會發行的會誌《動物學雜誌》，應該於昭和十八年七月出版的七月號，因缺少紙張，拖到年底才出版，而八月號則拖到次年三月才印出。

眼看一般情勢不妙，加上出版書刊越來越不容易，鹿野把他的稿件交給矢島一三伺機出版。這些稿件包括以往在雜誌上發表過的，有關台灣及東南亞民族學、先史學的論文，部分則是尚未發表的新作。鹿野希望老朋友矢島一三的出版公司，能夠把他的《論文集》第一卷先行出版，然後繼續出版後續的論文集。矢島到處奔走，想爭取到印刷用的紙張，結果還是失敗，因此鹿野的論文集在戰爭期

間，無法出版問世。❹

　　和以上分述的博物學和地理學一樣，鹿野在台北高校就讀時期，就開始對台灣「歷史民族學」發生興趣。台北市基隆河畔舊動物園附近有圓山貝塚，因為曾經有石器出土而聞名，鹿野在那裡也撿到了幾個石器；在台灣中部山地採集昆蟲的時候，他發現了幾個石器時代遺址。❺

　　住在台灣的 Proto Malay 系原住民族究竟是什麼時候，從何處移入台灣的呢？這是研究台灣民族學的一個重大命題。 鹿野在台灣山地到處走訪原住民， 親眼看到他們的原始文化的時候，產生了很重要的疑惑： 使用石器的「先住民族」和現在生活於山區與山麓的「現住民族」之間，究竟有什麼關聯？他們是同一支民族嗎？還是不同的民族？在疑惑與尋求解答的過程中，鹿野逐漸熱中於「歷史民族學」而不能自拔的境地。❻

---

❹鹿野忠雄論文集(一)，直到一九四六年十月十五日，亦即戰爭結束後次年，才由矢島書房出版，書名為《東南亞細亞民族學、先史學研究》第一卷，繼而出版第二卷。台灣南天書局於一九九五年在台灣發行日文版的重印本。第二卷中的三篇論文已由台灣大學人類學系宋文薰敎授譯成中文，中文書名是《台灣考古學、民族學概觀》，早於一九五五年六月由台灣省文獻委員會出版，請讀者參閱。

❺鹿野不只是在中部山地及東部海岸地帶發現了遺址，也作了發掘工作。在中部山地方面，例如南投縣信義鄉郡大溪東岸的郡大社舊社址的發掘，有各種石斧和古陶破片出土（昭和六年七月）；又如在信義鄉楠仔腳萬社發掘了二個遺址，也有石斧、石刀、石鏃及紅陶、黑陶破片出土（昭和十六年七月）。以上補充說明鹿野對考古學上的努力。請參照鹿野忠雄《東南亞細亞民族學、先史學研究》第二卷第七章：〈先史學より見たる東南亞細亞に於ける台灣の位置〉，副題是〈台灣先史學概觀〉。

古來有很多原始種族居住的台灣島上，自從先史時代遺留下來的石器、陶器破片被發現後，因而推斷曾經有一批比這些種族（指原住民）更早的年代居住於台灣的先住民。這是明治二十九年（一八九六年）由東京帝大派來的鳥居龍藏在台北基隆河的河畔發現屬於石器時代的一個貝塚後，才為世人知曉。

次年，服務於台灣總督府學務局的粟野傳之丞差不多在同一個地點又撿到了石器，同事的伊能嘉矩得到了消息，於三月七日偕同宮村榮一做實地調查，確認是一個貝塚。同年十月，鳥居第二次渡台時，親自加以發掘，結果有很多打製石器和磨製石斧出土，包括石輪、石槍頭、骨槍頭、玉器等。出土的陶器和日本內地的繩文陶器不同，其他出土的遺物也和日本內地的石器時代遺物大不相同。鳥居立刻將他在台北圓山貝塚所發現的經過，發表於《東京人類學會雜誌》，因此，台灣平地也可以找到先史時代遺跡的消息，廣受日本學界的注意。

這個貝塚的存在，顯示古時候台北盆地是一個大的半鹹水湖，附近小山丘如圓山、芝山巖、劍潭等曾經有石器

---

❻原文「Proto Malay 系台灣原住民族」，今日已不這麼稱呼。現在已被認為是 Malayo-Polynesian種族；而在文化、語言方面，屬於Austronesian（南島語系民族）。關於鹿野從博物學、生物地理學轉向台灣民族學的契機，他本人在〈台灣先史學概觀〉的緒言裡明白地說：「一九二五年我到台灣，目的是蒐集島上的生物地理學資料。但是，開始接觸到尚保留著古老習俗的原住民各族群以後，在研究生物分布之餘，同時關心到民族學、先史學方面的問題，對於包括台灣原住民由來的台灣島文化史，發生了濃厚的興趣。」

時代的先住民居住，他們在湖畔發展出某種程度的文化，後來學者把它稱爲圓山文化。❼

　　鳥居在明治三十年（一八九七年）發掘圓山貝塚後，向台灣總督乃木希典請求派船到紅頭嶼。抵達後，他在雅美族圍觀的情形下，進行發掘工作，結果獲得打製石器和磨製石器各一個，將這個孤懸於南海的小島上也可能有先史文化的事實記錄下來。他又於明治三十三年及三十四年再到台灣二次，每次都停留半年以上，當時他把服務於總督府的森丑之助當他的助手，跋涉於台灣各山區地帶，從石器的發現，證實台灣山地也有先史遺跡。

　　到了大正年代，台灣各地有更多的遺址被發現，其中大部分是森丑之助在山地發現的。森氏與鳥居一起旅行調查時，學到了考古學的基礎知識，由於本身的職責是受台灣總督府委託進行植物標本的採集與蕃地調查，工作之餘也探查石器時代遺跡。

　　森丑之助所做的蕃地調查有了豐富的成果，部分資料經整理後，以《台灣蕃族志》第一卷及《台灣蕃族圖譜》

❼鳥居龍藏在〈台灣に於ける有史以前の遺跡〉（《地學雜誌》，第9集，第107卷，1897年）及〈鳥居龍藏よりの通信〉（《東京人類學會雜誌》第141號，1897年）中說，他在台北基隆河沿岸一帶，發現了包括圓山貝塚等共十五處遺址，不但在圓山，也在劍潭發掘。明治四十四年（一九一一年）刊載於《東京人類學會雜誌》第二十七卷一號的一篇論文〈台灣台北圓山貝塚〉，也附有他和工人一起在發掘圓山貝塚的照片。另外，圓山附近低窪處，直到晚近的年代仍是半鹹水、半淡水的大湖狀態，這一點可以從清康熙三十六年（一六九七年）來台北市北投煉製硫磺的郁永河所著《裨海紀遊》，可以看到現場的描述。

二卷問世。但是，大正十五年（一九二六年）七月，他乘船要返回內地的時候，不知爲什麼突然從船上跳海自殺，所以他親自調查各族的成果，原本將按族名出版十卷蕃族志及十卷蕃族圖譜的計劃，因爲本人自殺身亡而夭折，他對台灣先史學的研究，也只做到遺址的發現而已。他英才早逝，使後人十分痛惜。

這一年（大正十五年），在東京的鳥居龍藏接到森丑之助從台灣寄來的信，根據信的內容和所附的岩棺和石壁照片，寫了一篇有關台灣東海岸巨石文化的報告，這是「台灣巨石文化」第一次被提起的緣由。這一篇報告發表後，鳥居向中國大陸展開長期的調查，從此離開了台灣先史學及民族學的研究。我們可以斷言：鳥居最早發起台灣先史學的研究，他的調查活動壯闊，留下深遠的影響，他就是爲台灣先史學和歷史民族學奠定基礎的人物。[8]

鹿野從事這一方面的調查研究，等於繼承明治和大正年代，鳥居和森氏在台灣的調查活動。

前面已叙述過鹿野在開成中學時期，從研究考古學的原田淑人老師聽過歷史考古學的話題，但是，當時似乎對這一門學科沒有特別興趣。他到台灣以後經常走進山區採集昆蟲，可能是對博物學有好奇心的他，觀察細膩，自然

---

[8] 以上所謂台灣先史學及歷史民族學，指台灣的考古學和民族學。台灣第一篇巨石文化的報導內容，參照鳥居龍藏〈台灣の古代石造遺物に就て〉，《民族》第1卷3號，大正15年，或《鳥居龍藏全集》第11卷，昭和51年。

地發現了一些山地的先史遺跡，漸漸地對它發生興趣，自己摸索研究。更進一步地說，他的競爭對手河野廣道也於昭和二年（一九二七年）到台灣來，當時鹿野是台北高校三年級學生。河野到山岳地帶採集昆蟲的時候，發現了一些先史遺跡的消息，可能刺激了鹿野，引起鹿野除了博物學、生物地理學外，特別關心遺跡問題。

鹿野自己建立的方法論，是將早期民族學調查所得的知識結合先史學資料加以推論。他在《東南亞細亞民族學、先史學研究》第二卷裡，直截了當地說：「在東南亞，民族學資料和先史學資料並非獨立存在的，彼此之間有不少關聯，這是不容懷疑的事實。」由此看來，他早已直覺地瞭解兩者之間的密切關係。

昭和五年（一九三〇年），鹿野提出了關於台灣東海岸巨石文化遺跡的報告，說明他所發現的Menhir（巨大獨石遺物）和箱型石棺等，都屬於巨石文化的遺物。❾

繼承鳥居龍藏和森丑之助從事台灣先史學和民族學研究者，不只是鹿野忠雄，其他還有一些人。昭和三年（一九二八年），台北帝國大學創立，下設「土俗人種學教室」，來台赴任者是移川子之藏（教授）和宮本延人（助手）

---

❾鹿野認為巨石文化是金、石併用文化，所以又說：「台灣島上似乎一直到最近還有金、石併用期的留存，這一個事實使人想起先史時代遺物和現在住在島上的族群之間，有某種程度的關聯，這種看法並非完全不合理。」以上引用鹿野的話，使本段及前段語意更清楚。請參照〈台灣原住民族の物質文化と其の類緣〉，全書第二卷。

兩人，他們是站在公立學術機構的立場繼承鳥居、森氏等留下的工作。

首先，爲了充實大學資料室，他們積極地進行有組織的發掘工作，每次聽說某某地方發現遺址，立即趕到現場調查。所謂科學的遺址調查及發掘，應該說是由他們開始的。

鹿野發表巨石遺跡那一年，移川教授、宮原敦教授及宮本延人等人，前後三次發掘台灣南部墾丁石棺遺址，共有三十多個石棺出土。論其規模和作法，這是台灣最初眞正可稱爲「發掘調查」的一次，可惜他們沒有提出正式報告。

移川和宮本繼而在昭和九年（一九三四年）移師到宜蘭方面，發掘蘇澳新城的石棺遺址，引起了外界的注意。

這一年，移川發表一篇論文，論及台灣有一種Pats型石器，由此考慮到包括台灣在內的太平洋圈的文化交涉問題。叫做Pats的石器通常見於紐西蘭毛利族之間，本來當武器使用，也是權力的象徵。在台灣所發現，形式像Pats的磨製石器，他認爲是農具的一種。

差不多這個時期。台北帝大移川子之藏、宮本延人等人在全島各地進行一連串的發掘調查，想藉以概觀全島先史遺跡的分布。他們在台灣的西海岸及東海岸地帶，發現了許多遺址。土俗人種學教室的唯一學生馬淵東一，也配合老師移川的計劃，頻繁地前往山地調查，雖然沒有留名

於「台灣先史學調查史」上，但這個時期的特徵之一，是老師、助手、學生都熱心地共同參與。

到了昭和十四年（一九三九年），宮本把台北帝大土俗人種學教室收藏的石器時代遺物全部整理出來，發表〈台灣先史時代概論〉，作為概括性的敘述。可惜的是二年後的昭和十六年，日本掀起太平洋戰爭，學者們已不能像以往那樣到處踏勘、發掘。每次到田野調查遺跡，都受到憲兵的盤問，調查研究的努力受挫。後來雪上加霜，受阻於其他不可抗的情況，台北帝大的人馬沒有再締造好的成績來。

和台北帝大隔著一道橫溝，差不多同時有鹿野忠雄正在做單獨的調查研究。由於台北帝大始終不肯出示其收藏的標本給外人，鹿野完全不能參考其藏品，所以對台北帝大逐漸產生「對抗意識」。他的口頭禪是──「台北帝大不是我關心的對象！」實際上，台北帝大土俗人種學教室非常不近人情，隔壁言語學教室的淺井惠倫教授想要拍照標本，都不准他這麼做。

前面已敘述過的國分直一再度回台灣以後，和鹿野一起走向田野，在工作中自然學到了鹿野的方法論。他和鹿野一樣，不只研究先史學，同時也開始傾向於民族學的研究。他自創一個新名詞──「民族考古學」，以顯示考古學與民族學的綜合研究。他從昭和九年（一九三四年）才開始到田野調查，所以和鹿野共同調查的日子很短。不

久，解剖學教授金關丈夫到台灣來擔任教職，於是國分和金關比較有連絡，兩人攜手合作後，形成了一股有衝勁的學術勢力。

　　台北帝大醫學部是在昭和十一年（一九三六年）才成立的，成立之年金關應聘擔任解剖學第二講座教授（森於菟教授負責第一講座）。金關來台灣後，立即參加移川、國分等人的遺址發掘工作。

　　昭和十三年（一九三八年）金關和移川、宮本、淺井及國分組成的隊伍前往台灣中部，發掘埔里烏牛欄的大馬璘石棺遺址，受到了注目。十四年一月，他們移師到台灣南部二層行溪的南岸，調查國分早先發現的大湖貝塚，經發掘後，除了「有肩石斧」外，更重要的有暗灰色的黑陶破片出土。這種很有特色的陶片被命名為「黑陶」，戰後的台灣學者，把它叫做「灰黑陶」。

　　這種黑陶的製作沒有使用轆轤盤拉坯，燒陶的火候比較高，品質佳的較薄，所以黑陶在所有台灣出土的陶器中，屬於相當進步的一種。大陸東北、華北與華中出土的黑陶被視為中國夏、商、周三代青銅容器的母體，而台灣黑陶的出土可以看成與中國黑陶文化有關聯。過去學者主張「南方文化流入說」，現在有了黑陶的出土，反過來證實曾經有大陸北方的文化流入台灣，給台灣新石器時代文化帶進另一種文化樣貌，因而大受矚目。

　　昭和十五年（一九四〇年）國分在澎湖島良文港採集

台灣南部大湖遺址發掘現場留影。首次有很多黑陶出土，1939年。後列左二是國分直一，左三是移川子之藏教授，前列左四是宮本延人。（國分直一提供）

到以華北黃河上、中游流域爲中心分布的彩文陶器，十七年在高雄市左營的桃仔園遺址也有出土。從上面事實，我們不得不多考慮台灣在新石器時代，受到中國北方黑陶文化與彩陶文化的影響。

到這一年爲止，台灣先史學的研究正如宮本延人所叙述的，僅限於遺址的記述和出土品型式的分類。鹿野忠雄則不但研究其型式，也從活生生的原住民民族誌調查，檢討其使用法與製作方法。鹿野尋找石器文化的起源與傳入台灣的徑路，甚至追查民族文化的移動與交流。

鹿野投入調查的時候，布農族、排灣族、魯凱族、阿美族、卑南族及雅美族，都實際在使用陶器。部落裡還流傳著製陶法的，有布農族丹大社，以及卑南族和雅美族的部落。在更早的時候，鳥居龍藏來台時，據他報導，鄒

族、阿美族和宜蘭地方的平埔族都繼續在製造陶器，而泰雅族也似乎曾經製造過陶器。

鳥居參觀台灣原住民的製陶過程，驚訝地發現他們只用一個扁平石頭、一支木槌敲打成形，不用轆轤盤拉坯，用施紋工具打出紋樣來，所製造的陶器和日本國內的繩文式陶器不同。這是製造方法不同所致。

此外，台灣原住民在不久以前的年代，似乎多半仍停留於石器時代的狀態。日本治台之初，布農族、鄒族和泰雅族還在使用石器，最先來台的學者，還能夠從使用者問出部分石器的正確使用法。

昭和十六年（一九四一年）鹿野寄給東京人類學會一封信，現在引用部分內容如下：

我從八月十日起跋涉於台南州嘉義郡及高雄州旗山郡的蕃地，昨天（九月三日）來到六龜，這是山中的一個小聚落。本次調查區域涵蓋鄒族和布農族的地界，他們還記得昔日曾經使用過石器。我試著把台灣平地的石器時代遺跡和現今住在台灣山地的蕃人，連在一起做全盤考察，覺得他們是學術上極重要的民族。我特別專心研究他們的石器使用法和陶器製作法，發現了很多有趣的事實。（《東京人類學會雜誌》第56卷9號）

上面的信是鹿野偕同金子總平前往台灣中部和南部調查旅行時所寫的，從字裡行間可以看出鹿野把民族學和先史學放在同等的位階上，藉以探索原始文化的態度。

蘭嶼紅頭村的雅美老人正在示範製作用於除草的石器
(Cicibcib no inapo)，1982年。（NHK高林公毅攝）

　　紅頭嶼雅美族似乎是直到晚近的年代還在使用石器的
民族。部分雅美族家裡珍藏著傳世家寶——石器。鹿野調
查時，發現他們甚至還記得石器的製造法。

　　他們所用的石器，是一種用安山岩製成厚型的打製石
器，形如砝碼，相傳可以當除草器使用；此外，還有用玄
武岩製成的磨製石器、同樣地用玄武岩製成的單面刃石
器，以及用綠色軟玉製成的有角耳環，我們可以藉玉製耳
環追溯其交易途徑。

　　雅美族還記得祖先所用的石器名稱：第一種的除草石
器，雅美語叫Cicibcib no inapo（昔日所用的手鍬），第二
種的磨製單面刃石器，叫Ūma no inapo（昔日所用的鑿子）
。除了除草手鍬及玉製有角耳環(Patotobisun no inapo)以
外，其他用玄武岩製成的石器，都是現代鐵製品的祖型，
由此可見，雅美文化直到晚近的年代，才進入鐵器時代。❿

---

❿磨製單面刃石器，應該是指鹿野所稱的「扁平片刃石斧」。

雅美族從原野撿到石器，都鄭重地收藏在家裡。在更早的時候，人類學者鳥居龍藏已經指出：紅頭嶼曾經有先史文化。鹿野看到雅美族收藏的石器後，親自尋找可能會有石器出土的遺址，結果是徒勞無功。但是，他已確認從火燒島上的石器時代遺址，可以看到紅頭嶼先史文化的餘波。近年來學者在紅頭嶼發現了一些遺址，經調查後發現紅頭嶼先史文化和台灣南部先史文化有關聯。

　　從馬尼拉返回日本後，鹿野把台灣島及其離島放進人類所經歷的，長遠的時間縱深裡，摸索著要構築其文化變遷的歷史與導入的徑路。

　　過去在台灣各地發掘出來的遺物都是零散的，要識別各自所屬的時代文化層，就感到困難重重。今日有些遺址所含有的遺物層序很明確，同時科學已進步到可以利用放射性同位元素來測定年代，亦即碳十四年代測定法。

　　鹿野所處的時代還沒有很多遺物出土，層序關係明確的遺址幾乎沒有，而且科學的年代測定法還沒被開發出來。他只能利用有限的資料做比較研究，從遺物的分布及其鄰近區域的文化資料，推定不同的文化在時間上先後出現的順序。他苦心研究，雖然謙稱只提出一個假設，但實際上已能夠掌握台灣島物質文化的歷史，也就是文化層序，並能夠將台灣的文化層序和島外的鄰近區域，做一個對比。⓫

　　鹿野把台灣的先史時代設定為七個文化層：

（一）　繩紋陶器文化層

（二）　網紋陶器文化層

（三）　黑陶文化層

（四）　有段石斧文化層

（五）　原東山文化層

（六）　巨石文化層

（七）　菲律賓鐵器文化層

其中，（一）到（六）是屬於新石器時代的文化層；（一）到（四）與中國大陸華南有關聯；（五）、（六）和中南半島有關聯；（七）是經由菲律賓傳進來的。這些史前文化的基層是大陸文化，分為數次傳進台灣。而紅頭嶼的文化基層則是來自菲律賓，換句話說，雅美文化受到菲律賓鐵器時代初期文化的影響很濃厚。⓬

第二次世界大戰結束以後，台灣已發現層序關係明確的遺址，而且已普遍採用科學的年代測定法（如碳十四年代測定法及植物花粉分析法），尤其在台灣先史學的顯著進展中，又有新的文化層學說被提起。產生這個進展以前，鹿野的假說一直是台灣先史學研究的一個重要指針。

---

❶ 關於鹿野自行摸索，終於提出「台灣先史文化層序列」，也就是七個文化層理論的經過，還是引用鹿野自己的話比較清楚：「台灣出土的遺物，在其層序關係不明確的狀態之下，今日要識別先史時代的各文化層，只能依賴遺物的形制學上研究和地理分布的研究，還需要和東南亞各地的情形做比較研究，但是島外各地的材料也不夠充實。要明確地提出台灣先史文化層序列，幾乎不可能，但現在還是有曙光出現。……筆者首先提出一個假設，藉以喚起學者熱烈討論，對於先史學的進步，或許會有若干貢獻罷。」

鹿野很坦然地說：「日本領有台灣以來已有四十八年，已發表的先史學論文不少，但是關於文化層的考察迄今還沒有人著手，因此之故，筆者首先提出一個假說，藉以喚起學者熱烈討論，對於先史學的進步，或許會有若干貢獻罷。」實際上，他的假說對於戰後台灣先史文化層的研究，有了極大的影響。

鹿野從他本人發現台灣高山冰蝕作用的存在，以及馬尼拉的貝雅教授所出示的菲律賓舊石器時代遺物，預測台灣島應該可以發現到舊石器時代遺物。戰後的台灣實際上已有發現，證實了鹿野的預測無誤。❸

當時在日本內地，也有學者如大山柏等人努力於尋找舊石器時代的遺物，但沒有找到，結果認爲日本沒有經歷舊石器時代，甚至所謂舊石器時代的概念，在當時的日本學者間沒有再被提起。

回顧戰爭期的台灣先史學研究，我們可以指出：研究的進展主要是由和台北帝大土俗人種學教室有別，獨創一

---

❷關於鹿野忠雄七個文化層的詳細內容，請參照《東南亞細亞民族學、先史學研究》第二卷，〈台灣先史時代の文化層と近鄰地方との關係〉，PP176-183。鹿野很謙虛地說：「以上的推定是 tentative 的（暫時性的，試論性質的），隨著我個人研究的進展，將做不少的修正。扼要地說，台灣先史文化的基底有中國大陸文化，分數次傳進台灣來，其次有混合靑銅器、鐵器的金石併用文化從中南半島傳入，最後有菲律賓的鐵器文化（不伴隨靑銅器）傳入。」這一篇很重要的論文首次發表於《學海》第一卷第六號，昭和十八年（一九四三年）七月。

❸一九六八年起台大人類學系敎授宋文薰及地質系敎授林朝棨所率領的台灣大學考古隊，在台東縣長濱鄉八仙洞發掘五次，台灣史上首次發現舊石器時代先陶文化，李濟敎授命名爲「長濱文化」。

（上）菲律賓呂宋島
Kalinga族的胸飾
（菲律賓科學局照
片）
（下）蘭嶼雅美族用
有彩虹色彩的鸚鵡
螺製成繭形耳墜。
（鹿野忠雄攝）

派的鹿野忠雄、國分直一及金關丈夫所推動的。

　　鹿野在多次有成果的民族誌調查過程中，始終抱著強
烈的意願，想從這調查成果中解讀民族所關涉到的歷史，
這是他的民族學研究法。例如，紅頭嶼雅美族婦女很珍惜
用鸚鵡螺製成的耳墜（Obaobai），假如這個耳墜反映著雅
美族自古以來愛用這類貝製飾物的歷史，當然不能逃過博
物學者鹿野的一雙銳眼。

在馬尼拉，鹿野和菲律賓大學的貝雅教授有過密切接觸後，對東南亞民族學及先史學的新展望已成竹在胸，他同時涉獵各民族語言及穀物的文化層面，他的視野擴大到呂宋島、民答那峨島、印尼諸島，以及更遠的玻里尼西亞群島方面，意圖重新構築廣及東南亞及大洋洲的大文化史與民族史。

鹿野強調擴大視野的重要性。他從台灣東南方海上的一個小島開始追蹤研究，最後把他的研究對象擴大到占地球一半面積的廣大區域。另一方面，他反過來從整個東南亞的觀點，考察台灣民族學，不受席捲全歐洲的維也納學派學者W. Schmidt「文化圈」理論的拘束，自由地把自己的看法向前推進，從更寬廣的視野發展自己獨自的見解。

他根據自己的觀點，為東南亞民族學提起很多重要的課題，甚至差一點要修正維也納學派的R. Heine-Geldern學說。例如R. Heine-Geldern把雅美族刳板構造船歸入新石器時代初期圓筒石斧文化，但是鹿野說，Heine-Geldern的說法很牽強，應該是金屬器時代初期文化所產生的。這是一個例子，說明鹿野常把自己和學界權威之間，劃一條界線，只根據自己實查所得的結果，提出了獨創的意見。

昭和十年（一九三五年），台北帝大移川、宮本、馬淵的師生組，將過去在昭和五年七月至昭和七年底，根據原住民的傳承調查全台灣原住民各族系譜與遷徙史的成果，合輯成一本巨著《台灣高砂族系統所屬の研究》出

版，被日本學界視為歷史民族學最大的力作，移川教授因而於次年榮獲帝國學士院獎。沒有文字的台灣原住民全部都有口傳的系譜傳承，移川逐步溯源所採的系譜時得到一個結論，也就是說，台灣原住民大部分尚能明示或暗示他們的祖先來自台灣島外。

鹿野則不像台北帝大師生進行各族移入台灣本島及離島以後的系譜研究，寧願考查從先史時代到現在的物質文化，比較研究各種文化要素，調查其分布系統以及傳播的徑路，站在文化史的立場，詳查原住民的祖先群各自帶著不同文化從海外向台灣島及紅頭嶼的移動。鹿野努力的目標，是要使台灣的歷史民族學有更大的發展。

我們知道台灣原住民的文化要素包含大陸系統和南方島嶼系統（此南方系統也源自大陸）。但是，當時的台北帝大土俗人種學教室人員及其他學者，大部分漠然採取「南方經由說」。鹿野則指出：原住民的物質文化，總體地說，和大陸地區有密切關係，而在先史學資料方面，也有同樣的情況。他又推測：除了雅美族外，台灣島上各原住民族的文化，幾乎全部經由大陸傳進來的。

鳥居龍藏曾經在腦裡直覺地描出台灣原住民族和大陸上苗族的關係。 鹿野認為事情可沒有那麼簡單。他提出大膽的假說，說各族分別與海外某地有關聯，或與海外的某一個民族有關聯。例如，排灣族由於與「原東山文化」(Proto-Dongsonian，代表性遺址在中南半島清化州東山遺

址，沒有漢文化的混入）有關聯，所以與中南半島的山地居民 Muong 族近似；阿美族由於體質上是長頭，實行母系制度而被認爲與中南半島上的 Moi 諸族有關聯；布農族、泰雅族及賽夏族可能分別與華中、華南有關聯；鄒族和卑南族分別與中南半島北部及南部有關聯等等，認爲這些不同方向的個別調查，將是今後的課題。

鹿野更進一步地論及南島語系民族(Austronesian，或稱Malayo-polynesian的Indonesian語族）的移動徑路。他說雖然不能一概否定過去的台灣有Austro-Asian（南亞語族，如Mon-Khmer語族）居住，但強調下面的事實：「台灣原住民的物質文化顯示大陸系統占優越的位置，而南方島嶼系統則不然，這一個事實使人想起台灣原住民在最初的年代就是操Indonesian語（南島語）的民族，他們移入台灣的時候，並非經由南方島嶼，而是直接從大陸移入的。」

事實上，中南半島安南山脈南部，現在有操 Indonesian 語的民族殘存。遠古的時代，「古Indonesian 語」從Tonkin地方（越南北部）向中國華南沿岸東進的假設，並不是一種牽強的解釋。或許台灣「 Proto-Malay 系少數民族」的祖先群，在以往的久遠年代朝向台灣移動的過程中，帶來獨自的文化，在各地分別有文化交流，也攜帶交流結果所持的片斷文化，渡海來台灣的。⓮

另一方面，台灣原住民和南方島嶼之間的關係，不用

說，紅頭嶼的雅美族最顯著。鹿野調查他們的系譜傳承的時候，獲得了暗示，也就是說，雅美族並非同一個群，他們是在以往的年代分為不同梯次從菲律賓到巴丹群島，再從巴丹群島移動到紅頭嶼的結果；不只是民族，甚至他們的文化也如同波浪一般，一波波湧至紅頭嶼。鹿野注意到這個朝向紅頭嶼的民族移動路線，同時也注意到從海外朝向台灣或日本琉球群島的文化移動路線。

鹿野早就感覺戰局緊迫下的異常氣氛，所以被派往婆羅洲以前，就開始整理他的論考，把已寫好的論文當做遺書看待。如上文已敘述的，他說萬一能夠生還，希望來日有機會修正短時間內寫好的論文。或許論文中有一部分是還不夠成熟，就趕緊寫出的，但是在戰爭的特殊情況下，這是萬不得已的事。

台灣先史時代文化序列及現在原住民在文化史上的定位，雖然鹿野謙稱他尚在研究中，但是這兩點突破，已使

---

❹作者用「Proto-Malay系民族」一詞，似乎是指泰雅、布農……等原住民，但鹿野所討論的是包括史前時代的民族群，所以所謂「渡海來台」就顯得不妥。最早屬於台灣舊石器時代人類，於距今三百萬年至一萬年前的更新世冰河期間，跟隨各種動物，分為不同梯次經過當時大陸與台灣相連的古大陸棚移居台灣（早坂，1942；林朝棨，1952，宋文薰，1980）。新、舊石器時代的人類及現在的台灣原住民的關聯迄今仍不明，其來台徑路也眾說紛紜。最近有新理論，如考古學者Peter Bellwood主張台灣的南島語族從華南農業地帶直接遷入台灣（參照P. Bellwood：'Man's Conquest of the Pacific --The Prehistory of Southeast Asia & Oceania'，1978、 "Prehistory of the Indo-Malaysian Archipelago"，1985&1997，以及發表於1991年及1997年的重要論文 "The Austronesian Dispersal"。）

台灣的比較文化史有更鮮明的輪廓，向前跨了一大步。鹿野所提出的假說，個個被視爲很適切的嘗試，即使到今日，仍不失爲一個重要指針。

鹿野一定是連作夢也期待著，將來一定要找個機會親自驗證自己提出的假設，也期待著將來有一天自己再提出更新的假設。我們對他有殷切的期望，希望讓他親自前往屬於原東山文化圈的中國雲南、中南半島安南山地、泰北及緬甸山地，邊走邊調查，爲我們帶回豐碩的成果！

第十一章

前往戰火中的北婆羅洲

昭和十九年（一九四四年）三月，陸軍省委派鹿野前往北婆羅洲調查當地的民族，因而有婆羅洲之行。原來一直在加羅林群島撤提瓦奴、帛琉自行研究民俗的土方久功，被軍方派到北婆羅洲進行民族調查後，因為胃潰瘍而被急送一艘陸軍醫療船，經由新加坡、香港回到日本，從三月十七日起被轉送到大阪市天王寺紅十字會醫院治療。軍方的意思是請鹿野接替土方的工作。❶

　　土方是一位雕刻家，因為熱中於高更（Paul Gauguin）的藝術，於昭和四年（一九二九年）隻身來到已成日本託管地的雅浦島研習原始藝術，不久對原住民發生濃厚興趣，於是從昭和六年起連續七年，住在撤提瓦奴島調查民俗。 他後來搬到帛琉島居住，太平洋戰爭爆發後被日本政府聘任為「南洋廳」書記❷，協助編纂教科書。赴任沒多久就和知名作家中島敦一起被遣回日本。回日本後不久，他被編入「北婆羅洲民族調查隊」，配屬於已進駐於北婆羅洲的日本守備軍。同時，另外有學者中井猛之進、羽根田彌太等人，分別被派往玻那培島（Ponape）及新加坡進行科學調查。

　　土方被派遣以前，陸軍當局對於北婆羅洲的民族調

---

❶北婆羅洲（North Borneo）位於婆羅洲北部，原為英國屬地，全域百分之八十六面積被熱帶叢林所覆蓋，二次大戰後歸屬馬來西亞，今稱沙巴（Sabah）。
❷「南洋廳」，指赤道以北，南洋群島日本託管地的統治機構。土方久功在設於帛琉島南側Koror島上的支廳編纂殖民地教科書。隨著太平洋戰爭結束，日本在南洋的二十多年殖民統治也宣告結束。

查，原先透過與太平洋協會素有連絡的京城帝大教授尾高朝雄，打聽民族學者泉靖一的意向。當時泉氏剛從陸軍除役，正想要換換工作環境，卻因爲無法接受「陸軍司政官」職稱而婉拒上任，於是軍方改派土方前往北婆羅洲。

鹿野去北婆羅洲接替土方的來龍去脈是這樣的：土方被送進醫院治療之前，在太平洋協會主編《大南洋》叢書（昭和十六年五月由河出書房出版）的平野義太郎對鹿野說，軍方正在物色接替土方的人選。平野編輯的《大南洋》裡，有一篇鹿野的論文〈紅頭嶼生物地理與新華萊士線北端的修正〉，由此可見鹿野擔任日本拓殖協會囑託的時候，就認識平野。

平野曾經是東京帝大助教授，昭和五年（一九三○年）因爲被人檢舉他違反「治安維持法」而遭受革職處分，太平洋戰爭結束後成爲日本共產黨系統的「講座派馬克斯主義」核心人物，也是知識份子的代言人。他和鹿野接觸時，正以太平洋協會爲據點到處活動，因爲和鹿野一樣出身於開成中學，鹿野把他視爲學長。

當時，太平洋協會座落於東京都麴町區內幸町的一座叫做「幸」(Sachi)的大樓內，對面是日本放送協會大樓NHK，現在已經遷出。所謂太平洋協會，是負責太平洋區域調查研究的機構，裡面分設調查局和研究局，而平野是調查局長兼民族部的部長。他很大膽地把被視爲日本共產黨員的「危險人物」風早八十二（人名）藏在這個機構

裡，讓風早從事研究工作。在戰爭期間民間的太平洋協會協助軍方，可以說淪爲侵略戰爭的工具。

　　陸軍所占領的南洋島嶼中，北婆羅洲的調查是由太平洋協會負責尋找適當人選去進行的。當然，鹿野是第一個被考慮擔任民族調查的人選。當時，鹿野分別在台灣總督府及日本拓殖協會兼任囑託，從兩個機構領津貼維持家庭生活。台灣總督府方面只要每年一次去台灣上班就可以，而設於東京的日本拓殖協會則不必天天去上班，只要每週去一次就可以，所以在別人的眼中，他沒有正式的職業，似乎是賦閒在家的樣子。前一年他受託於陸軍前往馬尼拉，更早以前又長年在台灣山地從事調查工作，所以站在太平洋協會的立場，鹿野是最好的人選。

　　當平野第一次向鹿野打聽往北婆羅洲的意向時，鹿野忽然想起以前在台北高校時期，曾經讀過R. W. C. Shelford的書"A Naturalist in Borneo"，1916（《在婆羅洲的博物學者》）。這本書是向當時任職於台灣總督府農事試驗場的高橋良一借來的，鹿野從書上學到從事熱帶地區昆蟲調查的趣味，因而學Shelford自稱"a naturalist"（博物學者）。鹿野受到這本書的啓示，頻頻進入台灣蕃地調查，對於南洋北婆羅洲的大自然，一直抱著濃厚的興趣。他本來想要調查整個東南亞的物質文化史及民族移動史，所以欣然抓住這個難得的機會。

　　以前他到菲律賓時，因爲任務不同，沒有機會走進田

野調查，所以已累積了遲遲未能展開田野工作的不滿心理，私下期待著將來有一天能夠大展身手。對他來講，北婆羅洲之行，能讓他有機會調查廣義的達雅克族（Dayaks），調查有獵首習俗的這一族，有助於台灣原住民族的比較研究，所以是一件不可或缺的重要課題。

戰後，筆者問過靜子夫人當時的情景。她回憶說，朋友談起陸軍要委派他前往婆羅洲調查的時候，他高興得像一個天真的小孩。

接受陸軍派遣令到婆羅洲，必然地成為侵略戰爭的一份子，這是當時泉靖一教授婉拒的一個理由，但他不敢明白講出。鹿野過去已見識過殖民地政策及占領地軍政府所推行的政策，所以他可能和泉教授一樣考慮到這個缺點，但是，這時候戰局已到了人人高喊「決戰」，要做最後一搏的時期，要他拒絕陸軍派令，幾乎是不可想像的難題，實際上所謂軍方的委派，是一道命令。

在靜子夫人面前露出的笑臉，是純粹地站在研究者的立場所表現的歡愉，但是鹿野過去常常批判軍方的作法，所以他心裡可能有葛藤，該去呢？還是不該去？複雜的心情彼此糾纏，使他心情沈重。想到家族的安危，鹿野更加心亂如麻。

在戰爭中，人人都害怕被徵召去前線。鹿野也一樣地怕出征。他眼看留在台灣的研究伙伴國分直一也於昭和十九年（一九四四年）三月接到徵召令。鹿野一直認為在戰

場陣亡像狗死一樣不值得。很幸運地，軍方已向他保證擔任陸軍的調查要員就可以免受徵召，上次的馬尼拉之行已證實了這一點，所以雖然心裡明白前往熱帶叢林調查原始民族包藏種種危險，也欣然同意了，當然免受徵召赴前線作戰是一個重要的因素。

昭和十九年三月二十二日，日本政府發布派令，鹿野的正式職稱是「陸軍專任囑託」，位階是相當於奏任官。發布派令的單位是內閣。本來在占領地工作的要員都有「司政官」的頭銜，鹿野和泉教授一樣，很討厭呆板的官僚機構，所以不喜歡擔任司政官，寧願有別的職稱，讓他能夠在調查工作中自由行動，所以雖然當時鹿野對所謂「陸軍專任囑託」的身分還摸不清楚，但覺得還可以接受。

土方久功也是以「專任囑託」的身分率先前往北婆羅洲的。假如是以司政官身分前往，派令上應該會寫「任陸軍司政官」。土方被派往婆羅洲的同時，另有東亞研究所的研究員柘植秀臣（就讀於開成中學時和鹿野同期）被派到爪哇島，在《東亞研究所與我──戰爭中一個知識份子的證言》一書中，他說他們的派令都註明「任陸軍司政官」。昭和十九年五月出版，由太平洋協會主編的《太平洋圈，其民族與文化》上卷中，土方和鹿野都有文章刊載，土方的頭銜被誤寫為「陸軍司政官」，大概是因為陸軍專任囑託和司政官都是軍政要員，實質上的位階和工作性質

差不多，很難加以區別。

　　鹿野享受到「奏任官待遇」，是文官制度所訂的「高等官三等」，相當於陸軍上校，所以從他的資歷來判斷，他的確受到特別高的待遇。當時日本社會上有顯著的階級意識，高等官和判任官的位階相差很大，薪資及其他待遇有很大差別。鹿野被叙列「高等官三等」，使他在戰地的調查工作更加圓滑、方便，政府所給的待遇真的是夠優厚了。❸

　　這時候，太平洋戰爭轉趨慘烈，日本正面臨著重大的局勢變化，隨著戰局惡化，國民越來越窮困。前一年年底，駐守於赤道附近吉爾貝特群島中塔拉瓦及瑪金兩島的日軍失守，全部陣亡的消息傳來後不久，二月下旬又傳來駐守於馬紹爾群島中庫埃塞林及魯臥特兩島的日軍四千五百名全部陣亡的消息。在太平洋打敗仗的日軍，為了挽回有利的戰局，積極地擬出打通中國大陸與中南半島的攻勢，同時積極地進軍於「東印度諸島方面」。❹

　　在日本國內，民眾已經感覺美軍對日本都市的大規模空襲迫在眉睫。這一年正月，內務省發出東京及名古屋兩

---

❸大戰以前日本舊憲法體制下，文官階級分為高等官及判任官兩大類；高等官再細分為親任官（一等）、勅任官（二等）及奏任官（三等），屬於這三種高等官階級的官吏，任免都要獲得日本天皇的裁可；而屬於判任官階級的官吏，則由各官署首長任命。在台灣，高等官出巡或因公務出差到鄉下地方都乘轎子。

❹亞洲大陸與澳洲之間的各島嶼，包括馬來半島、印尼的大、小巽他群島、摩鹿加群島等所謂 East Indies，日文直譯為「東印度諸島」。

市的市民趕快作緊急疏散的命令。民生物資越來越缺乏，其中民眾很難買到白米，大家都束腰忍飢。二月，東京都政府不得已在各地設立「雜炊食堂」供應鹹粥應急。午餐時間，到處可以看到上班族都在排隊等候鹹粥的供應，到處都有流言蜚語：這裡的稀飯稀薄如水，別區的稀飯比較濃稠……。為了吃得飽，民眾被此交換這樣的馬路新聞。

❺

平野義太郎和鹿野見面，向鹿野打聽北婆羅洲之行的意向時，東京市區所有的餐廳、酒吧、喫茶店都已歇業，無法找到地方喝酒敘舊。直到五月五日，才有所謂「國民酒場」的開設，但每隔幾天就有一次防空演習，弄得民心惶惶。

鹿野想到戰局轉趨劇烈的情形下，也許無法活著回來，萬一有三長兩短，萬事皆休！至少出發以前把研究成果提早刊印，比較能夠放心。已經交給矢島氏的民族學、先史學論文集原稿，包括從未發表過的論文，無論如何要提前出版。至於交給常民文化研究所編輯的《圖譜》也要想辦法早日出版。雖然印刷用紙張嚴重缺乏，他希望過去一年內撰寫的論文草稿，也能夠一併付梓。計劃要寫的論

---

❺日語「雜炊」指戰爭中糧食極端缺乏的情形下，家家戶戶只能準備鹹稀飯度日。因為白米嚴重缺乏，後來改用雜糧或麵疙瘩煮成大鍋湯替代，叫做「雜炊」。到了戰爭末期，住在都市的民眾買不到糧食，只好到街上的「雜炊食堂」排隊等「雜炊」的供應。

文或已經開始寫，但尚未完成的論文很多，假如不趕快想辦法及早處理，怎麼能夠安心出發呢？

不錯，婆羅洲民族調查是他早已列作長期研究計劃內的項目，但是不能因為機會到來而一味高興啊。鹿野不但處於糧食缺乏的戰時體制下，為養活家族而奔走，還要和流逝如水、永遠感覺不足的時間賽跑。

他有空的時候，就到三田區常民文化研究所，拼命地進行《台灣原住民族圖譜・雅美族篇》出版前最後一次的校閱工作。自從《民族學研究》雜誌首次刊出本書出版的預告以來，已經五年了。照片大部分是鹿野親自拍攝的，但是瀨川孝吉也拍了一些高品質照片，在編輯過程中把瀨川的部分補入，現在已逼近完成的階段。

原來在台灣一起做野外調查的伙伴金子總平，現在已成為常民文化研究所研究員，他常常在研究所和鹿野碰面。當他聽到鹿野將去北婆羅洲的時候，不顧危險要求鹿野帶他一起去。原來，金子也對北婆羅洲有濃厚的研究心。鹿野過去在台灣中部調查時金子也同行，所以鹿野瞭解金子的性情，知道他是野外調查的好幫手，於是向研究所的主持人——已升任日本銀行總裁的澀澤敬三連絡，兩人商量以後決定讓金子和鹿野一起前往北婆羅洲。

鹿野曾經在馬尼拉科學局的時候，看到那邊有專做民俗用具的精密素描工作者，感覺畫家能夠在民族學研究方面扮演重要角色。回到常民文化研究所後，他和瀨川兩人

鹿野忠雄在婆羅洲進行民族調查時的助手金子總平。金子和鹿野同時失踪於南十字星下。

共同掏腰包雇用畫家井波良則做素描工作。井波是新進的插畫家，過去曾經為鹿野繪製資料的圖示，因而被鹿野賞識，很快地以鹿野為首的海外調查隊成立了。

圖譜的編輯工作完成後，剩下的出版工作已交給研究所裡的同事——高木一夫及戶田謙介兩人處理，鹿野集中精神完成還沒寫完的論文。出發以前到底還有少時間呢？他不知道，只感覺他正在和時間賽跑。這時候，他把交給矢島出版的論文集，當做《東南亞細亞民族學、先史學研究》第一卷。他的構想是將來要堂堂推出十卷的大作。

在茅ケ崎的疏散地，鹿野每天日以繼夜地忙於寫論文。家族不敢打擾他，只在稍遠的房間起居活動。鹿野的房間靜悄悄的，只有外面的海岸松林在海風吹拂下，發出陣陣松籟，從窗口傳進來。

但是，他的小兒子隆開始學走路，有時候會搖搖擺擺地闖進他的書房，這時候，鹿野突然變成一個溺愛小孩的父親，說：「我的小魔王來了！」，很快地探身把他抱在懷裡。

「小孩真可愛。假如能夠的話，我真想把他放進我的大背包裡，帶去北婆羅洲！」據靜子夫人的回憶，鹿野這句話不知道說了多少次。

第一卷的製版快好了，但是紙張的供應受到政府的管制，連中興館出版社也不敢保證什麼時候會出版，出版預告也在數年前刊出，所以不只鹿野，連中興館的老闆矢島也很著急。

鹿野即將出發了，他把寫在幾本大學筆記本中的論文原稿和照片全部放進用柳枝編製的大行李箱。這些將是《東南亞細亞民族學、先史學研究》第二卷的材料。其他還有各種原稿和照片，份量極多，將是出版《台灣原住民族圖譜》續篇──包括排灣族、鄒族、布農族等每一族一卷的材料，用七個大行李箱才裝完。出發的日子，鹿野再三向靜子叮嚀：「你無論碰到什麼危急的狀況，一定要好好地守住這些原稿和照片，萬一我不能生還，無論如何都要想辦法加以出版！」

給作者做最後一次校閱的民族學、先史學第一卷校正版已送到鹿野那裡，這是出發二天前的事，鹿野花兩天兩夜不眠不休地逐一校閱，但出發的日子到的時候，未能全部看完。

當時，鹿野以陸軍專任囑託身分要去北婆羅洲的消息，因為關係到軍部的人員調動，沒有傳到外界，連鹿野的很多朋友都不知道。馬淵東一當時已被台北帝國大學派

往位於西里伯斯島孟加錫的日本海軍Makassar研究所，所以不知道好友鹿野的動向。其他朋友，如轉任東亞研究所調查員的藤田圭雄、在東京新聞社擔任編輯局長的土方正己等人也被蒙在鼓裡。只有一個地方——日本山岳會接到鹿野個人的通知。

《日本山岳會會報》一三二號（昭和十九年八月）刊載鹿野出發前夕所寄的一封公開信，順便報導他的近況：

好久沒有跟山岳會各位老朋友連絡，諒大家都安好。這次我奉陸軍派令，近日內要動身到北婆羅洲進行民族調查，與我偕行者是綽號「野熊」的金子總平君和一名畫家。我希望到了婆羅洲後，能夠攀登最高峰京那峇魯山，可能還有其他有趣的山可以爬。專此向各位報告近況。

五月二十四日

從這封信可知他的北婆羅洲之行，並不是一個秘密，大概是因為臨行忙於寫論文，來不及向每一個親友連絡的緣故罷。

鹿野聽說五月下旬將有飛機飛向南洋，匆匆地趕到九州的福岡機場。五月二十四日他在博多市的旅館，為《東南亞細亞民族學、先史學》第一卷寫自序。同一天他寄一張明信片給日本山岳會。因為出發前夕，他徹夜校閱文稿，趕到博多市才有時間寫序。除了抵達北婆羅洲後寄給靜子夫人一封信報告平安外，在旅次匆匆趕寫的序言，成為鹿野一生中最後一次留下的文章。

鹿野忠雄遺著《東南亞細亞民族學、先史學研究》第一卷與第二卷，1946年及1952年出版。

這篇相當於絕筆書的序言裡，他表示早就計劃進行東南亞全域的民族調查研究。他回顧自己過去多年來一直以台灣爲中心鑽研，反而有利於擴大到東南亞全域的研究，對於將來即將進行的東南亞研究寄予新希望。在戰局逆轉的緊迫情況下，鹿野提起筆來構思自己即將展開的新研究方向，從字裡行間浮現出他勇於冷靜思考的學者面貌。

筆者對東南亞民族學及先史學的研究，雖然還不夠成熟，但是希望盡個人的力量提供新材料，藉以發現新的課題，因而先行出版本書第一卷，期盼於未來的日子繼續推出續卷，發表個人的研究成果。筆者過去花費二十年於台灣高砂族的研究，以台灣研究爲基礎來研究整個東南亞的民族，是客觀上不得已的事情。現在回顧在台灣苦鬥的歲月，獲得了一個啓示，也就是說，在台灣多年來的苦心研究，結果反而有利於將來對廣大的東南亞全域的研究，欣喜之情溢於肺腑。

東南亞大致上分爲包括印度東部阿薩姆地方及中南半島緬甸、泰國、越南等國的「大陸區域」，以及包括菲律

賓、馬來半島、印尼（可以再延伸到大洋洲諸島）的「島嶼區域」。在以往的年代，學者只做個別研究，我想今後應該結合這兩大區域，考察彼此間密切的關聯，不用說，這是當前迫切需要的研究課題。台灣島座落於大陸區域與島嶼區域之間，將成為最佳的知識寶庫，對於立足於上述見解進行東南亞全域的研究，提供很大的助力。❻

　　因為南方海上經常有美軍飛機出沒，對於向南方飛行的運輸機構成極大威脅，預定要從福岡機場起飛的飛機沒有如期起飛，鹿野又回到茅ケ崎的家待命。六月他又接到飛機要從埼玉機場起飛的消息，但因故又停飛。這時候能夠飛行的運輸機已大量減少，以致於無法維持正常的空運任務。

　　六月十六日，太平洋美軍在日本守軍砲火制壓下，強登塞班島，同時從中國大陸成都起飛的美軍重轟炸機B29群，飛臨日本九州上空，猛炸九州地方的工業地帶，這是美軍第一次進行的日本本土大空襲。七月七日，塞班島日

---

❻鹿野博士臨行滿懷自信與希望之情，充分流露於這篇序言中，見解犀利，與明治年代率先提倡台灣民族研究與東南亞民族做比較研究的鳥居龍藏博士，有一致的見解。可惜鹿野到了婆羅洲後，以三十八歲英年失蹤，空留遺恨。假如他活著回來，不但能夠完成他所期盼的《東南亞細亞民族學、先史學研究》全部著作十卷及《台灣原住民各族圖譜》十卷，也能夠為我們寫下全東南亞的比較民族學與先史學研究。鳥居和鹿野未竟的事業，幸而已有澳洲國立大學的先史學、考古學教授 Peter Bellwood 繼承。到現在為止，Bellwood 博士已進行多年的東南亞、太平洋諸島先史學、考古學的綜合研究，著有《人類之征服太平洋——東南亞及大洋洲之先史學》（1978 年）、《印度、馬來西亞群島之先史學》（1985年）等。

軍全滅，在疏散地的鹿野從收音機聽到這消息。

鹿野第三次接到有運輸機要從立川機場起飛的消息，他相信這次真的能夠成行，七月十五日從茅ケ崎的家出發了。

身為陸軍專任囑託，鹿野著軍裝，腰部佩著一把軍刀，但是頭上戴的不是軍帽，而是他平時戴到野外調查的熱帶探險帽。這頂白色探險帽是他自創的文官學者標記。靜子夫人揹著兒子把丈夫送到茅ケ崎火車站。她和丈夫一起推著嬰兒車，車上放著他的大背包。這是她第三次的送行，在車站靜子凝視著揹起大背包走上月台的背影。她完全不知道，也沒有預感，這次送行竟成夫妻的訣別，以後她再也看不到丈夫的身影！

鹿野真的搭上高級軍官的專機，從立川機場飛向南方了。沿途專機降落於台北松山機場，使鹿野有機會拜會台灣總督府，飛機也停降於馬尼拉。鹿野發現馬尼拉的物價飛漲，比一年多以前他在占領區時期的物價，高出很多，不但物資日漸缺乏，占領區日軍所發的軍票幣值也急速下降。

昭和十七年（一九四二年）二月的時候，五十六公斤裝的一袋白米只賣六披索五十錢，折日幣為六圓五十錢，但這次又來到馬尼拉卻發現每袋米已漲到三千披索；一包香煙當時只賣日幣七錢，現在一包強兵牌的軍用香煙，每包只有十支香煙，已漲到一百倍價錢。

鹿野抵達馬尼拉後，立即趕往科學局及菲律賓大學，和貝雅教授及其他舊識敘舊。鹿野把他論文集的作者校閱本交給貝雅教授看，說《台灣原住民族圖譜》也將陸續出版。這時候貝雅顯得很高興，對於鹿野這位老朋友即將轉往北婆羅洲作民族學調查，說他祈禱上天保祐他工作順利，平安回來。

想到戰局對日本更為不利，貝雅教授預祝老友平安的話顯得有實質意義啊。談話間貝雅教授特別拜託將他手邊的珍貴古生物化石標本，趁鹿野還在馬尼拉期間趕快移到一個安全的地方，同時希望移動化石標本的時候不要給日軍官兵看到。貝雅預測戰火又會再度降臨馬尼拉，所以才想到非作安全保護措施不可。鹿野答應他的要求，立即把古生物化石標本交給從東京文理科大學派來，在科學局研究的寄生蟲學者高橋敬三保管。高橋很巧妙地把這些標本藏在科學局大樓天花板夾層裡。

照當時的情況研判，鹿野於八月中旬通過危險的海域，從菲律賓來到北婆羅洲。抵達以後，他透過陸軍通信單位打了一通電報，向在家的靜子報告平安。

另一方面，要擔任鹿野助理工作的金子總平和井波良則兩人，於八月起先後和「南方總軍司令部補充要員」一起，從日本門司港分乘運輸船團出發，駛向北婆羅洲。

畫家井波運氣不好，他搭的船航行到東海時，不幸被美軍潛艇擊沈，葬身於大海。這時候，美軍的潛艇已經把

日本列島包圍起來了，其中從日本本土到台灣附近的航路最危險。可憐，井波上船時結婚還不到一個月。

金子所搭的船安然抵達台灣，他在台灣等候開往北婆羅洲的船。由於美軍已經奪回關島和提南島，駐守的日軍全部被殲滅，所以日本海軍遲遲未能派出船隻。他好不容易搭上一艘運輸船，僥倖地通過了被稱爲「惡魔海峽」的巴士海峽，經由馬尼拉駛向北婆羅洲。他的船抵達現在的沙巴西岸亞庇（Abi）和鹿野會合。他大概是十月初旬才抵達目的地，如此看來，從日本出發到北婆羅洲，整整花了他二個月時間。

亞庇是面臨南海的北婆羅洲對外出入港口，在英領時代地名叫做遮塞爾頓(Jesselton)，日軍於昭和十八年（一九四三年）五月，改名爲亞庇。亞庇在馬來語中是「火」的意思，當地住民本來把這個港市叫做Abi（亞庇），因爲傍晚時分從這裡所見的晚霞像火焰一般通紅。附近所產的天然橡膠都經由亞庇出口，但人口不多，差不多是東海岸港市山打根(Sandakan)的一半。太平洋戰爭結束以後亞庇恢復舊稱「遮塞爾頓」，但現在已歸屬馬來西亞國領土，被正名爲Kota Kinabalu，俗稱Abi。

當鹿野還在日本博多市的旅館等候飛機的時候，沙巴（舊英屬的北婆羅洲）、汶萊及沙勝越的守備軍，只有昭和十七年（一九四二年）七月四日新編的「婆羅洲守備軍」兩個大隊而已。這裡是重要的石油產地，在戰略上很重

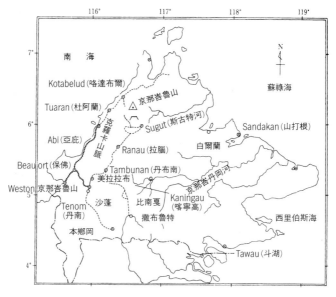

北婆羅洲（沙巴）示意圖　　圖示：------道路　++++++鐵路

要，卻只派小規模的陸軍警備部隊駐守。原來，位於日本廣島的「大本營」及位於新加坡的「南方總軍司令部」，沒有料到美軍艦隊會直接攻擊北婆羅洲周邊的地區。至於婆羅洲南半部的荷屬土地（今稱加里曼丹），也只有日本海軍陸戰隊駐守。

　　這個時候，日本大本營預料曾經發誓「我將回來」的美軍統帥麥可阿瑟將軍，可能捲土而來收復菲律賓，所以擬定了「大本營捷一號作戰計劃」，也就是「決戰菲律賓」的方案，把位於昭南島（新加坡）的「南方派遣軍總軍司令部」移到馬尼拉。日軍的菲律賓防衛戰本身是防衛日本本土的一道防波堤。

南方總軍司令部原來的任務，已由新設的「第七方面軍」（通稱「岡」集團）接替。依照戰後成立的「防衛廳」防衛研修所戰史室所編《南西方面陸軍作戰》，第七方面軍成立的目的，是負責中南半島西側的安達曼群島、尼古巴爾群島、馬來半島、蘇門答臘、爪哇及婆羅洲的守備，尤其對重要資源地域要強化防衛態勢，「以軍政方式統治所轄各占領區，務使政令迅速地浸透至各角落；徹底地強化各占領區機構，期使統治機構成爲一種自立的體系。」

在此以前，日本對西南方面的防衛據點是緬甸，美軍除非擊潰防守緬甸的日軍，就根本無法攻到第七方面軍的正面。但是八月上旬日本在緬甸的守軍全面潰滅，美軍開始從海上攻打第七方面軍的正面——馬來半島基部、新加坡及西貢的可能性變大。據《南西方面陸軍作戰》一書，大本營本來不願讓第七方面軍爲其後方的婆羅洲操心，但經過進一步研判的結果，認爲敵軍萬一從西里伯斯海切入，攻進菲律賓群島的蘇祿海，那麼會切斷「南方占領圈」與日本本土的連絡。

事實上，比起菲島方面強大的駐軍，日本在婆羅洲北半部的防衛兵力顯得薄弱。於是，大本營改弦易轍，將婆羅洲守備軍擴編爲「作戰軍」，以強化婆羅洲的防衛。從此以後，北婆羅洲在戰略上的地位猛升。

更早以前，婆羅洲守備軍爲了使「西海州」（今沙巴的西半部）成爲防衛據點，特地把位於沙勝越古晉的軍

司令部於四月十日移到亞庇。

九月十日起，原來的婆羅洲守備軍從第七方面軍分離，改爲南方派遣軍的直屬部隊，與以蘇祿海爲守備範圍的第十四方面軍一起，負責對美、英兩國在菲律賓一帶的決戰準備。八天以後的九月十八日，「婆羅洲守備軍」的名稱被廢除，另成立第三十七軍（通稱「灘」集團）。這個時候，在占領區推行民政的軍政府，突然轉爲帶有作戰任務的軍政府，占領區旳民政和作戰任務渾然成爲一體。九月二十二日，山脇正隆中將晉升爲大將，被任命爲第三十七軍司令，以馬奈木敬信少將爲參謀長，留用舊守備軍的軍官爲幕僚。

其間，美軍已接近西里伯斯東方的哈魯馬赫拉島（Halmahara），九月十五日強行登陸於其北部離島摩洛泰島（Morotai）。

另一方面，爲了強化北婆羅洲的防衛，新近於日本姬路整編而成的第三六七大隊急速增援北婆羅洲。早於九月八日「貫」（Tsuranuki）兵團團長抵達亞庇，十日他匆匆地飛往東海岸的斗湖（Tawau）。八月二十四日從馬尼拉搭船的大隊先遣部隊，於九月十一日登陸於山打根南方的斗湖。

據我們推測，鹿野最早踏上婆羅洲的地點，應該是守備軍司令部所在地的亞庇。到任的時候，他應該是向軍司令部報到的。又據事後靜子夫人的回憶，鹿野長時間在山

打根，很多信都寄自山打根，從寫信的語氣可以看出他很關心小孩的近況。他也常常匯寄金錢，勸她多吃有營養的東西，有一次特別叮嚀無論如何都不可以離開比較安全的茅ケ崎。

山打根是面向蘇祿海的北婆羅洲港口，不只是漁港，也是附近一帶所產的天然橡膠、西穀椰子、煙草、木材、煤的輸出港。戰爭中港內到處可見沈船的殘骸。戰爭爆發以後，在山打根的英國人急速撤離，為了不讓日軍使用他們的船隻，在撤退的時候，把港內的船全部用人工方式打沈，以癱瘓港埠機能。

這一個港市的市中心是英國人所營造的，被稱為「小香港」。當時約有二萬人口，很多住民是中國華僑，戰爭中日本人的人口增加很多，但它本身是一個小小的港市。從作家山崎朋子的小說《山打根八番娼館》，可以知道當時有很多拉日本人生意的娼妓，在日本人之間通稱「唐行小姐」。❼

山打根也首次在十月十四日受到美軍的空襲。

八月抵達以來鹿野已經在山打根工作二個月。十月以前寫的信，有的是從新加坡寄出，所以這期間可能也出差到西南海岸的古晉及新加坡。假如他去過新加坡，應該會

---

❼日文「唐行きさん」指明治至昭和年代，很多九州西北部的農村婦女往東南亞地區謀生，有些淪落為海外日本人間的妓女。「唐行き」指出國，「さん」在此專指這個特殊行業的女性。

訪問收藏著很多資料的Raffles博物館。但是，在這家博物館研究發光動物的羽根田彌太說，鹿野沒有來過。

身為動物學者，又是民族學者的鹿野很熟悉古晉的沙勝越博物館，因為著名的《在婆羅洲的博物學者》作者Shelford曾經在古晉熱心蒐集動、植物資料，以及「陸地達雅克族」、「海岸達雅克族」的手工藝品等民族誌標本，鹿野感覺有必要細查博物館內的精品。他可能是利用金子總平還沒到達的空檔，從山打根或從亞庇搭飛機來古晉的。

古晉（Kuching），日本陸軍把它譯成日本語音的漢字「久鎮」，是英領時代沙勝越的首都，不過是人口只有三萬的小城市。沙勝越博物館是木造上漆的建築物，外表看起來像一所學校。館內展示著許多民族資料及精緻的標本，例如，達雅克族舊時用來保護並裝飾男性陽具的獸骨、貝殼、象牙雕刻品。日軍進駐北婆羅洲後，曾經下令接收英領時代所留下的政府建築物及學校設施，但沒有把博物館接收下來做別的用途，即使守備軍司令部從靠近汶萊的美里（Mili）移設於古晉後，仍然把博物館保留下來。因此，博物館所珍藏的資料、圖書、標本絲毫沒有受到干擾，還保留著英領時代的風貌。

這是日軍剛占領婆羅洲的時候，當時的司令官前田利為中將指示加以保護的。前田中將雖然是軍人，但是對音樂、美術、文學的造詣極深，是一個道地的「文化人」。

他的祖先是以收藏無數「日本文化財」、祿米達一百萬石的加賀藩大藩主，由於他本人長期間擔任日本駐英大使館的陸軍武官，當然瞭解擁有文化財的博物館很重要，應該加以保護。

昭和十八年三月二十五日，土方久功被守備軍任命爲「婆羅洲博物館長、圖書館長事務取扱」，負責一般館務。（丸山尚一編〈土方久功年譜〉，原載《同時代》雜誌第 34 號）所謂「婆羅洲博物館」，應該是指沙勝越博物館。前田中將因爲飛機失事而死，由山脇中將接任（已如上述，婆羅洲守備軍同時改爲三十七軍），土方跟著山脇司令巡視各地，可能因爲長期勞累而患胃病，在軍令如山的世界裡，無法繼續抱病工作，一個月後就被調回本土療養。假如鹿野報到的時候，司令部還在古晉的話，鹿野當然會繼任爲博物館代理館長了。鹿野來的時候，司令部已遷到亞庇，結果，鹿野的任務不是以博物館爲主體作研究，而以野外調查爲他主要任務。

當時有一本以北婆羅洲爲舞台描述生活體驗的書，風行於婆羅洲研究者及學界之間，現在有日文版，書名是《ボルネオ——風下の國》（婆羅洲——風下之國），作者是美國女作家Agnes N. Keith，原來Keith在太平洋戰爭末期被日軍監禁於古晉的收容所，過著困頓的生活。

鹿野在亞庇迎接金子總平的到來，是在十月上旬，那是婆羅洲守備軍被整編爲第三十七軍，亦即「灘」集團後

還不到一個月的時候。兩人可能對於守備軍改為作戰軍的嚴酷狀況既驚訝又不安。

雖然已經過整編，第三十七軍軍政本部部長還是由參謀長馬奈木少將兼任。當日軍在馬來半島發動所謂馬來作戰時，馬奈木在勇猛的指揮官山下奉文大將手下擔任副參謀長，當時他建議成立一支所謂「銀輪部隊」，以快速的戰術掃蕩半島上的英軍而知名，也由於馬來作戰勝利，最高指揮官山下將軍被稱為「馬來之虎」。

馬奈木兼任軍政本部長以後，繼承了前任司令官前田中將的遺志，致力於學術文化的推行。例如，他下令製作當時俗稱為「文化映畫」的電影──《京那峇魯山》共八集，自己兼任「製作委員長」，動員了大批人馬登山拍攝，製作了戰爭期間最優秀的山岳電影。

這支電影描繪東南亞最高峰京那峇魯山，其周邊的大

東南亞最高峰京那峇魯山（海拔4,101公尺）全景，1982年。（山崎柄根攝）

自然與各民族在日本占領下的生活情景，電影拍成後，在日本國內東京日比谷公會堂及每日新聞社會館先後公開放映，不料放在影片倉庫中的毛片和拷貝，在空襲中被擊中而燒燬，結果沒有在全國電影院放映。幸而有一份拷貝已寄到在亞庇的馬奈木那裡，在戰地作巡迴放映，藉以宣撫住民並供給官兵欣賞。

從亞庇可以望見京那峇魯山，它是婆羅洲的名山，海拔四、一○一公尺。這座山的山容魁偉，地質是以角閃花崗岩構成，在熱帶潮濕多霧氣候中，朝夕呈現不同的美麗風貌，自古以來被北婆羅洲杜生族(Dusuns)信奉為靈山。❽

京那峇魯山(Mt. Kinabalu)的首登，是一八四四年由英國人Hugh Low所完成，從此以後，很多學者先後去作學術調查，例如J. Whitehead的生物相調查，其他有B. E. Chasen的鳥類調查、R. Hanitch及H. M. Pendlebury的昆蟲調查、C. Christensen及R. E. Holttum的蕨類植物調查等，都提出了報告。其他未經調查的部分仍很多，正如鹿野寫給日本山岳會信中所提及，做為一個登山家，誰都想攀登這座名山。鹿野來到京那峇魯山腳看到她的偉岸山容，瞬間秘

---

❽京那峇魯山下比較內陸的土著相信這一座山是神靈的永久住所。一般來講，原始民族對雄偉的高山有素樸的山岳信仰。在台灣，泰雅族對白石山、大霸尖山；布農族及鄒族對玉山；南部魯凱族及排灣族對大武山，都有同樣的信仰。

藏在心底的那顆做爲博物學者及生物地理學者的靈魂，似乎被喚醒了。

在亞庇的鹿野應該在當地的電影院看過這支電影罷。出現於電影畫面上的京那峇魯山那優美山容，絕對會給觀賞者強烈的印象。或許他看過了電影後，不但獲知這座山的全貌，同時也更加認識整個北婆羅洲的地理狀況。

第十二章

緊迫情勢下的民族調查

「命陸軍專任囑託鹿野忠雄前往西海州及東海州兩方面補給線，進行爲期六十天的調查。」這是第三十七軍發給鹿野的出差令內容，鹿野接到命令後，偕同金子總平於昭和十九年（一九四四年）十月十五日從亞庇出發。

西海州及東海州屬於舊英領時代的北婆羅洲全域，今日的東馬沙巴省。已如上述，鹿野來到北婆羅洲時，實施民政的占領軍政府已更改爲以作戰爲任務的機構，而隨著局勢的微妙變化，本來的民族學調查已被更改爲以調查軍事補給線周邊原住民動向爲目的，主要的原因是英軍所組織的游擊隊操縱下的原住民，不斷地反抗日軍。鹿野和金子已失去工作伙伴井波良則，而且兩人抵達後未能及早展開民族學調查而懊惱，眼看戰局越來越惡化，幾乎已到了無計可施，徒然浪費時間而已。

現在，兩人忽然接到出差令，好不容易有機會深入有獵首習俗的達雅克族及其他種族的地盤，感覺很興奮，他們對於學問上未知之境抱著極大興趣和期待。

這個時候，大本營和位於馬尼拉的南方總軍司令部，接受第三十七軍司令山脇大將和馬奈木少將的戰略分析，推斷美、英、澳的聯合軍爲了攻略菲律賓，可能會先攻擊婆羅洲東北角做爲跳板，同時也會占領東海岸石油產地打拉根島（Tarakan）。日軍進一步地推斷美軍到了直接攻擊菲律賓時，一定會先收復有優良機場和港灣設施旳民答那峨島上的納卯（Davao）。

基於上面的分析，敵方會先制壓北婆羅洲東北角的山打根及南方二百公里處的斗湖兩個港口。因此，以西北婆羅洲爲守備範圍的第三十七軍，突然重視東海岸的山打根及斗湖在戰略上的重要性。由於婆羅洲周圍海域有美軍潛艇出沒，海上運輸所冒的危險性很高，所以日軍必須築造聯絡東海岸與西海岸的東西方向軍事補給線，而且要在沿線設置補給站。爲了達成這個目的，日軍需要瞭解原住民族的習俗並做好宣撫工作，以獲得原住民同心協力。

　　戰爭結束後，原來在婆羅洲第三十七軍擔任「軍政人事主任」的吉里公一，曾經寫一封信給鹿野的岳母，轉達鹿野在戰爭中的行動。這封信現在留在夫人靜子的手邊。

　　根據信的內容，鹿野和金子最初前往本橡岡。這裡屬於內陸地帶，分布著「陸地達雅克」的各族群，其中姆祿族(Muruts)住在最深入的地方，在過去的年代裡幾乎未曾與外界連絡，文化上開化最晚。鹿野照出差令的指示，要調查補給線沿線的族群，但是自己決定先從內陸未開化的姆祿族著手。他當年在台灣調查的時期，曾經企圖把台灣原住民各族間流傳的小矮人傳說，和現在還生活在菲律賓的小矮人（Negritos），做比較研究，所以到現在還是很關心小矮人的存在，他也許私下期待著在內陸的婆羅洲找到小矮人的痕跡。

　　本橡岡位於亞庇南方約一百五十公里處。從亞庇搭火車南下到美拉拉布，換乘小汽車朝東北方向到喀寧高

（Kaningau），從此沿著「山崎道路」北上，這是一般人用來深入北婆羅洲內陸地帶的一條道路。本橡岡在極南，以喀寧高為起點，經由撒布魯特進去。沿本橡溪左岸分布著撒布魯特姆祿族，再深入到塔格爾溪上游，則可以看到倫德木姆祿族的分布。這一族是北婆羅洲境內眾多原住民族中，保留最多的原始性及固有習性，人口稀少，每平方英里只有六個人居住。

姆祿族彼此之間保持很大距離居住。他們用熱帶鐵樹（Iron-wood）構築高床式長屋（Long house），它的優點是適於防範他族的攻擊，通風狀態極好，所以長屋是熱帶叢林內最合理的屋式。

一座長屋可以容納大約二十個家庭，一百個人居住。撒布魯特姆祿族與倫德木姆祿族在語言、習俗上很接近，所以又被合稱為斜曼布族。倫德木姆祿族尤其保有原始性，直到鹿野前往調查的二十年前，幾乎與外界是完全隔絕的狀態，在自己的土地上維持著固有習俗，所以一九二九年出版的《北婆羅洲的未開化民族》（"The Pagans of North Borneo"）一書中，作者Owen Rutter感嘆說，這支民族由於尚保留原始習俗，可以說是「活的化石」。

鹿野等人即將進入本橡岡郡境內山地的時候，為了雇用譯員兼嚮導及腳夫若干名，特地先到喀寧高訪問占領軍派駐喀寧高縣的知事山崎劍二。

山崎在日本國內時是勞農黨國會議員，從事勞工運動

而被官憲視為危險份子，太平洋戰爭爆發以後，「特高警察」的魔手已伸到身邊，不得已祕密出國，逃到婆羅洲，登陸於當初日本守備軍司令部所在地亞庇西南方二百公里處的美里（位於沙勝越境內）。❶

美里那邊的土著間盛傳有一個古怪的，曾任國會議員的日本紳士潛入，消息傳到馬奈木參謀長耳裡。當時占領軍正在物色人材，馬奈木立即推舉山崎為喀寧高縣知事。被任命以前，陸軍省當局反映了強硬的反對意見，馬奈木不得已，直接以電話向陸軍大臣東條英機大將交涉，山崎的任命才通過。

喀寧高縣的範圍涵蓋北邊的拉腦(Ranau)、南邊的丹南(Tenom)及西邊的保佛(Beaufort)，西邊以克羅卡山脈為界，以向貝加蘭河谷伸展的丹布南(Tambunan)平原為中心的一片肥沃地區，有英領時代所留下，種植橡膠樹與椰子樹的大規模農園(estates)，同時建有搬運特產農作物的小火車鐵道，物產豐富、生活富裕。但是，這裡很多腹地是尚未開發的狀態。

昭和十七年（一九四二年）八月的某日，山崎從馬奈木參謀長接下聘書，擔任該縣知事，立即只帶一個通曉土

---

❶特高，全名「特別高等警察」，又簡稱特高警察，是明治四十四年（一九一一年）起至昭和二十年（一九四五年）止，直隸於內務省（日本內政部）的一個機構，負責思想犯、社會運動者的調查與取締，被民眾所畏懼。民眾一旦被特高嚴密監視與追捕，都難逃惡運。

著語言的一個日本少年和一個年輕的華人汽車司機，深入縣廳所在地的喀寧高。當地的馬來人看到新任的縣知事沒有帶軍隊來，本人又不是軍人，卻是輕車簡從進來，嚇了一跳。大家認為這是非常不可思議的事。山崎完全不懂馬來語，怎麼能夠擔任知事呢？過去在英領時代，每一個英國官吏都多多少少懂得馬來話，也會講馬來話啊。

日軍占領北婆羅洲後，喀寧高地區的地方行政事務一直由英領時代的下級地方官吏代行，他們是馬來人、華人及印度人。他們以為日軍派新任縣知事來以後，個個會被開除而失去飯碗，但是沒想到山崎一到差，馬上宣布人事照舊，使他們萬分高興。擔任知事的山崎向地方官吏呼籲一齊努力建設地方，從此山崎施行「紳士一般友好」的縣政。

由於日軍的要求，山崎在喀寧高建造一個軍用機場。當時治安不怎麼好的情況下，山崎居然能夠巧妙地掌握民心，讓住民參與土木建設工作，這是占領初期很難做到的一件難事。別人不知道他從那裡借來的，竟然使用壓土機等機械，只花兩個月就把用於軍機滑行起降的簡略機場築好。

其次，山崎也開了一條卡車道路，連結喀寧高、丹布南平原與北方的拉腦，供物產流通之用，這一條道路被稱為「山崎道路」。這條內陸的縱貫道路喀寧高、阿賓阿賓段的十五公里路，是良好的直線道路，築路時，山崎知事

雇用原住民的姆祿族參與工程作業。根據當地人的報告，山崎知事本人都到工地監工，使築路工程順利。這是戰爭期間日本占領軍在婆羅洲所留下，具有里程碑意義的善事。戰爭期間，日本政府大量地把在本國被視爲有叛逆思想的人送到海外（例如婆羅洲）從事開拓事業，事實上這些人中有朝鮮人和台灣人，他們在遣送地努力於開路工作。

　　鹿野首次來到喀寧高訪問山崎知事時，縣署裡的主任書記是一個印度人，名字叫林嘎姆。昭和十七年（一九四二年）十一月，原來是中央公論社記者的「陸軍報導班員」堺誠一郎前往當地採訪時，由林嘎姆負責解說工作，據堺氏所獲的印象，林嘎姆是誠實且有爲的人物。戰後他升任山打根州知事。在昭和二十年（一九四五年）初以《日映ニュース》（日本映畫會社製作的新聞影片）的報導班員身分去北婆羅洲採訪、報導的關正（人名）說，林嘎姆當時對他說，不久以前，鹿野曾經來訪問過。

　　山崎就任縣知事一年多以後，亦即昭和十八年（一九四三年）十月十日，屬於西部遮塞爾頓縣的亞庇發生了抗日暴動。暴動發生時山崎在自己的縣內忙於道路工程。

　　這件亞庇事件是當地華僑在巴舟族協助下發動的。事件的前一天，一支數十名的華僑游擊隊攻擊杜阿蘭(Tuaran)的日警駐在所，當場殺害四名日警並搶奪武器。第二天，似乎以這場襲擊爲信號，所有潛伏在亞庇、伊那

那姆、杜阿蘭、喀達布爾(Kotabelud)、得利蓬等各據點的抗日游擊隊一齊蜂起，在亞庇市，他們攻擊當地的海關、警察宿舍等。根據事後的報導，屬於軍政部的日本官員及婦女中有五十名被殺，割去的首級被高掛於各據點示眾。

這是由於物價飛騰、民生不安，對日軍軍政府不滿的抗日份子所發動的叛亂，但是別的報導說，這是留在菲律賓的美軍游擊隊從旁援助下所發動的事件。日軍把叛軍鎮壓後，處刑了華僑及原住民約三百名，但是，後來姆祿族受到了刺激而發生連鎖反應，在族人居住的地方也接連發生了幾個小事件。亞庇事件的主謀者是出生於沙勝越的華僑，英文名字叫Albert Kuo，自從日軍進駐於北婆羅洲以來，這個郭某某曾經用各種方式騷擾日軍，使軍政單位頭疼不已。

事件雖然波及山崎治理的喀寧高縣，但是山崎對縣內各族都寬大，甚至敢雇用一個年輕婦女在自己的官邸當傭人。她的丈夫是事件中當過叛軍副首領的人物，被捕後被日軍宣判無期徒刑，現在尚在服刑中。山崎明知這樣做會對他構成危險，但卻不在乎。他的信念是：假如施政者所做所為使住民痛苦，那麼不算善政，施政者終會吃苦果。或許因為山崎在日本國內當過勞農黨國會議員，所以他很瞭解當地居民的處境。

他常常用自己的方式，救援因為走私情報而快要被日軍追捕的嫌疑者，例如縣內被封為「郡長」的原住民頭

目。因此，自從就任縣知事以後，縣內幾乎沒有治安上的困擾。另一方面，加入亞庇事件叛軍的原住民，因爲日軍的追捕而逃入山中，雖然山崎加以監視，但是部分可能已搖身一變爲游擊隊。

知事官邸位於喀寧高官署的隔壁，幾乎來訪的日本人都受到山崎的款待。官邸建在小山丘上，是典型的馬來高床式建築，我們猜想鹿野也來訪問山崎並在官舍流連過。庭院裡有紅毛猩猩和一些小動物，屋下也圈養著山鹿。庭院的一角有巨大的鳳凰樹，夏天開滿火紅的花朵。

山崎在當地娶了一個「尼愛」（土著妻子），父親是華僑，母親是馬來人，所以中國名叫做阿燕。阿燕才二十歲左右，長得很漂亮。她擔心丈夫不懂馬來語，對執行公務很不方便，所以在家是丈夫的馬來語教師。她爲山崎生了一個男孩，山崎把兒子叫興南，希望兒子長大以後當起日本與婆羅洲的橋樑。「興南」的日語讀音是Konan，而亞庇事件首謀者姓郭，中文名字用日語發音也是Konan，可見山崎深謀遠慮，甚至兒子的名字也要本地化。由於山崎的努力，他在任期內能夠化解各種問題於未然。也許來訪的鹿野看到興南的時候，不免想起留在日本的家族了罷。

鹿野從喀寧高前往本橡岡。這時候，內陸婆羅洲特有的，冷冷的山霧瀰漫著，遮蓋前方的山谷。這裡只有一條穿越熱帶叢林的小徑，沿線到處是濕地，涉渡幾條溪流轉

入山中。

他在喀寧高雇用姆祿族當腳夫與嚮導，行李裝在馬背上出發。首先，隊伍沿著叢林內的一條小徑，朝偏向內陸的撒布魯特前進。隨從的姆祿族，下身只紮著紅色丁字帶，私處用塔巴（樹皮製成的布幔）遮住，腰間橫跨著馬來式山刀，肩膀上斜掛著一套可怕的「吹箭」，揹著本地特有的藤籠，看來頗具威風。 事實上本地的男人平時都佩刀。

他們所攜帶的吹箭和馬來半島塞諾族所用的竹製和藤製吹箭不同。姆祿族截取約二公尺長的鐵樹直枝，刳挖成中空的長管，管內一次放一支箭，箭長二十公分，銳利的箭鏃上塗著毒膏，殺傷力極強。族人用嘴吹送毒箭，命中率很高。吹箭長管的尖端附有刀刃，所以它本身兼具矛的功用。

本橡岡距離舊荷領的加里曼丹邊境只有數英里，北緯四度三十分附近，是北婆羅洲最南方的聚落。這裡的居民是撒布魯特姆祿族，形式上有「郡廳」和一間醫院，它不過是邊境原住民的交易站而已。雖然是僻地，卻有一個出身於日本九州天草（地名）的日本女性，流浪到這裡來當原住民郡長的第二個太太。跑到這樣內陸的地方看到日本女性出現，鹿野大概也嚇了一跳。

這裡已設了一個小小的日軍屯駐所，防守邊境。鹿野可能騎馬繼續到倫德木，因為出差期間不長，在那裡的調

查只能說是視察。鹿野只到原住民部落訪問酋長、調查戶口人數，訪談時順便蒐集民俗用具而已，從今日的學術調查尺度看來，不能不承認是觀光兼視察的程度。

他訪問長屋的時候，皮膚黝黑的倫德木姆祿族男人個個投以銳利的目光注視，並且擺好姿勢準備吹箭攻擊，但只是威嚇外地人而已，沒有眞的要加害人家。寧可說，他們對於從外地闖進來的人表示驚奇，紮著丁字帶，幾乎是裸體的男人和上身裸露、下身用樹皮腰布圍腰的女人，把外客團團圍住看熱鬧。這是一種怪異的歡迎方式。

據報導，鹿野一行人已經於十月二十六日抵達喀寧高北方的丹布南，可知他把前面的調查日程予以縮短，在喀寧高、本橡岡間徒步來回通常需要七天，所以他們已急急地趕回北部來了。另外一個原因，可能是鹿野等人從亞庇出發後不久，軍事局勢已有變化，美軍經過激戰後已收復雷伊泰島(Leyte)的消息已傳到鹿野耳裡，使他不得不採取快速的方法，趕往內陸東北部調查。他所擔心的事情眞的發生了！

鹿野一行人剛要從喀寧高前往本橡岡的時候，日軍在菲律賓發動所謂「大本營捷一號作戰」的南洋保衛戰。十月十八日已集結於菲律賓雷伊泰島東岸附近的美國海軍艦隊，包括「加利福尼亞號」、「賓夕法尼亞號」、「田納西號」、「密西西比號」、「馬里蘭號」、「西維吉尼亞號」等，整整兩天作了無休止的艦砲射擊之後，陸戰隊搶

灘收復雷伊泰島。二十日美軍強登的時候，美軍用日軍一百倍的砲火還擊，迫使日本守備軍第十六師團（又稱「垣」師團）敗走。當時擔任「垣」師團軍醫隊隊長的三宅宗悅在雷伊泰之役失踪。三宅原來在國內日本人類學會擔任評議員，而鹿野也是評議員之一。

從昭和十九年（一九四四年）十月二十四日起，「捷號作戰」已進入高潮，從汶萊海岸開來的日本艦隊於二十四、二十五日兩天出擊於雷伊泰附近海面，在海戰中計有戰鬥艦「武藏號」、航空母艦、重巡洋艦、驅逐艦組成的聯合艦隊機動群，被美國海軍機動群擊潰，上述的精銳日艦總共二十四艘被擊沈，使日本僅剩的聯合艦隊事實上全滅了，這次重要海戰被世人稱爲「雷伊泰海戰」。

當時駐留於亞庇的日軍第十二轟炸機隊及獨立飛行團第四十四航空隊也加入作戰，但是從亞庇機場起飛的戰機沒有飛回，全部消失於南海裡。從此以後，駐守北婆羅洲的日軍第三十七軍已經沒有派遣戰機的能力了。

其間，大本營已經從中國東北地方及日本國內抽調增援部隊到北婆羅洲，補強第三十七軍的戰鬥力。當「捷號作戰」猛烈進行期間內的十月二十三日，在日本國內的陸軍省及海軍省之間修訂了「陸、海軍中央協定」，依照新規定，防衛南婆羅洲的日本海軍陸戰隊，將陸上部分讓給第三十七軍直接防守，因此全婆羅洲的守備全部歸入「灘」兵團的指揮下。但是，據說準備調到南婆羅洲擔任陸上守

備的獨立混成第七十一旅團（又稱「敢鬥兵團」），受到海上運輸被切斷的影響，直到戰爭結束以前，只有三成兵力投入，其他七成兵力來不及抵達婆羅洲。

由於上述戰局大逆轉，在北婆羅洲的日本軍政要員及「產業戰士」，亦即軍需工業從業人員，都被動員起來，置於當地司令官或部隊長指揮之下。

鹿野從本橡岡一帶的調查回來後，聽到雷伊泰島激戰的消息，也看到軍方幹部緊張的臉。他為了趕往東北部調查，匆匆地從喀寧高北上，從阿賓阿賓進入山地，經過杜生族特別保護區內的賓可爾，到山間的丹布南。他在那裡停留幾天收集各種情報。

丹布南到處都有梯田，悠閒的農村風景使人感覺好像置身於日本農村，原來繃得很緊的神經，在這裡暫時獲得紓解。

點綴於田野上的農家都是高床式建築，屋樑兩端都裝設「千木」（日語音Chigi，×型交叉的護木），使鹿野想起台灣的泰雅族志佳陽社。這一片農村景色，似乎是日本農村的翻版，好像是身在海外、心繫故國的日本人所懷念的故鄉映象。村落有紅瓦屋頂的天主教堂，也有華僑子弟學校，而住民大部分是土生的杜生族，在深居於內陸的杜生族中，這裡的杜生族是最開化的一種。站在村裡可以展望到突兀高聳的京那峇魯山。

十一月一日，屬於「灘」兵團的中堅部隊──步兵第

三七一大隊，從西海岸的亞庇向東海岸的山打根進發，目的是要增防東海岸。部隊移防的時候，在南海的日軍已失去制空權，甚至制海權也幾乎已全部落入敵方的聯合軍手裡，海上運輸極為危險。因此，大隊本部的人員及機槍中隊冒險乘運輸艦移動，而屬於第一至第四步兵中隊的步兵，則採陸路移動。雖然說是陸路，沿線常有紅毛猩猩出現，所經過的山路衍生著無數的，引介瘧疾的蚊蟲，而且千百年來斧鉞未入的熱帶叢林綿延，自古以來除了土著以外，一直沒有外人進入，更不用說，這是首次有軍隊進去的蠻荒之地。

決定採用陸路以前，陸軍已派遣偵察軍官進入叢林調查路線。從六、七月起「野戰道路建設隊」和所雇用的爪哇人苦力投入於築路工程，他們在樹冠鬱閉的叢林中打開一條只容單人縱隊可以通過的小徑。從亞庇至拉腦已有現成的道路，從拉腦起就進入叢林中，經由利瓦古溪、庫阿那南溪，再沿拉布庫河(Labuk)往下游下山，降到山打根西邊的白爾蘭附近，接到終點站的山打根。

鹿野一行人停留於丹布南時，可能住在駐丹布南司政官田崎浩雄的官舍。步兵大隊從亞庇向東海岸進發的那一天，鹿野因為臨時發生有急事要調查，沿著京那峇丹岡河往上游的「布農戈方面」。所謂布農戈方面，是這一條河流最深入山區的交易站。

這個交易站應該是指比南嗄。和上述的堺誠一郎差

不多同時擔任陸軍報導班員的作家里村欣三，曾經溯行京那峇丹岡河到比南嘎，寫了一本報導文學的書《河の民－－オラン・スンガイ》，書中將這個鹿野也曾去調查的土著交易站稱為比南嘎。

從比南嘎再往上游地帶，住有原始民族，他們是姆祿族的一個亞族，叫做騰加拉族，信奉伊斯蘭教，人口當時已大幅度減少，成為每一平方英里只有二、三人的少數民族。騰加拉族也分布到庫瓦姆茲河上游，他們所住的房子是用竹子搭蓋的長屋，每一座長屋住著大約五十個人。

里村欣三的書《河の民》對這裡的姆祿族生活有詳細的描述：

目光炯炯的土著從兩邊的河岸窺視我們，使我渾身不自在。誰也不敢離船上岸，我就奮勇率先跳到岸上，說時遲，那時快，忽然藏身於叢林陰影下及河岸蘆葦叢中的土著全部跳出來了。除了頭上都綁著黑布條，下身只紮著紅色丁字帶外，幾乎是赤身，露出結實隆起的一身肌肉。他們腰上橫跨著番刀，手裡執著吹箭，一字排開地阻擋我們向前跨一步。

土著的髮式很像日本的相撲力士，赤褐色的頭髮束於後腦，所以一眼之下還以為全部是女人，但事實上部分是筋骨與肌肉發達的姆祿族男人。他們和達雅克族不同，沒有刺墨的風俗。男人手腕戴著用獸骨或黃銅製成的手鐲，赤褐色的頭髮上戴著用熱帶草花編成的頭飾；女人只在腰

際圍繫著一條黑色的短腰布，雙乳與肚臍都無忌憚地裸露著。

我看到幾個相貌堂堂、身體健壯的姆祿族女人，她們的腰布上縫繫著中國的一文錢銅幣，當做飾物，嘴裡叼著雪茄煙。煙草是本地杜生族生產的，用一片舊報紙把煙草捲在裡面，形狀像雪茄，不斷地噗噗吐出白煙。她們的手腕和腳踝都戴著用黃銅或獸骨製成的手鐲及腳環，而脖子上垂掛著用彩色玉珠串連的首飾，和男人一樣，頭上戴著鮮花及林鳥的羽毛編成的頭飾，髮型也和男人一樣。男女之別只在於丁字帶或腰布，假如沒有注意看到女人的大乳房，根本就很難區別是男或是女。

一九三○年有一個叫做Martin Johnson的人，攜著拍攝猛獸電影的攝影機具，乘水上飛機滑行於這條京那峇丹岡河上游，未曾與外界接觸的土著以為是一隻大鳥從天而降，看得目瞪口呆。後來另有一個住在山打根的森林保安官，帶他知名的作家太太Agnes N. Keith一起溯行到上游；日軍占領後，藤井少尉為了追捕逃亡的英國人而深入這個地區，此外過去未曾有其他人進入這蠻荒地帶。

到京那峇丹岡河源流地帶探險，通常從山打根出發，溯河而上，但是也可以考慮從源流地帶的南方撒布魯特直接過去，然後沿河往下游下去。如果從丹布南方面出發，可以乘獨木舟(Puraf)溯拉包溪，從它的上游離溪，越過威悌山和滅特蘭山，通過疏疏落落的土著部落，來到京那

峇丹岡溪源頭，然後下到騰加拉族居住的地方。

　　當時在內陸旅行的外地人，多半依靠河流的網路，陸地上叢林間只有土著踏出的小徑。因此，日軍要在短時間內急速移動到東海岸，只好新開道路。為了開通東西方向越嶺路，需要雇用很多土人開路，所需日數也不少。

　　十一月中旬鹿野一行人去調查時，因為是雨季，要採陸路進去很難，而且他們的目的不在於沿京那峇丹岡河下降。假如從丹布南迂迴到山打根再前往，所需日數驚人，他當然會考慮到如何節省旅行日數，所以我們猜想他一定是採陸路前往內陸。十一月的雨季，甚至土著也想刻意避免採陸路遠行，但是鹿野習慣於翻山越嶺，除了叢林內到處有吸血的螞蟥以及傳播瘧疾的病蚊外，婆羅洲嚴苛的大自然是他自信可以克服的。據猜測，登山家鹿野帶姆祿族嚮導從丹布南出發，先登標高二千九百公尺的托爾司・瑪底山，然後溯行拉包溪，迂迴訪問各地的土著部落，最後抵達比南嘎交易站的。

　　調查時，當地五萬分之一航照地形圖，只限於山打根及近郊，以及京那峇魯山及周邊部分，其他內陸山區從沒製作過航照圖。鹿野進入內陸調查，可能是使用日軍占領後於昭和十九年（一九四四年）參謀本部所繪製的五十萬分之一「亞庇」地形圖。這份地形圖並不是日軍實測後繪製的，而是抄襲英國人於一九一九年測繪、發行的五十萬分之一北婆羅洲地形圖，與荷蘭人於一九三三年及一九三

四年發行的二十萬分之一荷領南婆羅洲東南部地形圖，加以繪製的。

我們比較英國人和荷蘭人的地形圖，發現荷領的南婆羅洲地形圖，每一條等高線的高距是一百公尺，所以相當精密，但是英領的北婆羅洲地形圖，在內陸部分則只是概念圖，很多部分仍是一片空白，而所標示出來的部落名稱和位置很不可靠。向東海岸移動的陸軍只依靠示意圖程度的粗製地圖。換句話說，那個時代跋涉北婆羅洲內陸地帶，好像沒有用到地圖，只靠土著的嚮導與自己的地形判斷而行。

十二月十二日，東海岸的斗湖首次遭到以美國為主的聯合軍空襲，市街瞬間化為焦土。山打根在更早的時候，也被空襲過。北婆羅洲東海岸的港市先後被襲，演變為深刻的問題，影響所及，整個北婆羅洲已進入緊迫的局面。

於是第三十七軍司令官於十二月二十日召集所屬各兵團司令於亞庇，宣布要改變作戰計劃。對於守備北婆羅洲的獨立混成第五十六旅團（「貫」兵團）下達了如下命令：

「命獨立混成第五十六旅團長確保打拉根及斗湖一帶，擊退來襲的敵軍。」

從此以後，日軍確認要強化婆羅洲東北角要塞地。但是，戰後日本防衛廳防衛研修所戰史室所編纂的《南西方面陸軍作戰》一書所記載的狀況有異。關於這個時期第三

十七軍的軍情判斷，有如下記載：

　　雷伊泰的決戰失敗後，亦即昭和十九年十二月底，第
三十七軍所作的情勢判斷，概略地說，是「澳軍企圖派軍
先佯攻北海岸要塞地帶，實際上是要登陸於汶萊一帶的海
岸，逐次收復婆羅洲西部，由此確立向西邊的馬來地區採
攻勢戰略」，所以雖然我軍目前把主力配置於婆羅洲東北
部，當務之急是儘速把主力轉向於西部地區。

　　所謂馬來地區，是指馬來半島而言，而西部地區，則
指汶萊方面。換句話說，已派遣到東海岸山打根方面的部
隊，要立即轉回位於西部的汶萊。不到十天就作了如此判
斷，只能說，第三十七軍對情勢判斷與作戰計劃犯了大
忌，如果照這第二次的分析行動的話，顯然地日軍的作戰
計劃轉為拙劣。

　　在這個緊要時期，第三十七軍司令官山脇正隆大將
於十二月二十六日被調回大本營參謀本部，繼任者是第四
師團長馬場正郎中將。因為日軍已處於劣勢，海上已被聯
合軍的艦隊封鎖，在蘇門答臘的馬場中將無法立即往北婆
羅洲接任。在情勢緊迫的情形下發生了防守婆羅洲的最高
指揮官更迭，到了次年年初，引發了一樁悲慘事件。

　　鹿野一行人在軍司令部著手更換作戰計劃當中的十二
月二十五日，再度返回丹布南。在比南嘎方面停留將近二
個月，他應該有了充分的調查成果，心裡該是感到滿足
的。

他這一次的公務調查旅行，已超出期限十天以上。假如他只是調查補給線上的民族，那麼他可以在期限未到以前趕回，但是他對婆羅洲內陸民族的興趣那麼大，加上陸地交通異常艱難，要他遵守出差期限簡直是太難了。無論如何，在戰況緊迫的關頭，依照官方公文所示，鹿野非在十二月十三日返回亞庇，向軍司令部報告不可。然而，在第三十七軍司令部方面，這時已失去冷靜分析事情原由的耐性。

第十三章

死亡行軍與失蹤消息

昭和二十年（一九四五年）元旦，鹿野和金子在丹布南度過。丹布南位於北緯五度四十分的熱帶，一年到頭熾熱的太陽高掛於天空，一年之始氣溫仍高，無法令人感受過新年的氣氛。所謂陽曆的大年初一，不過是軍政府硬要全體居民遵守的，但是地方上的華僑習慣過農曆年元旦，原住民則從來沒有月曆可用，他們在坡地耕作時，只看天空的星座變化決定什麼時候播種，什麼時候採收。

　　他們兩人住進丹布南司政官田崎浩雄的官邸過新年，攝取了營養後於一月三日離開，為了探查北方的民族朝向拉腦走，然後折東往山打根下山。

　　往拉腦的途中，他們來到基羅哥特鞍部就展望到京那峇魯山，好像近在咫尺。繼續走到標高二千公尺的山上部落蘭打根，京那峇魯山呈現她更大的山容。這一座東南亞最高的山，是鹿野自從日本出發以來，夢寐中也想攀登、投入懷抱的目標，越接近她越興奮。一月五日，鹿野一行人抵達拉腦補給站，雨季前的晨靄中，姿態特異的京那峇魯山橫躺於眼前，甚至那花崗岩的紋理也看得清楚。

　　這京那峇魯山的大自然非探索不可，鹿野惦念著，但是拉腦的補給官告訴他，駐留亞庇的第三七一大隊的四個中隊，已經從十一月下旬開始向東海岸的山打根移動，部隊於十二月初旬通過拉腦。鹿野聽完就心裡明白：事態已嚴重到現在根本不是允許他考慮攀登這座山的時候。

　　第三七一大隊的兵士通過高溫、多濕、蠻荒的熱帶原

始林，熱帶叢林中沒有路徑，還是要強行通過，因而備嘗艱辛，抵達山打根的時候，已是一月六日了。長達三百公里的重裝備行軍，使兵士們身心受到極大折磨。

山在近前卻不能去登，鹿野感到遺憾，只好寄望來日找機會去完成宿願。從拉腦起一行人預定以六十天爲期，沿著海岸小徑探查，終點站可能是山打根。

他們乘獨木舟沿著斯古特溪（Sugut）而下，調查位於海岸的巴遴族部落（這裡的部落土語叫做「千蓬」），然後沿著拉布庫灣的海岸線，南下到白爾蘭附近。台灣拓殖會社在白爾蘭設有一個事業機構，可惜，鹿野到訪的時候，職員已經被徵召到別地方，生產事業已經停頓。❶

山打根距離白爾蘭不遠，但是人員無法接近。自從前年年底以來，山打根連日受到美軍B24飛機的轟炸，機場上的日軍飛機全部被炸毀，已經沒有飛機可以升空應戰。在無休止的炸射下，山打根孤軍無援，變成一個孤島了。

一月十五日，甚至位於西海岸的亞庇也被轟炸，市街和機場受了重創，在亞庇司令部等候新指揮官來交接的山脇大將，在空襲中指揮應變措施。平心而論，攻擊敵

---

❶台灣拓殖株式會社，簡稱台拓，是日治時代一九三六年在台灣創立的日本官營公司，當時與台銀、台電合稱爲台灣三大國策會社。在太平洋戰爭期間，台拓膨脹爲擁有上千分支構的大公司，事業機構分散於台灣及戰爭中日本在東南亞各占領區，其開拓領域，西起孟加拉灣安達曼群島，東至菲律賓，北自台灣、香港、海南島，南迄印尼爪哇。所經營的項目包括海埔新生地的開墾；棉花、芋麻、奎寧的種植；林業方面則是台灣三大林場的經營；畜牧事業；工業燃料的生產等，隨著戰爭結束而瓦解。

方防備上的弱點，應該是正規的戰法罷。第三十七軍只強化東海岸的防備，卻疏於西海岸的部署，美軍乘虛攻擊亞庇是極自然的事。根據戰後的分析研究，表面上南方總軍司令部在亞庇蒙受大空襲的階段，才決定對婆羅洲防衛作戰計劃，作出重大改變。

因為亞庇在空襲中遭受重創，機場已不堪使用，等到一月十八日，山脇大將才經由美拉拉布到喀寧高，準備在那裡與第三十七軍新司令官馬場中將交接。馬場中將從新加坡搭軍機直飛喀寧高，交接完畢後，山脇大將搭上這架軍機飛離婆羅洲。

兩天前的一月十六日，鹿野的父親直司因為胃癌在東京去世，享年六十九。正在叢林中調查旅行的鹿野沒有接到父喪的電報。

一月底，可能是南方總軍司令部下達的命令罷，第三十七軍的部分部隊奉命調防，命令的代號是「灘作命甲二十三號」。所謂「一月底」只是根據戰後的證言，正確的發令月日不明，而且下達命令者是誰也迄今不明，這是很奇怪的一道作戰命令。位於斗湖的部隊在上司馬奈木參謀長不知情的情形下接到調防命令，這似乎是有人在幕後主使的「犯罪行為」。

斗湖(Tawau)位於山打根的南方一百八十公里處。根據這道命令，從斗湖和山打根各派遣一個大隊前往南婆羅洲，剩下的主力部隊，大部分朝向西海岸亞庇至南邊的汶

萊調防。馬奈木於二月九日到西頁參加南方總軍司令部召開的參謀長會議，十三日才回亞庇，但是行前和會議中他始終不知道他屬下的部隊要調動。他回來後立即得知有這樣的一道命令，而且不是由身為參謀長的他所下達的，大吃了一驚。

熟悉婆羅洲情況的馬奈木參謀長，知道執行部隊調防的命令，只會大量損耗兵力以外，沒有實際好處。他立即向馬場司令報備，在司令允許下向南方總軍司令部拍了一通電報，申訴異議，但是已來不及追回這道命令，馬奈木懊惱不已。原來，已在二初旬，山打根的部隊也接到同樣的命令，馬奈木同樣地被蒙在鼓裡。

於是，原來駐防於斗湖的「貫」兵團步兵第三六六大隊及第三六七大隊於二月二日從斗湖出發，預定採陸路經由山打根、拉腦、喀寧高到汶萊。首先，部隊向北北東方向的摩斯丁開拔。駐守於塔威塔威島的獨立混成第二十五連隊（又稱「家村隊」）也奉命於二月六日開拔，先到斗湖，十天以後的二月十六日，將經由摩斯丁、山打根、拉腦行軍到亞庇。

在這段時期，婆羅洲四周海域幾乎全在英、澳聯合軍所控制之下，部隊無法乘船從塔威塔威島到山打根。斗湖至摩斯丁間的水平距離只有五十公里，從今日的交通狀態看，五十公里路算不了什麼，但是事後據說，這段距離的行軍最為艱困。

其間，有標高一千三百公尺的尖山（山名瑪格達擂奴）為主的一道山塊橫亙於途，所以部隊先向東迂迴北上。當時已進入雨季，未開之地有高逾二十公尺的熱帶喬木密集，白天仍陰暗的叢林阻擋於前，所經之處又有一片片濕地，濕地上密生紅樹林（Mangroves），無數的氣根猶如章魚的爪阻止部隊前進。

　　在行軍中，時而有野生的大象出現。扛著機槍、迫擊炮等重武器的兵士，因為長時間以來糧食的供應不足而患慢性營養不良，更不幸的是軍中發生阿米巴痢疾、瘧疾等疫情流行，由於罹病和極度疲勞，兵士們一個接一個地倒下去。行軍期間過溪時，遇到洪水暴漲而被沖走者也不少。結果，第三六七大隊的大部分兵士倒斃於途，而擁有二千一百三十一名兵員的家村聯隊，也有接近一半的兵士喪生於途。

　　另一方面，原先駐防亞庇的「貫」兵團步兵第三七一大隊好不容易花了一個月調動到東海岸的山打根，於一月六日才全部集結於此，但是這個大隊還沒有喘息的機會，忽然又接到命令要逆向返回亞庇。先發部隊於二月九日從山打根出發，主力部隊於二月十二日開拔，經由拉腦、喀寧高到目的地的汶萊灣口拉布安島。屬於這個大隊的四個中隊重回熱帶叢林中行軍，備嚐無數辛酸，結果花了五十天的叢林行軍才抵達目的地。

　　如此這般，日軍的大部隊橫越了從京那峇魯山向南伸

展的山脈，不得不在雨季中行軍三百至六百公里長惡路，在連日淋雨、疲勞、飢餓、營養失調，甚至糧食不足、瘧疾等熱帶病橫行的情況下，不戰而亡故。

可憐，第三七一大隊的九百五十四名兵員中，行軍時大約占一半人數的四百名兵士死亡，其中大部分是還沒到拉腦以前，就在叢林中斃命的。

北婆羅洲的情勢危急的時候，菲律賓群島已經完全在美軍控制之下。

美軍飛機對亞庇進行大轟炸以前，麥克阿瑟將軍的陸戰隊已於一月九日從呂宋島仁牙因灣（Lingayen）強行登陸，隨即採取當初日軍占領時向南攻擊馬尼拉的路線，與日軍交戰，二月初開始猛攻馬尼拉的日本守軍。在美國陸、海、空軍同時猛攻之下，馬尼拉市街和軍事設施全部燃燒起來，首都慘遭強大的破壞。

抵達帕西古河北岸的美軍首先解放了被拘留於聖·托瑪士大學校園內的美僑，然後開始攻擊南岸的日軍。因為拘留於聖·托瑪士大學的部分盟軍僑民已被日軍移到羅斯·巴尼約士收容所，所以最後被美軍解放的人，可能是包括貝雅教授等人，他們是一度被日軍釋放後再度被拘留的。

菲律賓大學內駐留著很多日軍部隊，所以一開始就成為美軍要徹底粉碎的目標，在校園內與大學毗鄰的科學局也在空襲中全毀。不幸在空襲中，收藏於局內的很多動、

植物標本、民族學、考古學資料與標本，以及自然科學類的圖書多半被燒燬。貝雅教授在鹿野協助下藏在科學局天花板夾層內的古生物化石標本也被炸毀，消失於灰燼中。

同樣地，有日軍駐留的舊城區(Intramuros)當時是日軍防衛首都馬尼拉市的要塞，特別受到猛烈的轟炸，頓時成為火焰地獄。菲律賓圖書館以收藏著豐富的菲律賓圖書而聞名，但也在空襲中燒燬。菲律賓所保存的貴重文化資產在美軍反攻的時刻，瞬間消失了。

貝雅教授位於埃路米達區的住宅也被燒燬。他不只是著名的民族考古學者，同時也是研究Tektites（玻隕石）的專家。這是類似黑曜石的玻璃狀天然物質，關於它的生成與起源，眾說紛紜。有人說是從外太空飛來的；又有人說隕石撞擊月球後，月球表面的物質被撞散，飛落於地球的；又有人說隕石直接撞到地球，地球表面的岩石因為高溫而熔化，凝結而成的，所以一直被認為是「謎樣的石頭」。一般認為含有玻隕石的地層屬於更新世中期，假如採納從外太空降下的理論，那麼當時一定有很多這種岩石飛降到地球上。

貝雅教授所持有的玻隕石，大部分是在呂宋島發現的，部分是來自美國加州大學的R. F. Barton教授所發現。因為玻隕石通常伴隨先史學遺物出土，自然地它的存在被貝雅等先史學、民族學者注意到。貝雅教授收藏在家中的三十件在比科爾半島發現的玻隕石標本，被埋於已燒燬的

住宅殘壁破瓦下，空襲結束後，他在灰燼中只尋回十多個殘片，但在火災中受到高溫悶燒的關係，都已變質了。

當年鹿野和貝雅教授苦心把存放於菲律賓大學的「貝雅收藏品」疏散到帕西古河北岸的沃森大廈，二月三日的空襲中，這棟大廈中彈，一併疏散過來的菲律賓大學總圖書館珍貴圖書著火，燃燒了三天三夜才熄滅，但是奇蹟似地「貝雅收藏品」卻沒有受損。

這場大劫難中，所有的學術文化財產被毀，貝雅教授沒想到他的收藏品竟然無損地留在沃森大廈。做為一個學者，沒有一件事比發現多年血汗所換來的標本、資料安然度過大劫難更快樂的，因而他驚喜若狂，眼前忽然浮現出鹿野敏捷精悍的身影。他想起這位年輕的日本學者如何伸出援手，協助他把收藏品疏散到這棟堅固的建築物內避難的往事，不由得懷念鹿野的溫情和見義勇為的精神，使他由衷地敬佩。

假如這些收藏品仍留在菲律賓大學的話，早已化為灰塵了！貝雅教授所保存的玻隕石，除了放在家裡的三十件外，大部分都疏散到沃森大廈內，美軍空襲中被炸毀八十六件，但其餘的四百八十八件原先在比科爾半島發現的玻隕石和研究資料，幸而完全無損。

據報導，馬尼拉在美軍連日猛炸之下，整個市區燃燒了一個月。昭和二十年（一九四五年）一月左右，馬尼拉市物價飛漲，每隔一小時就漲新行情，日軍製發的軍票變

成一張張廢紙，甚至日軍士兵的糧食供應都成問題。

　　當美軍正在猛攻馬尼拉的時候，貝雅的好友巴頓教授已經被日軍監禁於拉古那湖畔的羅斯・巴尼約士收容所。雖然他不久以後被救出，但是在監禁中他營養失調，加上患嚴重的腳氣病。收容所裡的盟軍俘虜及僑民，都由於糧食極端缺乏，幾乎是全部呈飢餓狀態。

　　巴頓的情形最慘。以前他在伊夫高族(Ifugao)部落調查時，曾經誤踩倒插於地面當做捕獸器的竹尖而受傷，而且因爲傷口有細菌感染，監禁中傷口一直在潰爛，無法行走。

　　到了三月一日，在北婆羅洲的馬奈木參謀長升爲中將，轉任第二師團長而被調到中南半島。他對於上級改變防衛作戰計劃，致使很多部隊因爲調防命令在熱帶叢林內苦鬥、死亡的作法，無法贊同，所以南方總軍司令趁機很巧妙地把他調走。日軍在馬來半島作戰中，「銀輪部隊」的創始者馬奈木，在北婆羅洲無法阻止上級鹵莽的作戰計劃，黯然離開了。繼任者是黑田茂少將。

　　九天以後的三月十日，是日本陸軍節。很巧合地，英國和澳國的聯合軍對山打根實施一次猛烈的空襲，投下無數的炸彈。日軍集結在離開山打根八英里處，所以夜間停泊在海岸的聯合軍艦艇向日軍進行艦砲射擊。後來，日軍才知道英、澳軍對東海岸的海、空軍攻擊，是爲了要實施西海岸攻擊的「陽動作戰」。❷

三月十日，日本東京隅田川、江戶川附近工商區在空襲中受創嚴重，舊深川區的工廠地帶在半夜零時十分至凌晨二時三十七分也受到大轟炸，化為大焦熱地獄。屬於市區的上野、本鄉、御茶之水等地也先後飽受炸彈攻擊。美軍似乎熟悉東京的狀況，為了使日本文化資產不受波及，沒有直接投彈於上野博物館、東京帝國大學校舍，以及監禁部分美國人俘虜的「御茶之水文化學院」一帶。日本當局已事先疏散重要的文化資產——例如圖書類，這些文化設施沒有受到破壞，對於戰後日本的重建具有重大意義。

　　另一方面，自從一月美軍登陸菲律賓以來，台灣每天都有空襲警報，美軍飛機不分晝夜飛到台灣上空實行轟炸與掃射。

　　這個時候，駐防於山打根的獨立混成第二十五聯隊第二大隊，也和別的部隊一樣即將向西海岸移動。這支大隊特別受命將監禁於山打根的英、澳軍俘虜，護送到西海岸亞庇。俘虜原先是從新加坡俘虜營轉運來作奴工的，人數大約三千名，分為幾個梯次，在糧食供應不足、叢林險惡的嚴苛情形下，行軍於山打根、拉腦間的補給線上。僑居於山打根的日本僑民大約五百名也接到向西海岸疏散的命令，採取同一條路線。擔任護送工作的兵士中，部分是來

---

❷「陽動作戰」，英文叫"feint operation"，這是一種欺敵的佯攻。為了隱藏真正要攻擊的目標，首先攻擊別的目標，誘使敵方作錯誤判斷的戰法。英、澳聯軍真正的意圖在北婆羅洲西岸，但故意先攻擊東海岸，使日軍疏於防守西海岸。

自台灣的原住民，他們被日軍徵召為「預備軍」。❸

在熱帶叢林中的行軍，需要與飢餓、瘧疾等風土病對抗，因而很多兵士、俘虜、日僑病倒於途，死亡率高於其他島嶼上的行軍，招來最悽慘的結局，後來被稱為「山打根死亡行軍」。據統計，三千名被押送的盟軍俘虜中，活著抵達拉腦者，才數十名而已。日僑中的婦女也多在叢林內斃命，而年齡才五、六歲的男孩也不得不背著背包跟大人拼命趕路。

在同一個時候，正要前往山打根的鹿野和金子兩人，從白爾蘭起駕獨木舟溯行於拉布庫溪，最後棄舟上至山打根、拉腦間的戰備路線上。我們猜想他們可能目擊了悲慘至極的叢林內死亡行軍。或許鹿野也跟這些人一樣踏越雨季中紅樹林密生的低濕地帶，穿過白晝仍昏暗的叢林，同樣地感受到死亡的威脅。

時序進入三月以來，亞庇連日受到敵機的空襲，港口碼頭上的砂糖倉庫中彈而燃燒起來，砂糖被燒成焦糖，焦糖的氣味瀰滿於整個市區。這個時候，準備駐防亞庇的獨立混成第二十五聯隊還沒抵達，現在只有一個戰鬥大隊在

---

❸太平洋戰爭爆發以後，台灣原住民男女青年結成青年團，接受軍事訓練後，青年分不同梯次出征到南洋各島，包括新幾內亞，與日軍併肩作戰。由於原住民勇敢而且習慣於叢林戰，雖然被視為「兵補」或「預備軍」，實際上都在第一線擔任斥侯、爆破敵方要塞鐵刺網、彈藥運補，甚至突擊隊員工作。他們以不同名義被送到前線，例如「高砂挺身報國隊」、「海軍特別陸戰隊」等，一般稱為「高砂義勇隊」。女青年沒有被送到前線，但留在台灣擔任「勤勞報國隊員」，協助出征義勇隊員家屬的農耕工作。

據守。

第三十七軍司令官馬場中將不得不把司令部向內陸移動，也就是位於丹南的南方八公里處的沙蓬，那裡原來有種植橡膠樹的英國人農園(Rubber estate)。從三月中旬開始移動，同月下旬司令部已在新地點設置完畢。當初挑選沙蓬的原因是保佛、丹南間有巴達士溪(Padas)的深谷，隔絕海岸與內陸的連絡，只能依賴輕便鐵路進出，易守難攻，軍司令部的參謀把它稱為「縱深陣地」。司令部新設的地點，距離沙蓬再深入內陸約八公里處的橡膠園中。

到了四月，鹿野一行人從山打根返回拉腦。為了和司令部取得連繫，他們留在拉腦待命。鹿野試探攀登京那峇魯山的可能性，但是局勢忽然惡化，根本不是允許他登山的時機。他想向司令部報告民族調查的成果，但司令部已經遷到南方安全的地方。司令部的將官在安全的地方享受豐盛的食物，卻把無辜的僑民小孩丟在叢林內和部隊一起行進，在途中扛重裝備的兵士已經累得自顧不暇，無法給隨行的婦孺幫忙。

在這樣無可奈何的情況下，鹿野和金子等人每天在拉腦過著悶悶不樂的日子。他們接不到新的出差令，無法繼續進行調查，而且留守期間沒有軍糧的配給，靠自助的方式，兩人分別到各「干蓬」（部落）用鹽巴和土人交換糧食。據說鹿野平時都很討厭向軍方求助，日軍的作為是他所不喜歡的。因為除了整理資料外沒有別事可做，有時候

自釀叫做Tapioka的土酒，又向華僑借來客家式麻將牌解悶。

在第十二章裡已提到的「日映新聞」報導班員關正，聽說拉腦有個知名的人物，特地去訪問他。這個「知名的人物」原來是指鹿野忠雄。鹿野處身於日本軍人之間，因為討厭軍方所作所為而被視為怪人。他在原住民之間成為知名人物是有其原由的。他親切地對待附近的原住民，向他們問話的態度很誠懇，平時戴著熱帶探險帽出入於原住民部落。關正從占領軍口裡獲悉這個「怪人」被困在拉腦一地而悶悶不樂。鹿野等人當時住在一間馬來式高床客舍，位於機場西側，距離占領軍的營房最遠。關正來時適巧鹿野到部落去了，結果沒有探訪到。

在同一個時期，遠在東京三田區的常民文化研究所，好不容易地在四月二十日出版了鹿野和瀨川孝吉合著的《台灣原住民族圖譜・雅美族篇》。這是鹿野到婆羅洲之前依賴研究所裡的同事高木一夫和戶田謙介兩人負責出版前的事務，最後才完成的。東京自從三月十日首次遭受大空襲以來，接連有多次的空襲，市民忙著疏散，而留在市區的人也束腰過著半飢餓的日子。研究所的人不顧危險，為出版這一部純粹的學術著作而苦撐到底。

戰爭已到了無法收拾的局面，在日本國內，當局命各出版社合併，結果常民文化研究所出版部和生活社合併，從研究所出版的圖書形式上由生活社發行。這件事反而給

常民文化研究所和Attic博物館添加出版的活力。自然地，雙方都熱烈地參與工作，但是本來全心負責全盤製作過程的高木卻失望了。

這本圖譜使用的圖版多達四百十九張。當時一本雜誌要使用一個圖版就會面臨困難，想不到研究所有辦法一口氣用上四百張以上的圖版！這是從頭到尾支持這本圖書出版的高木深謀遠慮的結果。原來，戰局轉為激烈的時候，高木已透過Attic博物館，大量搜購較厚的銅版及良好的美術印刷紙。封面也採用好的厚紙印刷，即使用現在的眼光評鑑它的製本成果，可以說是屬於第一流的出版物。

出版以後，買到手的人莫不感嘆圖譜的厚實與精美。遠在婆羅洲的鹿野自始至終沒有機會看到他的書，但是從日本動身以前，他已交代研究所的人特別注意製作過程，叫織布的工人為這本書的封皮織出粗獷的棉布，封皮上印染紅頭嶼雅美族的人物聯鎖紋，做為裝飾。

製本是第一流的，內容也同樣是第一流的。鹿野用他珍藏的萊卡照相機拍了很多優秀的雅美族民族誌照片，視覺上和意圖上都能緊緊地吸引讀者的目光，所以效果奇佳。他密集拍攝雅美族物質文化，尤其對雅美族製造大漁舟Cinedkeran過程的每一個細節，他採用連續拍照的方式。照片製版時仍按連續動作排列，使人覺得好像在看影片一般，清晰而動感十足。從這一點世人已認清鹿野非凡的才華，而這一本圖譜的出現，可以說是台灣民族學上具

有紀念碑意義的成就之一，也可以說是日本民族學界的一個里程碑。

很不幸地，圖譜出版以後不久，幾乎全部遭受戰火燒燬。版權頁上註明第一版四百五十部，但據澀澤敬三的估計只剩下二十部，這二十部包括當初出版時分別贈送東京、京都兩所帝國大學圖書館各一部及少數參與製作人員所持有的幾部。鹿野原來要繼雅美族後，出版排灣族、鄒族、布農族等各族的圖譜，但是也許是天意罷，他被派遣到北婆羅洲調查同屬南島語族的各民族，使原來已調查完畢並拍下珍貴台灣各族群生活面貌的成果，無法像雅美族的圖譜那樣獻給讀者面前。這是我們最惋惜的一件大事。

拉腦的上空每天都有英、澳軍的轟炸機（機名"Consolidated"，有四部引擎的空中堡壘）及美軍P38型複式機體戰鬥機呼嘯而過，但是沒有從空中轟炸或掃射。這裡人煙不多，街上只有六戶華僑的店舖，專做杜生族的生意。隔溪對岸的山丘上有二棟日軍兵營、一個野戰醫院的分院、駐留於當地的野戰道路工程隊，以及充當工人的俘虜被監禁的一個收容所。

到了四月二十五日，二棟兵營和野戰分院的病房建築，突然遭受空襲，轉眼間全部燒光了。逃出病房的患者在機槍掃射下橫屍於途。拉腦已成為盟軍的攻擊目標，後來屢次遭受空襲，最後拉腦的日本守備軍也撤到叢林內。鹿野等人也同時離開了拉腦。人在京那峇魯山腳，卻無法

趁機去攀登，使他懊惱不堪，但是鑑於情勢緊張也只好作罷。趕快撤離廢墟一般的拉腦是上策，何況住在附近山區的杜生族發現家屋也受到波及，集體逃進深山中，原來，他們的糧食供應也已到了無計可施的程度。

鹿野和金子從拉腦朝丹布南方向南下，他們從基羅哥特越過密生柿樹科喬木的克羅卡山脈，下到亞庇東北方的杜阿蘭，經由伊那那姆往亞庇方向走。

戰後，伊那那姆已納入新興都市Kota Kinabalu（哥打京那峇魯市）範圍內，當時不屬於亞庇，是一個獨立的部落。逼近海岸線的山腳一帶，點綴著大小如人身或更大的Menhir（獨石遺物）。鹿野看到這些形狀各異，岩質是砂岩的獨石，參考他在台灣東海岸所看到的獨石，可能作了詳細的調查。

一行人抵達亞庇，看到被轟炸後造成的慘狀，然後再度翻越克羅卡山脈，經由孫絲蘭補給站，於七月十日返回丹布南。他們沿途調查各部落的時候，白天傳來一陣一陣的轟隆聲，猶如遠方傳來的雷聲，原來是盟軍飛機炸射保佛和巴巴爾一帶引起的爆炸聲以及日軍還擊的砲聲；而晚上則看到海岸那邊的上空，映照著從地面升空的火焰和濃煙。

五月一日，英、澳聯軍強登打拉根島，六月這個東海岸的要塞島陷落於聯軍手裡。繼而西海岸拉布安要塞島上日本守軍全部被殲滅。六月二十三日，西海岸的重鎮保佛

的日軍失守，被英、澳聯軍占領了。

　　內陸一帶的情形，是五月二十五日靠近南部的美拉拉布遭受轟炸。同一天，美軍B29轟炸機群繼三月十日的大空襲後，再度進行大規模空襲，東京的大半市區燒燬。六、七月間，除了美拉拉布外，丹南、喀寧高、丹布南等重要軍事據點，都遭受轟炸，所有的日軍設施都受到毀滅性的重創。

　　喀寧高知事山崎劍二當時已被調任遮撒爾頓縣知事，但是他的妻子則仍留在喀寧高。喀寧高在空襲中，有兩發炸彈掉落於官舍的廣大庭院中，官舍被爆風吹倒，又受到戰鬥機無數次的空中掃射，無論是屋頂或是牆壁都彈痕纍纍，好像蜂巢一般。

　　鹿野剛剛完成調查的杜阿蘭市區，也在空襲中化成廢墟。古來被稱為「永恆樂土」的北婆羅洲，其重要市鎮及軍事據點，都成為盟軍炸射的目標，全部化為一片片焦土！

　　差不多同一時期，台灣各主要都市也頻頻遭受美軍飛機的空襲。五月三十一日，台北市在空襲中受到毀滅性的重創。當時，台北帝國大學的土俗人種學教室也被一顆「瞬發性炸彈」擊中，炸裂的金屬炸片橫飛，結果不但標本室的玻璃窗、標本箱，以及其他教室內的設備全部被破壞，而且台灣原住民的標本資料被埋於斷壁殘瓦之中。空襲過以後，教室被在空襲中失去營房的兵士占用為臨時宿

舍，收藏於標本室的蕃刀竟然也被兵士們隨意帶走，遺失了大半。據說，由於收藏重要資料而被鹿野給予高度評價的金關丈夫、淺井惠倫兩位教授的宿舍，不知是美軍的善意或其他原因，幸而沒有被炸彈擊中。

紅頭嶼也因為有日本駐軍防守而受到局部性的炸射。設於東岸東清社的蕃童教育所被擊中外，其他地方都安然度過空襲。

一波波空襲台灣以後，美軍把攻擊目標逐漸轉移到比較接近日本本土的琉球群島了。

在北婆羅洲戰線方面，六月英、澳聯軍展開了強登的態勢，以破竹之勢猛攻島上的日本守軍。第三十七軍司令部在還沒展開攻防戰之前，已折損了很大兵力，不得已徵召從事軍政事務的要員，以補充兵身分編入戰鬥組織。在沙蓬的軍司令部也對從事民族調查的鹿野和金子發出緊急召集令，但是他們直到七月十日回到丹布南以前，完全不知道「現地召集令」的事。

因為內陸一帶的電話網遭受轟炸而不堪使用，軍方也不敢用無線電，以免敵方監聽之下被竊聽，在北婆羅洲的軍令已改用口傳通信網，或由連絡官騎馬傳達。所謂口傳通信網，是採用原住民口耳相報的方式傳達情報或命令，能夠迅速傳到遠方，不過這種方式僅用於兵士之間的連絡。快馬傳令的方式，主要的用於平地。據說司令部和丹南之間的連絡，靠每天一次從司令部開往丹南的牛車執

行。鹿野等人當時沿著原住民翻越克羅卡山脈的古越嶺道行進，這種快馬或牛車傳遞的召集令，當然不會送到他們的手裡。

北婆羅洲的上空依然有英、澳軍的「空中堡壘」、美軍的B24大型轟炸機，以及P38、Spitzfire等各式戰鬥機天天來襲。再度回到丹布南的鹿野和金子，發現原來很平靜安詳的農村呈現慘不忍睹的景象而吃了一驚，而且在這裡忽然聽到他們已被召集為補充兵而再次驚嚇。

他們一邊整理資料一邊休息四天，於七月十五日帶著隨行的三個原住民從丹布南出發，前往第三十七軍司令部所在地的沙蓬。

鹿野和金子倆移動的痕跡，就在這關鍵時刻如斷線的風箏一般斷絕了。據戰後探查出來的一點消息，兩人失蹤於從丹布南前往沙蓬的旅途上。啊，誰能料想到有能力對各種危險應變的田野調查專家，竟然從此失去蹤跡？誰能早早預料鹿野身上會發生攸關存亡的災難呢？

最後見到鹿野和金子的人，是駐丹布南的司政官田崎浩雄。田崎在七月十五日歡送鹿野等人後，沒有再聽到他們的消息。太平洋戰爭結束以後，田崎被盟軍監禁於日本戰俘收容所內，在監禁中他首度接到鹿野等人失蹤的消息，感到十分驚訝。田崎在昭和二十年（一九四五年）十月被遣送回日本以前，一直在丹布南的收容所裡。

昭和二十一年（一九四六年）三月十日田崎寄出的一

封信，現在留在鹿野的妻子——靜子的手邊。信的內容引用於下面：

　　我當時以為鹿野先生已經抵達沙蓬，後來才知道他是從丹布南前往沙蓬的途中失蹤了。實際上他已完成調查工作，正要返回沙蓬向上級報告，所以我不相信他會到別的部落去調查。但是，我記得出發的時候，他說了一句話：「很想利用通往山地部落的道路回去」。我勸他說：「最好不要這樣做。 那裡雇不到很多苦力幫您的忙，何況已經有召集令向您下達了，最好走「本街道」早日回沙蓬罷。您出差期間早已超過半年，司令部那邊已經開始在檢討您的事啊。」於是他回答說：「那麼，我就走「本街道」回去。」七月十四、五日左右，鹿野先生和同伴帶著三名苦力從我這裡出發了。

　　照田崎的猜測，鹿野一行人真的失蹤了的話，可能是他已變更行程，折向山區的「干蓬」，在途中發生了事故。所謂「本街道」就是司政官山崎劍二所開的道路，俗稱「山崎道路」或「本街道」。

　　戰爭中在北婆羅洲擔任軍政人事主任的吉里公一，已如上述，在戰爭結束後立即寄一封信給鹿野的岳母。據他留在身邊的備忘日誌，鹿野完成了杜阿蘭及伊那那姆的調查後，一旦回到丹布南，對於預定要調查的巴加拉溪沙岡（部落名）有濃厚的興趣，因此可能折向那邊以後才失去行蹤的。

吉里所謂巴加拉溪，可能是指別加蘭溪，這一條溪是流經丹南和沙蓬的巴達士溪支流，從丹布南流出，繞過喀寧高地方東側，向沙蓬方面流下。我們不清楚鹿野對沙岡發生什麼樣的興趣，不過可以猜測他先折向山區姆祿族的居地，才回到往喀寧高的大路來的。

　　當時的山崎道路因為從東海岸斗湖及山打根過來的最後一批部隊在行走，所以治安還算良好，即使發生事故，也會立即傳到田崎和吉里兩人的耳裡。另一方面，喀寧高附近的山區部落，仍有亞庇事件叛徒潛伏，而且山區的原住民小徑常有游擊隊出沒，所以走山區小徑去探訪原住民部落極為危險。

　　戰爭一旦結束，包括山崎道路的整個喀寧高縣搖身一變，成為治安最壞的地帶，對日本人構成很大威脅。根據原丹布南司政官田崎浩雄的推測，假定鹿野一行人真的進入了那一帶的危險山區，一定是遇到某種狀況，釀成事故的。到底是在什麼地方，發生了什麼大事呢？田崎所說的事故，究竟是指什麼？

第十四章

悲劇

昭和二十年（一九四五年）八月十五日日本無條件投降，太平洋戰爭宣告結束。幾天以後英、澳軍的飛機飛臨北婆羅洲上空，向日軍各主要據點投下日皇已投降的宣傳單。從此以後原來定期來襲的盟軍飛機突然不再飛來了。

　　八月十五日天皇宣布投降的日本方面消息，直到十六日才傳到部分的日軍。首先從美拉拉布軍械廠的收音機傳出這個消息，第三十七軍司令部於八月十八日才獲得第七方面軍的正式通知。原來第三十七軍司令部從五月二十日以來奉南方總軍司令部命令，隸屬於第七方面軍。由於英、澳聯合軍已長期掌握婆羅洲的制空權，第七方面軍已停止派機作戰，八月十八日這一天，才派遣一架飛機飛臨沙蓬的軍司令部上空投下一個「連絡筒」，傳達立即停戰的命令。

　　投降日的前幾天，據守西海岸前線保佛的日軍情勢告急，第三十七軍司令部已經察知日軍即將輸掉這一場戰爭，連日來開會討論如何「玉碎」問題。距離司令部所在地沙蓬不遠的內陸卡馬蓬部落，已經有姆祿族崛起叛亂，他們襲擊日軍，殺死十二個兵士後，全部從部落逃入叢林中，這一道消息使司令部內的參謀幹部沮喪。❶

　　被撿起的聯絡筒裡裝著第七方面軍司令官板垣征四郎

---

❶「玉碎」這個術語出現於太平洋戰爭中的日軍新聞報導及戰史，原義是：為了保持名譽和忠節，守軍寧死不辱，猶如玉石俱焚一般全體自殺。太平洋戰爭末期，日軍占據的南洋島嶼逐漸被盟軍強登收復，很多島嶼上的日軍死守無望時，幾乎毫無例外地「玉碎」了，例如「塞班島玉碎」、「關島玉碎」等。

大將對屬下官兵的訓示，節錄於下面：

今日我們已處於求死容易，求活困難的悲慘局面，希望眾官兵不要屈服於現狀而各自走向極端以安慰自己。因為如此行為不祇會喪失作為大和民族的光榮，也由於失去護持國體機會而悔恨千載，切望自省自重，戒除懵懂行為。（《南西方面陸軍作戰》，日本戰後防衛廳防衛研修所戰史室所編太平洋戰史陸軍南洋篇）

喀寧高的人員是八月二十五日才接到戰爭結束的通知，而在撒布魯特的人獲得的消息更晚。從喀寧高派出的一個士官，騎著一匹馬飛來通知天皇的勅命，已是八月三十日了。拉腦接到的消息最晚，直到九月底才有傳令兵攜來消息。位於丹南西方托爾桑溪上游的部隊在十月底以前，不知道戰爭已結束，仍處於戰鬥態勢。由此可知，北婆羅洲內陸地帶，距離司令部越遠，接獲的停戰命令越晚。

山區姆祿族從飛機投下的傳單，或自行探查的結果，感覺日軍已經無力防守，比駐紮於內陸的日軍更早知道日本已投降，於是在各地掀起聯鎖性的小規模叛變。當時的白米全部由日軍管制，禁止自由買賣，所以姆祿族已瀕臨半飢餓狀態，又因為得不到鹽和布，每天吃沒有鹹味的食物，女人則缺乏布片遮住私處，在裸體狀態下，白天不敢出門，他們的憤怒已累積到極點，隨時會爆發了。

住在喀寧高、賓可爾、阿賓阿賓等地方的姆祿族，頻

頻襲擊進入部落的日軍。以前因為亞庇事件而被處死者的遺族，有人當時擔任巡警，但是在事件中畏罪逃進山區成為游擊隊員的人，紛紛從隱匿的住家出來，隨時隨地擊殺日本人。貪求私利的華僑為了迎接英、澳軍進駐，立即變心不肯再和日本人打交道，軍票變成一張張廢紙。喀寧高縣的治安已快速惡化了。

在這種狀況下，對於鹿野和金子當時所採取的行動，甚至身上所遭遇的災難，我們可以作出種種假設。有一種看法是：鹿野身體強健，曾經出入於台灣原住民地界，也和原住民共住一段時間，所以他可能聽到日本敗戰的消息，立即進入原住民部落中，現在也許在某一個部落過著安穩的日子。這個見解衍生其他雞毛蒜皮似的猜測，總是有人聯想到鹿野一定在南海樂園當一個酋長。

《朝日新聞》在昭和六十一年（一九八六年）十月二十三日刊出一篇報導。據說戰爭剛剛結束後，駐防新加坡的某一個陸軍中隊長對部下訓示說：「假如不接受被俘的恥辱，趕快跑進本地人群中，隱姓埋名生活罷。你們也可以選擇和本地的普倫邦（姑娘）結婚，把自己土著化。無論如何要活下去啊！」在印尼爪哇及緬甸的山區，很多日本兵士加入主張獨立建國的當地「獨立軍」效命，有的留下來融入當地的社會，但是我們感覺在北婆羅洲的日本兵跑進當地部落社會裡定居的例子，似乎沒有聽說過。假定有人留居下來，這一個事實遲早會傳到日本的。

假使有人眞的留下來和原住民住在一起，除非他是一個小兵，照上級命令如此做，一般有見識的軍官和士兵，不可能安居於與外界隔絕的原住民部落，何況像鹿野那種陸續發表論文的學者，不可能也無法想像他會立即改變他的習性，折筆當一個原住民。更進一步地說，即使他進入未開化的部落社會作長期研究，他會遇到種種困難，或被捲入種種麻煩的事。

在這兒，我們不由得想起一個民族學者的眞實故事。戰爭爆發以前在馬來半島Taiping的Perak博物館做研究工作的民族學者努恩（H.D.Noone），到鄰接泰國的邊境，調查英領馬來半島未開化民族中屬於小矮人的尼格里道族，以及仍過著原始生活的提米亞爾族（**即沙凱族，又稱洩諾伊族的一群**）。他對於提米亞爾族的心理活動（例如夢、幻想）表示很大的興趣，他另一方面在馬來半島進行先史學調查，在當時被視爲新銳的民族學者。

努恩在調查訪問中認識了一個提米亞爾族少女，兩人在一九三五年結婚，可能他想透過婚姻關係長住於部落，讓自己與族人同化，排除進入異族間研究的障礙。一九四一年十二月，日軍開始進攻馬來半島的時候，他跑進這一族蟠踞的山中和族人一起生活，同時協助當地游擊隊的抗日活動。戰爭期間，他的音訊後來就斷絕了。

在山中的努恩和族人一樣，過著半裸體、赤腳的生活。他不再刮鬍子，像野人一般地過日子。他患瘧疾，加

上部落並非固定於一個地方，他跟著部落移動的日子使他疲憊不堪，他的健康逐漸受損。戰後外界的人才知道他在山中生活二年後，也就是一九四三年的年底，被他所信賴的提米亞爾族青年，用吹箭毒斃。

事實的真相，是他被提米亞爾族信任並接納，但是他向族人表示他無法帶著妻子從事游擊活動，願意把妻子留在部落請族人照顧，族人對於他的作法有所不滿，釀成他被擊斃的遠因。這一件民族學者罹難的事件，充分顯示文明人要離開文明社會，主動進入一個原始的部落社會過完全原始的生活，同時讓自己和原始民族同化，是何等的困難！

努恩對游擊隊提供協助，他預期戰爭結束後再回到文明社會，恢復他的研究活動，將他和土著一起生活所獲的資料為基礎，趁早提出學術論文。學者就是宿命似地有這種習性的人啊。雖然如此，努恩之死和鹿野的失踪，同樣地被我們深為惋惜的。

差不多同一時期，有一個叫做古野清人的學者前往馬來半島Perak博物館視察，回日本後他在文章中提及努恩的事情。他說：「Noone現在和混血的沙凱族女子結婚，目前漂泊於馬來半島山地。」，又說，「他記錄沙凱族生活的很多原稿被拿走了。」（〈馬來、泰國、中南半島視察記〉，收入《新亞細亞》雜誌，第6卷第9號，昭和19年）

光看古野的報導，還是無法讓人瞭解，他的話只會引

起別人的獵奇興趣罷了。原來，努恩要逃入山中的時候，把他所寫的原稿裝入一個鐵皮筒埋在山中，但是被一個原住民偷看到。根據這個原住民的密告，日軍以爲是武器，立即命人把它挖出來，看到數量龐大的英文筆記，於是日軍指揮官命令予以燒毀。想不到這批珍貴的民族資料化成灰燼，永遠再也看不到天日。我們無法想像努恩被告知所有的原稿已失時，心中的悔恨是多麼深刻！

其他筆記、所拍的提米亞爾族生活影片、照片及唱片等資料現在都留在博物館裡，但是日軍還沒抵達博物館以前，所有的資料都已經被當地的馬來人及中國人搶光了。爲什麼呢？據報導，被搶走的展示品只限於馬來式匕首，即Kris標本，及施過刺繡的馬來式筒狀衣裙，亦即Sarong，其他展示品都完好如初。但是，很奇怪的是，對別人一無用處的努恩筆記，被單獨挑出帶走。對努恩本人來講，禍不單行，大戰結束後不久，英國皇家人類學研究所鑑於努恩資料的重要性，派人去搜尋努恩的論文原稿、影片等，結果大失所望，努恩的學術成就這樣沒有留下任何痕跡可尋。

跟鹿野一樣，關於他的失踪也有很多傳聞。有人說努恩因爲個人的興趣，深入熱帶叢林內和未開化民族一起生活，而且已被擁戴爲王！這是澳洲墨爾本市的一家報館所發的消息。更妙的是，日軍憲兵隊追捕從事游擊活動的這位民族學者，似乎有跡象顯示日本憲兵也相信他已成爲叢

林之王。實際上，努恩在叢林中的生活和我們的想像相反，精神上充滿著苦難。

其次，我們來仔細考察鹿野一行人可能遇到的災難。在通過治安開始嚴重惡化的喀寧高縣時，他們是不是遇到當地原住民的叛亂？或者，被蜂起的游擊隊撞見，而發生了不測？

從鹿野的性情看來，他絕不會做出引起原住民懷恨的事情。本來山區的姆祿族性情單純，有時候收下別人的金錢後，順手攻擊對方。他們平時都攜帶吹箭行走，從遠處狙擊異族的事不能說沒有。但是，鹿野身邊有五、六名當地的族人隨行，不會無緣無故被姆祿族攻擊的。假使發生這樣的事故，丹布南的司政官田崎或在喀寧高的知事，不可能不知道。

因為鹿野和金子兩人同時失踪，有人說他們兩人是被游擊隊殺害的，這一種猜測似乎言之成理。假定是這樣的話，加害者很可能是亞庇事件後逃竄於山中的殘餘份子。假定游擊隊真的攻擊非屬日本正規軍的調查隊，一定會成為「歷史的記憶」，終究會被傳揚出來。但是，我們無法想起這個可能性。❷

日軍占領北婆羅洲期間，英軍和澳軍都派游擊隊到那裡活動。游擊隊分為兩隊，一隊在北婆羅洲，另一隊在沙勝越從事地下工作。在北婆羅洲方面，直到戰爭結束以前，游擊隊勢力伸向巴達士溪左岸及更內陸的本橡岡一

帶，但是沒有擴展到別區。因此，從喀寧高一路南下的鹿野一行人，幾乎不可能犧牲於英、澳軍游擊隊手下。

昭和三十六年（一九六一年）八月，當時任教於東京教育大學的國分直一教授，參加在太平洋夏威夷召開的「第十屆太平洋學術會議」。在會議廳國分遇見與會的各國學者，其中有幾位對於鹿野忠雄博士沒有回國，也沒有來參加會議表示惋惜。有一個學者帶來一件非常驚人的消息：鹿野博士失踪或許和日本陸軍憲兵有關係……。（國分直一〈鹿野忠雄博士〉，原載《太陽》雜誌，1963年4月，收錄於《壺を祀る村》）

當作者正在撰寫《鹿野忠雄傳》時，曾經向住在山口市，已轉任梅光女學院大學教授的國分先生問起這件傳聞。他給我一封回信，很鄭重地告訴我這件聽聞的來龍去脈，信的內容引用於下面：

在學術會議的場合，出身於德國的民族學者包克雷爾(Inez de Beauclair)女士用英文對國分說：「您是鹿野博士的朋友罷。您知道不知道他是怎樣消失的？他消失的原因在歐洲的學者之間盛傳，說是日本憲兵的傑作。」國分認為未開化的原始社會，常有族人奉為神聖的地方，或者外

---

❷原文把鹿野、金子兩人和幾名土人嚮導組成的調查隊，稱為「與日本兵完全不同的集團」，詞義隱晦，所以改譯如上。在山區調查的鹿野是否著軍裝佩軍刀才是關鍵。鹿野即使穿便衣，帶著一群土人嚮導的隊伍，部落人或游擊隊一眼之下就知道是日本人隊伍。那麼，鹿野在山區被族人或游擊隊殺害的可能性不是沒有。

人看來很平淡無奇，但在族人心目中極重要的狀況常常出現。國分回顧自己過去作田野調查的經驗，感覺像鹿野那樣闖過蠻荒之地的學者身上，說不定已發生不尋常的意外。當他第一次聽到鹿野遇難而死的消息時，受到極大的震驚。

鹿野一行人於昭和二十年（一九四五年）七月十五日從丹布南出發，要返回沙蓬的司令部報到，當時已經遠超過預定的調查期間，他可能還沒回應五月司令部發出的召集令。正如田崎所說的，司令部已開始檢討這件事。說不定鹿野抵達被炸成廢墟的喀寧高或附近時，剛好被憲兵逮到，之後押回憲兵隊去拷問也說不定。喀寧高本來就有憲兵隊的設置。那麼，那裡究竟發生了什麼事呢？

國分先生在檀香山的海灘和幾個民族學者散步時，包克雷爾女士向他提起憲兵隊的事，他後來覺得有必要再向她問詳情，可惜包克雷爾女士在一九八一年去世了。國分說當時一起在海灘散步的學者中，除了幾個年輕的美國人外，還有來自日本的金子Erika博士。作者於是透過國分先生和金子博士取得了連絡。金子博士出身於奧地利，因為在日本和一個日本音樂家結婚而住在日本。她還沒來日本以前，曾經受教於維也納大學教授，同時是民族學泰斗的海涅－格爾登(R. von Heine-Geldern)門下。金子博士提供了以下的消息：

大約在一九五五年，從亡命之地的美國回到維也納的

海涅－格爾登教授（已於一九六八年去世），接到貝雅教授（已經於一九六六年去世）寄自菲律賓大學的一封信，看完了信就把駭人的內容告訴身旁的學生Erika。Erika解釋說，當時她是文化人類學與「日本學」的學生，對台灣抱著濃厚的興趣，所以她從Heine的口裡（她親暱地把老師叫做Heine，因為老師是著名德國詩人Christian J. H. Heine的後代），親自聽到與台灣有深厚關係的鹿野的秘聞。海涅－格爾登教授是貝雅教授的好友，原來，貝雅很快地把他所獲的情報告訴遠在維也納的朋友。

對鹿野們的生或死最關心的人，當然是鹿野的妻子——靜子和金子總平的妻子，但是在馬尼拉的貝雅教授也非常關心。戰爭結束後不久，貝雅請求英、澳軍當局調查位於亞庇（已恢復原名遮塞爾頓）的日軍及僑民收容所，看看鹿野有沒有被監禁在裡面。

當時被關在亞庇收容所的田崎，也從那時候起發覺鹿野沒有被送到收容所來，猜想鹿野已失踪了，心裡很難過。

貝雅教授在日本入侵菲律賓時，雖然不是軍人，卻被日軍視為「有敵性的外國人」逮捕，送進收容所監禁，幸而抵達馬尼拉的鹿野把他救出。戰爭結束後，貝雅的立場有極大轉變，他費盡心思，用盡各種辦法想解救鹿野。但是，當他發覺鹿野沒有在收容所時，整個人陷入強烈的不安。不過，戰火剛剛停熄的時期，日本部隊很多還留在內

陸地帶，他們不知道戰爭已結束，照舊保持著戰鬥態勢，所以一直到遣送日軍和僑民回國的最後一隻船駛離亞庇以前，以及以後日子，貝雅一直都沒有放棄請各方人士協助探尋鹿野的下落。據我們的推測，最後貝雅把搜尋結果所發現的事實，寫信通知海涅－格爾登教授的。

依照包克雷爾及金子Erika這兩位女博士所轉述的話，鹿野和金子總平是被日軍憲兵用棒子撲殺的。假如這件非人道的事件是事實的話，我們不禁陷入無助、萬分悲痛的深淵！一個前途被看好的優秀學者，怎麼會死得這麼慘呢？

在這兒，我們非把日軍憲兵的殘忍性揭露不可。戰爭吃緊的時期，日本的菲律賓占領軍，甚至召集在菲的日本文職人員加入戰鬥行列，連一兵一卒也不放棄動用。直到更晚的時候才接到緊急召集令，正要趕回司令部報到的人——擔任陸軍專任囑託的鹿野，即使未能在限期內報到而觸犯軍紀，還是一個重要的戰鬥員，憲兵隊竟瘋狂地加以殺害了！

在第二次世界大戰以前以及戰爭期間，日本憲兵所表現的瘋狂與殘忍，是我們常常聽到的。歐美各國也早已風聞日本憲兵隊殘忍的行徑，甚至直接使用譯音字"Kenpeitai"（憲兵隊）來指認惡名昭彰的日本憲兵。戰爭期間從日本國內派遣到東南亞各占領地，配屬於駐地司令部的司政官，時時刻刻在憲兵監視之下，當時司政官都一

點也不敢洩漏日軍已處於劣勢的狀態，因爲這是禁忌，露出口風者立即遭到憲兵逮捕。

有人說，鹿野曾經在馬尼拉不顧軍方的反對，把貝雅教授從收容所救出，因而一直被軍方監視，這是一種穿鑿附會。正如第三十七軍司令部內上級幹部所所要加以檢討的，問題出在鹿野和他的助手金子無視於出差令所註明的調查期間，加上他們在司令部對當地軍、政人員發出緊急召集令後，仍然在行動上表現出似乎把命令置之不顧，這個可能是招致日軍憲兵激怒的直接原因罷。

我們回顧鹿野一生事蹟的時候，總會感覺他是胸襟開闊、不拘小節的人。他過去往山區作田野調查的時候，常常超出期限逗留於調查的地方，例如，他常犯一個小毛病——學術上覺得需要做現場查證時，就不顧一切立即像射出的一顆子彈一般衝向現場，幾乎忘記預定的期限是什麼時候。但是，因爲這樣執著的性格，使他在學問上獲得很大成就。

鹿野就讀於台北高等學校時期，也發生了同樣的狀況。他被派到馬尼拉及北婆羅洲調查時，常常因爲深入調查的關係，非故意地超出原訂期限。也許過去在台灣及馬尼拉兩地被通融的事情，在北婆羅洲遇到緊急狀況，使一向以自由人姿態我行我素的鹿野，無法被軍方通融諒解，他特立獨行的性情與習慣讓他陷入極大的不幸。他比別人更討厭被徵召出征，也許他認爲終究會死於戰地，不如充

分利用時間作民族調查，能夠延長多少就算多少。抱著這個行事原則的鹿野心目中，軍紀算不了什麼，一時鬆懈和大意，卻釀成大禍。

在鹿野不知情的情況下，北婆羅洲防衛作戰計劃急速改變，原來認識鹿野的軍方高層紛紛被調走了，尤其是熟知北婆羅洲情勢，很瞭解鹿野個性的馬奈木參謀長也已經被調走，加上原來在喀寧高當知事，熟知境內一切狀況，也許能夠伸出援手的山崎劍二也被調走，這些人事的更迭好像是雪上加霜一般，給鹿野帶來雙層或三層的不幸。

貝雅教授所傳達的消息，我們相信很可靠，因為金子Erika教授也從別方面獲得同樣的消息。她的消息來源，是戰後又回到古晉「沙勝越博物館」工作的民族學者哈里遜博士(Tom Harrison)。哈里遜特別關心鹿野的失踪，因為鹿野在戰爭還沒結束以前，差一點被被派任沙勝越博物館「館長事務取扱」（代理館長）。哈里遜直接從當時目擊死因的原住民口中聽到鹿野被日本憲兵打死的消息，然後轉告金子博士的。鹿野的死因被傳到歐洲的民族學界，大概是海涅－格爾登及哈里遜兩人的緣故罷。

哈里遜在戰爭末期擔任英、澳軍的游擊隊領袖，活動於最前線的巴達士溪左岸，幾乎接近位於沙蓬的日軍司令部。在戰爭逼近結束的階段，鹿野和哈里遜隔著這條溪，分別在南北，互為等距離的地方活動－北邊的鹿野正在作民族調查，南邊的民族學者正在打游擊。當時，鹿野只有

英國民族學者哈里遜博士Tom Harrison（左）與北婆羅洲加拉必族(Kalabit)（右）合影，1945年。Harrison博士解開了鹿野失踪的謎題。

三十八歲，而哈里遜則比鹿野年輕五歲，亦即三十三歲。如以上所述，鹿野在山區調查的時候，都有數名原住民隨行，假使有人知道死亡的眞相，一定是這些原住民隨從。或許哈里遜遇見了這些原住民。

跟鹿野一樣，哈里遜愛好博物學，從大學時期就熱心研究鳥類。戰爭爆發前的一九三二年，亦即二十一歲的時候，他仍是英國劍橋大學的學生，當時與其他大學生共同組織「牛津大學沙勝越探險隊」，到沙勝越後溯行丁窄溪到內陸蠻荒未開地帶調查。根據他自己記載，他一共發現了十幾種鳥類的新品種。他仗恃年輕的活力調查，但難免有逾越規矩的情事發生。他和普南族及肯雅族部落人一起行動，因而開始對民族學發生興趣，這個演變和鹿野在台北高校時期從博物學的採集旅行，轉向泰雅族等各原住民族的關心，具有同樣的心路歷程。

當時，《西太平洋的遠洋航海者》（"The Argonauts of the Western Pacific"）的作者馬利諾夫斯基（B. K. Malinowski）在倫敦，在他的影響下，很多大學生對民族學發生興趣，而哈里遜是其中之一。探險隊回國後，他立即組織另一支調查隊，前往馬利諾夫斯基曾經調查過的 Trobriand 群島（位於巴布亞新幾內亞東側的離島群），在那裡度過了幾年。他的調查熱忱已達瘋狂的程度，甚至和族人一樣，試吃人肉。經過如此猛烈的體驗後，他重回英國，開始研究社會人類學的調查方法。在太平洋戰爭中，他加入特殊作戰部隊，接受過游擊訓練後，在北婆羅洲日本占領區的後方，從事游擊活動，自己擔任領袖。

　　婆羅洲內陸地圖雖然有現成的，但是很多地區在地圖上仍屬不明地帶。為了進行所謂特殊作戰，哈里遜先到澳洲墨爾本，在那裡的圖書館查閱地形資料，發現沙勝越北部高地有一塊適於游擊隊藉降落傘降落，剛好那裡的日軍防備兵力薄弱，他看中了這塊高地後，開始準備傘兵戰。

　　昭和十九年（一九四四年）九月十五日，美軍為了收復菲律賓群島，向群島之南，屬於摩鹿加群島極北小島－－摩洛泰島(Morotai)進行登陸戰，經過兩個月激戰才奪取這一個戰略島。美軍利用原有的機場設施，作為各種航空作戰的前進基地及中繼補給站。從此以後，美軍在西太平洋作戰已達反敗為勝的轉捩點。

哈里遜所率領的英、澳軍特種隊員，於昭和二十年（一九四五年）二月，從墨爾本飛往摩洛泰島，從這裡飛越沙勝越北部塔馬坡山地上空。他們的目的地是有人煙的最高處——巴阿台地。清晨，從暗雲密布的空中，特種隊員張開他們的降落傘飛下來。

　　他們原來有一抹疑懼，深怕降落時被日軍發現，或者被原住民攻擊，結果贏了這場賭局。位在日軍後方的降落點，也就是巴阿台地，有加拉必族(Kalabits)的部落，族人屬於達雅克族的一支亞族，從來沒有和歐洲人接觸過，除了有時候和鄰近的別族交易外，與外界沒有接觸，維持著從太古以來未改變的傳統文化和生活方式。在以往的年代裡，只有探險家，如R. O. Douglas及幾個英國司政官(Raja)去訪問過，不過都是很早以前的事。

　　當加拉必族看到空中有很多人從「大鳥」降落下來的時候，十分驚慌，但是因為族人天性溫順，很快地接納游擊隊員，瞭解他們的任務後給予協助。哈里遜帶來了大量禮物，如縫衣服的針、魚鉤等，送給族人討歡心。哈里遜以前溯行丁窄溪時，曾經體驗到送小禮物給土著，會帶來意想不到的效果，因而這次活用當時的策略，以達到親善的目的。無獨有偶地，鹿野在台灣山區調查時都送禮物，到紅頭嶼調查雅美族時，也帶去雅美族所喜歡的白色鈕扣當禮物，目的都是一樣。

　　在內陸地帶，貨幣完全不通用，只有鹽巴最重要，用

來交換其他物品。加拉必族能夠生活在與外界隔絕的高地，主要的原因是他們擁有鹽井，而且是內陸地帶唯一的水田耕作民族。他們用樹皮製作衣服。除了用鹽巴與外族交換製作武器的鐵器外，與外界沒有接觸，他們的存在一直沒有讓文明社會所知悉，自古以來維持著傳統的自給自足生活，完全處於日本占領軍勢力的範圍外。

降落傘著地的地點，位於加拉必族生活圈中最高位置，也就是全婆羅洲土著所占居的最高點。哈里遜太幸運了，因爲降落點的土語地名叫做巴里奧，剛好是巴里奧部落酋長的居地，而這個酋長正是所有加拉必族的最高首長。

在這裡和無憂無慮的原始民族共同生活，糧食和鹽都能自給自足，哈里遜相信他的游擊隊已成功了一半。實際上，哈里遜和隊員住進部落內的長屋，在族人協助下建立包含土著的游擊隊。他們在姆祿山附近的荷領地區——巴灣，秘密地建造了一個簡易機場，到了五月，全婆羅洲的中央高地大部分在他們游擊隊控制之下。

六月，游擊隊出沒於逼近沙蓬的巴達士溪上游托瑪尼地方。他們從探查得知，日軍各部隊以沙蓬爲中心，作向心力活動，所以沙蓬是日軍在北婆羅洲最高司令部所在地。到了戰爭快要結束的階段，游擊隊已能夠占據巴達士溪左岸，正面偵察司令部的一舉一動，甚至和司令部內擔任倉庫管理員的華僑通謀，獲取軍事情報。

如前文所述，假定戰爭局勢沒有改變，鹿野可能安靜地留在古晉，擔任沙勝越博物館及圖書館的代理館長到戰爭結束。很可惜鹿野沒有留在古晉，戰爭一結束，哈里遜取而代之，成為館長。戰後哈里遜恢復了學者角色，以人類學家兼官派館長身分，從事加拉必族的調查，在沙勝越尼亞灣發掘了知名的尼亞洞窟遺址。他多才多藝，自己製作專給電視播放的記錄影片，參加一九五八年度法國坎城國際電影節獲得最高獎。日軍釀成的「山打根死亡行進」曾經給他很大刺激，他在沙勝越博物館工作時期，假定訪客是民族學者，那麼他還願意見面，但一般的日本人訪客，不管是什麼身分或什麼動機，他都不願接見。

　　作者越來越感覺鹿野和哈里遜兩人，在很多方面相似。譬如說，兩人最早的時期對動物學的領域表示興趣、後來轉向民族學與先史學，用行動表現極大的興趣。最重要的一點是，兩人都喜歡田野調查，以田野調查為第一優先，他們兩人對這些學問的態度與做法，簡直是同一個模子塑造出來的。但是時勢造英雄，最後兩人各分配到幸與不幸的結局。

　　上面已提及，戰後哈里遜從目擊鹿野死亡的原住民聽到事實的真相，大概是一九五二年哈里遜走遍北婆羅洲，順登京那峇魯山，下山去訪問喀寧高的時候，打聽出來的消息。作者很想直接問他這件事，可惜他在一九七六年

（昭和五十一年）在泰國曼谷因車禍去世。

回想起來，戰爭期間鹿野在東京常民文化研究所組織北婆羅洲的民族調查隊，滿懷希望出發後，壯志未酬身先死，調查隊全軍覆滅的事蹟，令人念之再三，潸然落淚！

鹿野失踪當時的身分是「現地召集的兵員」，他被第三十七軍，亦即「灘」軍召集，但究竟配屬於那一個部隊卻不明。戰爭結束後，屬於日本軍部及軍政關係的公文大都已燒燬，甚至最後從前線傳送到後方的情報，也因為戰敗的關係被刻意地燒卻，即使有留存，關於官兵陣亡、失踪的消息內容，很多都已被扭曲、誤導或故意虛報，所以也不足信賴。關於鹿野的死，日本方面的官方檔案或私人文書都沒有留下片言隻字，真相已完全被埋葬於永恆的黑暗中。

戰敗後，又經過數十年，日本陸軍上等兵橫井、陸軍少尉小野田及屬於台灣阿美族的高砂義勇隊員李光輝，日名中村スリヨン，先後從南洋叢林奇蹟似地活著回國。說不定他們之後，也會看到鹿野也奇蹟似地活著回來嗎？我們相信鹿野的家族和所有認識他的親友，一直在祈求上蒼讓奇蹟再現。但是，事實的真相也許正如北婆羅洲原住民所傳出的，在日本投降日前後時刻，鹿野不幸被日軍憲兵殺害。每想到這件事，我們不禁扼腕悲慟。

鹿野失去行踪時，才三十八歲而已。做為一個學者，這個年齡是學問上的衝勁快要達到巔峰狀態的時機。同屬

這一個世代，而且並肩研究的新銳學者，戰後個個成為各所屬學界的領導人物，繼續活躍中。在第二次世界大戰中所喪失的年輕學者實在不少，但是，喪失鹿野忠雄這位傑出學者，就學術界而言，不能不說是最大的遺憾。

作者常常想起世上英年早逝的天才。鹿野不是生下來就有特異天賦的人，但是，他所研究出來的學術成就很大，以三十八歲的年齡就在博物學、生物地理學、山岳地理學、民族學與先史學各領域，開創了很多業績，我們認為他可以匹敵學術界的任何一個天才。失去這位傑出人才是世人的大不幸，永遠痛惜也不為過。

入夜後，紅頭嶼的夜空開始有閃爍的繁星點綴，這是當年鹿野在紅頭嶼調查時最愛看的。雅美族把燦爛的繁星叫做Mata no angit，天空的眼睛。最早到紅頭嶼調查的人類學者鳥居龍藏所聽到的，則是Mata no anito，靈魂的眼睛。或許在更早的年代裡，雅美族中有人這麼稱呼，所以鳥居博士應該沒有聽錯。

浪漫主義者國分直一曾經解釋說：

假如星星是靈魂的眼睛，那麼雅美族看到的是無數的眼睛在夜空眨眼。照雅美族的想法，地上的人死後，他們的靈魂都升天，變成了閃耀的星星，好像鑲嵌於天上的無數眼睛。……鹿野博士去世以後，一定變成了夜空的一顆星。終其一生鍾愛紅頭嶼的雅美族，希望這個島上的住民永遠不受外界干擾而改變的鹿野博士，也在婆羅洲變成一

顆星，他是雅美族朋友每天晚上所看的繁星之一。」

（〈偉大なエスノグラッフア─，鹿野忠雄氏をめぐって〉
收錄於《海上の道─倭と倭的世界の摸索》，1986年）❸

　　雅美族女人所珍惜的東西之一，是用龐沛鸚鵡螺製成
的耳墜（Obaobai mata no angit）。鸚鵡螺的雅美語是Mata
no angit（天空的眼睛），因爲製成耳墜後，貝片在夜間
像星星一般閃亮，雅美族相信它們是從天上掉下來的星
星。套上國分先生的比喻，也許鹿野博士已經變成女性的
耳墜，很意外地親近他衷心愛護的雅美朋友。

　　又過了很多年以後，國分先生重訪紅頭嶼。在島上的
雅美族纏著他不斷地問：「Sikanosan現在怎麼樣？」國分
先生不忍心告訴這些天眞無邪的雅美朋友鹿野已經死了。
假如他們得知他們最重要的這位朋友已失蹤多年，再也不
會回來的話，他們一定會茫然若失的。

　　一九五三年（昭和二十八年）十一月，第八屆太平洋
學術會議和第四屆遠東先史學會議，同時在戰後已遷到
Quezon市的菲律賓大學召開。第一天的議程還沒開始以
前，人類學部門舉行了一場追悼會，與會的學者輪流以演
講的方式，悼念自從上屆開會以後去世的資深人類學者及
先史學者代表。

---

❸本段原文短短的用一句話引述國分的話：「假如雅美族仰望天空所看到的星
　星是靈魂的眼睛，可以解釋爲無數的靈魂升天才有那麼多的星星，那麼，雅
　美族所敬愛的鹿野也變成一顆雅美族所看到的星星了罷。」譯文另外直接引
　用國分教授動人的話，加以補充，使國分的意思更清晰地表達出來。

最後，會議主席要求與會的日本學者代表，作一場追悼演講。鹿野是已打敗仗的日本少壯學者，而且從來沒有和這兩個國際會議有任何關聯，卻在國際上重要的人類學者及先史學者面前，成為追悼的對象，可以說是一個特殊例子。原來，擔任會議主席者，正是貝雅教授，這樣的安排是出之於他溫馨的照拂！

附錄

〈一〉鹿野忠雄博士主要著作與論文目錄

著作

1. "Zoogeographical Studies of the Tsugitaka Mountains of Formosa"（《台灣雪山山脈動物地理研究》），Shibusawa Institute for Ethnographical Researches, Tokyo, 1940

2. 《山と雲と蕃人と》，中央公論社，1941年

3. "Illustrated Ethnography of Formosan Aborigines－The Yami Tribe"（《台灣原住民圖譜・雅美族篇》，生活社），1945年

4. 《東南亞細亞民族學、先史學研究》（第一卷、第二卷），矢島書房，1946及1952年

地理學論文

1. <ウオラス線と紅頭嶼>--《翔風》第3號，台北高校，1927年

2. 〈次高山〉－－《山岳》22(3)：393，1928年

3. 〈Preliminary Report of the Zoogeographical Studies of the Niitake Mountains〉，Taihoku Taiwan San Gaku Kai, pp. 1-14（〈新高山彙の動物學的研究〉，豫報），1928年

4. 〈卓社大山登行〉，《山岳》26(1)：14-51，1931年

5. 〈ピヤナン越の山旅〉（上）－－《山岳》26(2)：17-59，1931年

6. 〈台灣高山地域に於ける二、三の地形學的觀察（上）、（下）〉－－《地理學評論》第8卷，3號，4號，1932年

7.〈紅頭嶼の動物地理學的研究，附ワーレス線北端の問題〉，《地理學評論》9 (5-8),90 pp，1933年

8.〈台灣次高山彙に於ける冰河地形研究〉（第一報），共四篇（未完）－－《地理學評論》第10卷，7～11號，1934年

9.〈冰河問題〉演講記錄擇要－－《地質學雜誌》第41卷，P.422-423，1934年

10.〈台灣南湖大山山彙に於ける冰蝕地形に就いて〉－－《地理學評論》第10卷，3號，1934年（與田中薰合著）

11.〈次高山附近に於ける高山池沼に就いて〉－－《陸水學雜誌》4：54-56，1934年

12.〈紅頭嶼生物地理學に關する諸問題〉《地理學評論》11 (11)：950-959；11 (12)：1027-1055，12 (1)：33-46；12 (2)：154-177；12 (10)：911-935；12 (11)：997-1020；12 (12)：1107-1133，1935年，1936年

13.〈新ウォレス(Wallace)線に對する私見（Ⅰ）及（Ⅱ）〉，《科學》6：151-155，6：244-247

14.〈冰河問題と次高山の思い出〉－－《台灣の山林》(123)：52，1937年

15.〈紅頭嶼生物地理と新ウォレス線北端の改定〉－－太平洋協會編《大南洋－－文化と農業》，1941年

民族學論文

1.〈台灣島に於ける小人居住の傳說〉－－《人類學雜誌》第47卷2號，1932年

2.〈台灣蕃人の狩獵生活〉－－《鄉土研究》7(1)：35，
  1933年

3.〈傳承による紅頭嶼ヤミ族と フィリッピン、バタン諸島との關
  係〉－－《東京人類學會、日本民族學會聯合大會第3
  回紀事》，1938年

4.〈紅頭嶼ヤミ族に於ける粟に關する農耕儀禮〉－－《民
  族學研究》第4卷3號，1938年

5.〈台灣原住民族の人口密度並に高度分布〉—《地理學
  評論》第14卷，第1、8、9號

6.〈台灣原住民族の新分類豫報〉－－《日本拓殖協會季
  報》第2卷1號，1940年

7.〈最近十年間に於ける台灣原住民の移住と人口分布變化〉
  －－《日本拓殖協會季報》第2卷4號，1941年

8.〈台灣原住民族に於ける漢族影響の地域的差異〉－－
  《拓殖論叢》第3卷2號，1941年

9.〈台灣原住民族人口の水平的並に垂直的分布〉《拓殖獎
  勵館季報》第1卷2號，1939年12月

10.〈フィリッピン、バタン諸島、紅頭嶼、台灣民族移動線〉
  －－《新亞細亞》第2卷11號，1940年

11.〈紅頭嶼ヤミ族と飛魚〉－－太平洋協會編《太平洋圈
  －－民族と文化》，1944年

12.〈台灣原住民族に於ける數種栽培植物と台灣島民族史
  との關係〉－－《東京人類學會雜誌》，第56卷10號，
  1941年

13.〈ヤミ族の船に就きて〉——《民族》第3號，1928年

14.〈紅頭嶼ヤミ族の埋葬法に就て〉——《宗敎研究》新7

號，1930

15.〈紅頭嶼ヤミ族の出產に關する風俗〉——《南方土俗》
　　第5號，1939

16.〈台灣原住民族の人類地理學研究序說〉——《地理
　　研究》第1卷3號，1942

17.〈紅頭嶼ヤミ族の山羊の崇拜に就て〉——《東京人類學
　　會雜誌》45-41

18.〈紅頭嶼ヤミ族の弓矢に就て〉——《東京人類學會雜
　　誌》45-164

19.〈台灣蕃族の靑銅器時代存せレか〉——《東京人類學
　　會雜誌》45-242

20.〈台灣東海岸巨石文化遺跡に就て〉——《東京人類學
　　會雜誌》45-273，362

21.〈クヴァラン族の船及び同族とアミ族との關係〉——《東
　　京人類學會雜誌》45-441，476

22.〈紅頭嶼蕃の使用する船〉——《東京人類學會雜誌》
　　46-262

博物學論文

1.〈台灣にて新に得られたる步行虫，鹿野步行虫分布集
　（其の二）〉，《昆虫世界》26:228-229，1922年

2.〈日本產步行虫の學名の變更に就て〉，《昆虫世界》28
　:329-331，1924年

3.〈日本領土內に產する斑蝥科目錄，附一新異常形の記
　載〉，《昆虫世界》28:154-160，1924年

4.〈台灣蕃人の昆虫名〉,《昆虫世界》30:427-429,
　　1926年

5.〈ハナムグリの美〉,《昆虫》1:134-137,1926年

6.〈タイワンホソハナムグリ（新稱）台灣に產す〉,《台灣
　　博物學會會報》16(83):70,1926年

7.〈キボシカミキリの學名に就て〉《台灣博物學會會報》16
　　(83):71,1926年

8.〈日本產天牛類の記(1)－－台灣天牛類相に就きての追
　　加〉,《台灣博物學會會報》16(85):101-137,1926年

9.〈日本產天牛類の記(2)〉,《台灣博物學會會報》17
　　(88):42-70,1927年

10.〈蝸牛食ふべからず〉,《台灣博物學會會報》17
　　(88):86,1927年

11.〈ムツボシベッコウバチの生態觀察〉,《台灣博物學會
　　會報》17(90):214-220,1927年

12.〈日本產天牛類の記(3),《台灣博物學會會報》17
　　(89):146-151,1927年

13.〈日本產天牛類の記(4)〉,《台灣博物學會會報》17
　　(91):284-287,1927年

14.〈ピヤナン鞍部縱走により得たる蝶類（台灣蝶類分布資
　　料其の一）〉,《台灣博物學會會報》17(88):82-86,
　　1927年

15.〈日本產甲蟲類雜記〉,《動物學雜誌》39(468):
　　402-405,1927年

16.〈ピヤナン鞍部縱走動物學的見聞〉,《翔風》第二
　　號,台北高等學校,1927年

17. 〈南勢溪流域の注目すべき蝶類（台灣蝶類分布資料其の二）〉，《台灣博物學會會報》17(89)：192-194，1927年

18. 〈中部台灣產若干の蝶類に就て（台灣蝶類分布資料其の三）〉，《台灣博物學會會報》17(90)：239-240，1927年

19. 〈糞蟲の奇（台灣の昆虫界の二）〉，《昆虫》2:55-58，1927年

20. 〈台灣產天牛の一新種〉，《昆虫世界》32：267-269，1928年

21. 〈台灣產ハナムグリの一未錄種〉，《昆虫世界》32:153-154，1928年

22. 〈蝶類の群居に就て〉，《動物學雜誌》40(473)：71-76，1928年

23. 〈歷史的珍蝶ツバメタテハ（台灣蝶類分布資料其の四）〉，《台灣博物學會會報》18(95):133-134，1928年

24. 〈若干の蝶の分布に就て（台灣蝶類分布資料其の五）〉，《台灣博物學會會報》18(96):201-203，1928年

25. 〈日本產甲蟲類雜記（二）〉，《動物學雜誌》40(475):208-212，1928年

26. 〈日本產甲蟲類雜記（三）〉，《動物學雜誌》40(477):314-316，1928年

27. 〈日本產甲蟲類雜記（四）〉，《動物學雜誌》40(478):351-353，1928年

28. 〈台灣に於けるモンキテフに就て（台灣產蝶類分布資料其の六）〉，《台灣博物學會會報》18(96):203-205，

1928年

29. 〈新高山彙の動物學的研究（豫報）〉，《台灣山岳》
　　(3)：51-93，1928年

30. 〈台灣の高山に發見せらるる蝶類〉，《台灣山岳》(3)
　　：104-105，1928年

31. 〈台灣產若干蝶類の發生期に就て〉，《台灣博物學會
　　會報》18(98)：367-369，1928年

32. 〈再び若干蝶類の分布に就て（台灣蝶類分布資料其の
　　七）〉，《台灣博物學會會報》18(99)：424-425，1928
　　年

33. 〈タロコ地方の蝶（台灣蝶類分布資料其の八）〉，《台
　　灣博物學會會報》18(99)：425-426，1928年

34. 〈恆春地方の蝶類の分布に就いて（台灣蝶類分布資料
　　其の九）〉，《台灣博物學會會報》18(99)：427-428，
　　1928年

35. 〈日本產天牛類の記（Ⅴ）〉《台灣博物學會會報》18：
　　19-28，1928年

36. 〈日本產天牛類の記（Ⅵ）〉《台灣博物學會會報》18：
　　118-130，1928年

37. 〈日本產天牛類の記（Ⅶ）〉《台灣博物學會會報》18：
　　224-229，1928年

38. 〈日本產天牛類の記（Ⅷ）〉《台灣博物學會會報》18：
　　346-358，1928年

39. 〈日本產天牛類の記（Ⅸ）〉《台灣博物學會會報》18：
　　402-413，1928年

40. 〈オホヤスデの分布〉，《台灣博物學會會報》

18:285，1928年

41.〈台灣に於けるマッカンガニの分布〉，《台灣博物學會會報》18:424，1928年

42.〈台灣產テントウダマシ科甲蟲の九未錄種〉，《昆蟲世界》32(371):219-224;32(372):258-263，1928年

43.〈台灣產オホキノコムシ科甲蟲の七未錄種〉、《昆蟲世界》32(373):293-300，1928年

44.〈紅頭嶼ヤミ族と動物との關係〉，《台灣博物學會會報》19(101):190-202，1929年

45.〈淡水產シジミガヒ高山帶に得らる〉，《台灣博物學會會報》19(102):337-338，1929年

46.〈台灣產ɪモリに就て〉，《台灣博物學會會報》19:338-339，1929年

47.〈キヲビコノハテフの分布に就きて〉，（台灣蝶類分布資料其の10），《台灣博物學會會報》19(104):474-475，1929年

48.〈台灣に於けるアウムガヒの分布〉，《台灣博物學會會報》19(104):477，1929年

49.〈紅頭嶼にオホカウモリ產せず〉，《台灣博物學會會報》19(105):572-573，1929年

50.〈台灣高山領域に蝙蝠產す〉，《台灣博物學會會報》19(105):573-574，1929年

51.〈タイワンオホカウモリの死ぬまで、《アミーバ》，1(2):23-24，1929年

52.〈ハリネズミ台灣に產するか〉，《台灣博物學會會報》19(105):580，1929年

53. 〈台灣產哺乳類の分布及習性（I）〉，《動物學雜誌》41(489):332-340，1929年

54. 〈紅頭嶼產斑蝥及天牛目錄並に同島昆蟲相に就きての考察〉，《昆蟲》3(2):76-82，1929年

55. 〈フィリッピン系象鼻蟲Pachyrrhynchus屬の分布，附紅頭嶼及び鄰接島嶼の昆蟲相の考察〉，《昆蟲》3(4):232-236，1929年

56. 〈Descriptions of three new species of Curculionidae of the Genus Pachyrrhynchus Germar from the Island of Botel Tobago.〉Kontyu 3(4)：237-238，1929年

57. 〈冬期に於けるウライ產二三の鳥類に就て〉，《台灣博物學會會報》19(102):335-337，1929年

58. 〈三たび台灣產若干蝶類の分布に就て（台灣蝶類分布資料その11）〉，《台灣博物學會會報》19(104):475-476，1929年

59. 〈恆春及び東海岸地方蝶相の類似に就て（台灣蝶類分布資料其の12）〉，《台灣博物學會會報》19(105):569-570，1929年

60. 〈台灣に於けるキアゲハの分布に就て（台灣蝶類分布資料其の13）〉，《台灣博物學會會報》19(105):578-579，1929年

61. 〈Materials for the studies on the ground beetles (Carabidae) from Formosa I〉，《台灣博物學會會報》19:521-524，1929年

62. 〈台灣產所謂高山蝶の分布に就て〉，《Zephyrus》1(4):140-144，1929年

63.〈台灣及琉球產コノハテフの 止リ方に 就て〉，
　《Zephyrus》1(4):163-165，1929年

64.〈台灣產內地より未發見の甲虫の科の紹介（一）〉，
　《昆虫世界》33:399-404，1929年

65.〈台灣蕃人とスズメバチ〉，《昆虫》3:277，1929年

66.〈台灣蕃人狩獵生活〉，《アミーバ》1(2):26-28，
　1929年

67.〈日本領土產ミツギリゾウ科目錄，附一新種の記載〉，
　《昆虫》4:151-154，1930年

68.〈台灣昆虫界瞥見〉，《虫》2:35-37，1930年

69.〈台灣蕃人とタマムシ〉，《昆虫》4:55，1930年

70.〈クロツヤムシの蛹と1種のScarabaeidaeの幼虫〉，《應
　用動物學雜誌》2:123-126，1930年

71.〈カマキリモドキの飛翔〉，《昆虫》4:66，1930年

72.〈蟬の群居〉，《昆虫》4:131，1930年

73.〈阿里山の奇虫〉，《昆虫》4:69，1930年

74.〈台灣高山領域にエゾトンボを產す〉，《昆虫》4:207-
　208，1930年

75.〈クビナガカメムシの群飛〉，《昆虫》4:133，1930年

76.〈キシタハゴロモに就て〉，《昆虫》4:65，1930年

77.〈ヨナクニサンの分布〉，《昆虫》4:61，1930年

78.〈日本產甲虫類の記〉（一）～（三），《昆虫》4:
　63-65，128-130，205-206，1930年

79.〈台灣產ヒゲブトオサムシ科，附二新種の記載〉，《昆
　虫》4:90-98，1930年

80.〈澎湖島產二種の斑蝥に就て〉，《昆虫世界》34:

306-308，1930年

81. 〈日本領土產螢の三未錄種〉，《昆虫》4:242-245，
1930年

82. 〈台灣產步行蟲の研究第一〉（英文），《台灣博物學
會會報》20:24-31，1930年

83. 〈台灣產步行蟲の研究第二〉（英文），《台灣博物學
會會報》20:77-80，1930年

84. 〈台灣產哺乳類の分布及習性(2)〉，《動物學雜誌》
42(499):165-173，1930年

85. 〈台灣に於けるサンセウウヲの分布及習性〉，《動物學
雜誌》42(501):275-276，1930年

86. 〈オホトカゲ台灣に產するか〉，《動物學雜誌》42
(496):79-80，1930年

87. 〈澎湖島の蝶類〉，《Zephyrus》2(1):42-45，1930年

88. 〈台東パシカウ溪流內本鹿地方の蝶類（台灣蝶類分布
資料15）〉，《台灣博物學會會報》20(107):116-
118，1930年

89. 〈台灣產高山蝶（一），《Zephyrus》2(3):145-147，
1930年

90. 〈台灣に於ける鷄の夜鳴きに就て〉，《動物學雜誌》
42(499):195-196，1930年

91. 〈荖濃溪上流地方の蝶類（台灣蝶類分布資料其の16）〉
，《台灣博物學會會報》20(107):119-120，1930年

92. 〈台灣產ヘウマダラに擬態？する一種の蛾に就て〉，
《Zephyrus》2(2):73-74，1930年

93. 〈台灣產ツバメタテハに就いて〉，《Zephyrus》2(3):

157-159，1930年

94.〈台灣產高山蝶（二）〉，《Zephyrus》2(4):199-202
，1930年

95.〈ウライ付近の蝶（北部台灣蝶相の概觀）（一）〉，
《Zephyrus》2(4):227-232，1930年

96.〈台灣蕃人の聖鳥シレック〉，《アミーバ》2(1):31-33
，1930年

97.〈台灣產動物蕃名集（其の一）〉，《アミーバ》2(1):
75-78，1930年

98.〈台灣產の熊と豹〉，《アミーバ》2(1):84，1930年

99.〈百步蛇〉，《アミーバ》2(2):29-30，1930年

100.〈中央尖山の登攀〉，《山岳》25(3):447-491，
1930年

101.〈台灣產動物蕃名集其の二，紅頭嶼ヤミ族〉，
《アミーバ》2(2):82-90，1930年

102.〈1929年紅頭嶼產鳥類の採集〉，《アミーバ》 2(2):
19-23，1930年

103.〈本邦產ハナノミの二未錄種〉，《昆蟲》4(1):51-
52，1930年

104.〈ヤエヤマサソリの分布〉，《動物學雜誌》42(496):
80，1930年

105.〈獸類の咽喉に吸著する奇妙なる蛭に就て〉，《動物
學雜誌》42(497):124-125，1930年

106.〈ミヰデラコウヤの一奇形〉，《動物學雜誌》42(499)
:194-195，1930年

107.〈Descriptions of two new species of Formosan

Cicindelidae〉，Proc. Imp. Acad. 7(2)：69-71，1931年

108.〈日本領土產糞玉を轉ガすスカラベ目錄，附1未錄種の記載〉，《昆蟲》5(2)：86-91，1931年

109.〈紅頭嶼動物相緒論同島の地理學的環境概觀及び探究の略史〉，《日本生物地理學會會報》2(2)：77-94，1931年

110.〈紅頭嶼產鳥類の生態的分布，附同島動物地理區の問題〉，《日本生物地理學會會報》2(2)：135-154，1931年

111.〈紅頭嶼產淡水魚に就て〉，《日本生物地理學會會報》2(2)：155-156，1931年

112.〈紅頭嶼甲蟲相〉，《日本生物地理學會會報》2(2)：168-192，1931年

113.〈紅頭嶼に發見せられたるPachyrrhynchus象鼻蟲とその動物地理學的意義〉，《日本生物地理學會會報》2(2)：193-208，1931年

114.〈蝶類の分布より見たる紅頭嶼と鄰接地方の動物地理學的關係〉，《日本生物地理學會會報》2(2)：221-237，1931年

115.〈台灣產高山蝶（三）〉，《Zephyrus》3(1)：1-4，1931年

116.〈台灣產高山蝶（四）〉，《Zephyrus》3(2)：91-94，1931年

117.〈台灣產高山蝶（五）〉，《Zephyrus》3(3/4)：161-164，1931年

118.〈ウライ付近の蝶（二）〉，《Zephyrus》3(1)：41-42

，1931年

119. 〈ウライ付近の蝶（三）〉，《Zephyrus》3 (2)：124-
128，1931年

120. 〈ウライ付近の蝶（四）〉，《Zephyrus》3 (3/4)：238-
239，1931年

121. 〈台灣產動物蕃名集（其の三）〉，《アミーバ》
3 (1/2)：150，1931年

122. 〈Two new species of Haliplidae from Japan〉，（＆神
谷一男）《關西昆蟲學會會報》(2)：1-4，1931年

123. 〈Some new or unrecorded cetonid-beetles from Formosa〉
，Annot. Zool. Japon 13：127-134，1931年

124. 〈Description of a new carabus from Formosa〉，Kontyu
6：10，1932年

125. 〈台灣產高山蝶（六）〉，《Zephyrus》4 (1)：1-4，
1932年

126. 〈台灣產高山蝶（七）〉，《Zephyrus》4 (2/3)：83-87
，1932年

127. 〈紅頭嶼產動物に關する文獻目錄〉，《日本生物地
理學會會報》3 (1)：63-70，1932年

128. 〈New and unrecorded longicorn-beetles from Japan and
its adjacent territories〉，Kontyu 6 (5/6)：259-291，
1933年

129. 〈クワガタモドキに就いて〉，《昆虫》7：89-90，1933年

130. 〈台灣の花鹿に就いて〉，《植物及動物》2 (7)：88-90
，1934年

131. 〈紅頭嶼の鳥〉（＆鷹司信輔），《鳥》8 (38)：191-

210，1934年

132.〈紅頭嶼鳥相の再考察〉（＆鷹司信輔），《日本生物地理學會會報》5(1):1-28，1934年

133.〈台灣の生蕃犬に就いて〉，《植物及動物》2(6):1075-1076，1934年

134.〈火燒島の鳥〉(&鷹司信輔)，《鳥》8(38):211-217，1934年

135.〈台灣蕃人の鳥占〉，《野鳥》1(6):615-618，1934年

136.〈台灣の山の獸〉，《經濟往來》10(7):401，1935年

137.〈サラマヲ鱒〉，《台灣警察時報》239:94，1935年

138.〈紅頭嶼生物地理學に關する諸問題〉(1)(2)，《地理學評論》11(11):950-959;11(12):1027-1055，1935年

139.〈Pachyrrhynchides群の甲虫と其の地理分布〉，《日本學術協會報告》10:121-125，1935年

140.〈A bat and a new shrew from Botel Tobago〉，《＆德田御稔》，Annot. Zool. Japon.15(4): 427-432，1936年

141.〈台灣高山地域に產する鼠類に就て，附台灣島鼠類の分布に關する考察（Ⅰ），（Ⅱ），《植物及動物》（Ⅰ)5(6):1115-1122;（Ⅱ）5(8): 1469-1479，1937年

142.〈台灣紅頭嶼の洞窟動物相に就て〉，《動物學雜誌》49:90，日本動物學會第十二回大會號，1937年

143.〈紅頭嶼より發見されたフイリッピン系の鼠に就て〉(&德田御稔)，《動物學雜誌》50(2)：84-87，1938年

144.〈三度び紅頭嶼の鳥相に就て〉（＆鷹司信輔），《鳥》

10(47) : 102-112，1938年

145.〈Contribution to the knowledge of the coleopterous fauna of Kotosho（Botel Tobago）〉，Annot. Zool. Jap. 17 : 113-119，1938年

146.〈Second contribution to the knowledge of the Coleopterous Fauna of Kôtôshô（Botel Tobago）〉，Annot. Zool. Japon 18 : 29-32，1939年

147.〈台灣都巒山の鳥類〉（＆鷹司信輔），《鳥》10(49) : 588-595，1939年

148.〈台灣次高山彙に於ける鳥類の高度分布〉，（＆鷹司信輔），《鳥》49 : 545-587，1939年

149.〈台灣次高山彙に於ける哺乳類の高度分布〉，《動物學雜誌》52(2) : 71，1940年

〈二〉評述鹿野忠雄博士的文獻目錄

1.凌純聲教授〈序〉、張光直院士〈代跋〉、宋文薰院士〈譯者序〉－《台灣考古學、民族學槪觀》，台灣省文獻會，1955年

2.〈ボルネオ奧地に消えた鹿野理學博士〉，北川昭子，《別册實話特報》第22集，1959年

3.〈赤虫島紳士錄〉，國分直一，《太陽》4號，1963年

4.〈鹿野忠雄博士の生涯と業績〉，山崎柄根，《埼玉大學紀要敎育學部》第22卷，1972年

5.〈鹿野忠雄博士〉，國分直一，《壺を祀る村》，法政大學出版局，1981年

6. 〈サラマオのモンシロチョウ〉，奧本大三郎，《虫の宇宙誌》，青土社，1981年

7. 〈偉大なエスノグラッファー鹿野忠雄氏をめぐって〉，國分直一，《海上の道》，福武書店，1986年

8. 〈鹿野忠雄－比較文化史に示した高い視點〉，山崎柄根，《文化人類學群像》第3卷日本篇，アカデミア出版會，1988年

9. 〈鹿野忠雄的學術調查〉，楊南郡《雪山、大霸尖山國家公園登山步道系統調查研究報告》，內政部營建署，1991年

10. 〈與子偕行〉，楊南郡《與子偕行》，晨星出版社，1994年

11. 〈鹿野忠雄と　トタイ・ブテン－早期台灣研究が結んだ友情〉，楊南郡作／柳本通彥譯，《ふおるもさ》，第5號，1994年

12. 〈思い出すこと〉，土田滋，《ふおるもさ》，第5號，1994年

13. 〈鹿野忠雄〉，吳永華《被遺忘的日籍台灣動物學者》，晨星出版社，1996年

台灣歷史館 09

鹿野忠雄—縱橫台灣山林的博物學者

著者	山崎 柄根
譯註	楊 南郡
文字編輯	鄧 茵茵
美術編輯	曾 銘祥

發行人	陳 銘民
發行所	晨星出版有限公司
	台中市407工業區30路1號
	TEL:(04)23595820　FAX:(04)23597123
	E-mail:service@morningstar.com.tw
	http://www.morningstar.com.tw
	行政院新聞局局版台業字第2500號
法律顧問	甘 龍強 律師
印製	知文企業（股）公司　TEL:(04)23581803
初版	西元1998年9月30日

總經銷	知己圖書股份有限公司
	郵政劃撥：15060393
	〈台北公司〉台北市106羅斯福路二段79號4F之9
	TEL:(02)23672044　FAX:(02)23635741
	〈台中公司〉台中市407工業區30路1號
	TEL:(04)23595819　FAX:(04)23597123

定價 350 元

（缺頁或破損的書，請寄回更換）

ISBN 957-583-669-3

Original Japanese edition published by Heibonsha
Limited, Publishers under the titleof Kano Tadao「鹿野
忠雄」© 1992 second printing Heibonsha
Limited, Publishers

鹿野忠雄／山崎柄根原著，楊南郡譯註.－－初
版.－－臺中市：晨星發行；臺北市：知己總經
銷，民 87
　　面；　公分.－－（台灣歷史館；9）
　ISBN 957-583-669-3(精裝)

　1.鹿野忠雄　　傳記

783.18　　　　　　　　　　　　　　　87008260